Jost Hochuli

TYPOBIO GRAPHY

The work of 60 years

Éditions B42

ISBN 978-2-494983-05-2

This book is also available in German, French and Italian:
Typobiografie. St. Gallen: VGS, 2023
Typobiographie. Montreuil: Éditions B42, 2023; traduction (c) Emmanuel Faure
Tipobiografia. Vicenza: Ronzani Editore, 2023; traduzione (c) Giorgio Cedolin

TO URSULA, BARBARA, FRANZISKA, REGULA

FOREWORD

At the end of 2020, we (Rupert Kalkofen and Roland Stieger) finally achieved something we had long spoken of: putting on record the anecdotes that Jost Hochuli used to tell from time to time. We carried out interviews with him and his wife, Ursula, and recorded and transcribed them, though at that time we had no exact idea of the book that would result from them. We had not got far with the interviews and transcriptions when, at the beginning of 2022, first Hochuli's French publisher and then his Italian one approached him offering to produce a book on him for his 90th birthday.

We were clear about what the book should be like, as was Doris Überschlag, the chair of the publishing cooperative VGS Verlagsgenossenschaft St. Gallen, of which we were also members. We reached agreement with the two other publishers – B42 in Paris and Ronzani in Vicenza. The book is therefore being published simultaneously in German, Italian, French and English (by B42).

The interviews already available appeared as preliminary work for this anniversary volume. However, Hochuli was not entirely happy with the anecdotic element of these interviews: he wanted as professional as possible an account of his career, and so quickly took matters in hand himself.

The 'Zentrum für das Buch' in the Vadiana Cantonal Library has long contained parts of Jost Hochuli's working archive. Accordingly, the Vadiana is putting on an exhibition of Hochuli's work to coincide with the publication of this book. It will be shown first in the Gewerbliche Berufs- und Weiterbildungszentrum, GBS, where Hochuli taught for 16 years, and then in the Cantonal Library in the main Post Office building.

VGS Verlagsgenossenschaft St Gallen is Jost Hochuli's Swiss publisher in two ways: most of the books he has designed have been published by VGS, and he was one of its five founder members as well as its first chairman from 1979–2004 (and designer till 2009). VGS has remained unchanged since its foundation as a non-profit-oriented cooperative that is run by a board of five to eight volunteer directors. Although VGS is above all a publisher with a regional focus on Eastern Switzerland, it also has a reputation nationally and internationally for its book design, and has repeatedly received awards in competitions.

The book to celebrate his 75th birthday, *hochachtend heiter*, also published by VGS, was designed by the TGG design studio (whose three founders were all students of Hochuli's). It was a classic 'Festschrift', in which friends of the person thus honoured write for or about him. This book, however, is different. In it, Jost Hochuli sets out his life's work as graphic a designer and typographer, showing, in words and images, what he has done when and where, once again demonstrating his typographic skills. VGS is delighted to be publishing it.

Doris Überschlag, Roland Stieger, Rupert Kalkofen

A SPRING TIDE OF MEMORIES

'As he holds them in his hands, he seems to be seeing through them into their distant past as though inspired.'

Walter Benjamin[1]

If you take your books down from your shelves and lay them on the floor, you risk exposing yourself to a 'spring tide of memories', as Walter Benjamin wrote in his 1931 essay 'Unpacking My Library'.The orderly state of shelved books forms a dam of sorts. By displaying the spines alone, the memories and feelings are just about held in. We all know the sensation that occurs during the unpacking of a library, when the dam has broken and you sit facing the books you've read, collected or received. When you've also designed those books, this feeling has another dimension. When you have been designing books for over sixty years, the feelings must be immeasurable.

The designer knows the unwritten biography of each book. These books evoke the city they were made in, the late nights, the working relationships that stood the test of time and those strained in the process. Some he might look upon fondly, others he never wants to read again. Some he only sees as the book which could have been. What he feels is *saudade*, a Portuguese word for the emotional state of things that can't be experienced anymore or that were never actually experienced in the first place.

In any biography, there is another life implicit, known only to the book's subject. The books in this typobiography are silent witnesses to Jost Hochuli's working life. The reader is left to speculate on the messy reality. That this collection is not a warts and all biography is no surprise to me, given what I know of the character of the man behind the work. The work is calm, orderly and dignified. Salacious anecdotes or deep regret would bring little to our understanding and enjoyment of the work. Jost is, however, occasionally prepared to reveal the grid that guided him in his work. He does so partly to help our understanding but also to celebrate the formal beauty of it. As with the grid used in the asphalt-wrapped *Sicht bar*, which looks like secular cruciforms, so beautiful they inspire without destroying the magic or wonder.

There are moments when we are given a glimpse of the life these books might have witnessed. We learn of Jost's travels through Europe as a young man, his later life with friends and family in Burgundy, and the family home and studio made with Ursula in St. Gallen. And we witness steely attention to detail in the determined voice that puts the story straight on the topic of 'Books designed in St. Gallen'. However, the overwhelming sensation is of an orderly working life, evident in his work. There is an intimate relationship with objects, and Jost appears to remain on good terms with these old friends when faced with them.

Books are capable of evoking memories of times, places, thoughts and experiences from the past. I'd like others to understand just how important seeing and handling Jost's works was before one was able to search and find an image of any book in two quick clicks. And how many practices, including my own, were influenced by Jost's work. It reached far beyond St. Gallen. I can pick up a Typotron and see into my distant past, and so Jost's typobiography weaves through my own. These books became Muses to me. Where best to find your Muse? In those pre-internet, pre-digital days, my Muses were picked up by searching shelves and piles of books in Zwemmer's Bookshop or numerous other bookshops on London's Charing Cross Road.

As a student in the Typography department at Reading University in the early 1990s, the first of these books I held in my hands was Typotron-Heft 9, described by Jost as a graphical-typographic portrait of Christian Leuthold, carpenter and furniture designer. The German word 'Heft' translates as 'single-section booklet'; however, heft as a noun in English means the weight or bulk of something. You feel the heft of a book when you pick it up. This small single-section booklet of forty pages punches above its light weight. A kraft paper jacket opens to reveal a dark blue laid endpaper with a slither of the red cover running along the spine. These books elevate and lift you into a different world and sensibility. They give a sense and biography of place. I can still recall picking up another Muse designed by Jost, Buch und Bucheinband by Franz Zeier, a golden-yellow slab designed from the inside out, a non-cover for a maker who covers and binds books. A seemingly inevitable cover which is neither selling nor over protecting its contents. At that time, I read no German; I chose these Muses purely for their aesthetic criteria. Now, however, they reveal themselves as having much to do with Jost's social, aesthetic and literary interests.

What's the secret to a well-lived typobiography? There is a thread that runs through this book from beginning to end. The first piece of Jost's graphic design work illustrated in the book is a poster set with metal and wooden type for a J. S. Bach recital from 1963, where, as Jost states, the influence of 'Swiss Typography' from the time is unmistakable. The last book illustrated is Thomas Mann's Buddenbrooks and commentary, designed in 2000 and beautifully set in Bram de Does's Trinité typeface. The journey between these two jobs and the connection between Bach and Mann are brought together in an account of a story told by Colm Tóibín in The Magician, a dramatised account of Thomas Mann's life. Mann evokes the story told to him as a child by his mother in which she tells of Bach walking many miles as a young man across the country through the wind and rain to meet Buxtehude, the renowned composer and organist of the Marinkirche in Lübeck, to learn the 'great secret' of his trade that only Buxetude knows.

'But what is the secret?' Thomas asked his mother.

'It is called Beauty,' his mother said. 'The secret is called Beauty. He told him not to be afraid to put Beauty into his music. And then for weeks and weeks and weeks, Buxtehude showed him how to do that.'

I have every hope that the reader of Jost's typobiography will be inspired by the work shared in this book and find the courage to put Beauty into their work.

John Morgan

1 Walter Benjamin, 'Unpacking My Library: A Talk about Book Collecting', *Illuminations*, Random House, 2002.

TYPOBIOGRAPHY

In spring 2021, Rupert Kalkofen and Roland Stieger spent three afternoons with Jost Hochuli, asking him about his education, about the people who had inspired him, his views and his work. His replies were recorded, transcribed, summarised, and then supplemented and structured by him to give the following text.

After my schooldays, in my home town, St. Gallen, I entered the 'art college' there in 1952, believing myself to have a vocation as an artist. I put quotation marks round art college because it was not at all a college but rather just two largish rooms with work surfaces, and one small hall in which we sat on stools and drew crates, plaster casts and still lifes and, on two evenings a week, nudes. The rooms were on the fourth floor of the technical college, next to the church of St Mangen, where metal workers, cabinet-makers, florists and other apprentices were also being trained.

Students stayed for two, three or four terms, and then left to become kindergarten teachers, decorators and draughtsmen, or to begin an apprenticeship as a graphic designer in one of the few studios in St. Gallen. (Just a few years later, students were able to do an apprenticeship at the 'college'). The college was not at all what I had imagined. The subjects – drawing, writing and lettering, exercises with colour – were based on a career as a graphic designer; they had nothing at all to do with art. I soon realised that I was not cut out to be an artist and had no feeling at all for colour. (This feeling did develop, but much later, first becoming apparent in the design of the Typotron booklets.) As I loved drawing, I thought of a career as an illustrator and I did indeed illustrate various things, both at the college and later. But in the end I just could not imagine life as an illustrator.

One teacher was particularly important to me during the two years I spent at the 'art college': Willi Baus (1909–1985). As a young man, he had spent a term at the Kunstgewerbeschule in Offenbach, where he had got to know Rudolf Koch. He spent some years under Koch's influence, but later became a typical member of the Werkbund. He valued the work of Lohse, Neuburg, Bill and Vivarelli in Zurich, and of Hofmann and Ruder in Basel. Although he worked more or less in the 'Swiss graphic design' style, his work was less strict, and today, decades later, it also looks less limited by its era.

Willi Baus was not much of a teacher. Very few of his students appreciated him. However, being older than most of the other students, I could see beyond his inadequacies, and benefited greatly from my personal contact with him. He was the first to draw my attention to printing. From time to time, interested older students were able to learn about composition – in those days with metal type – in a small printing works, owned by a friend of his. Baus also taught writing and lettering. What I had first found disappointing – writing and drawing letters – gradually began to interest me, together with typesetting. As Baus saw my growing interest, he introduced me to graphic designers whose work he possessed, or about whom he had publications. Thus, I encountered works by Hendrik Nicolaas Werkman and Willem Sandberg in Holland. Sandberg typographer and director of the Stedelijk Museum Amsterdam, particularly influenced me with his fresh spontaneity, untainted by any hint of dogma; with the way in which, in his exhibition catalogues and experimental books, he combined paper and boards of varying colours and structure into a unity. Before I came into closer contact with 'Swiss

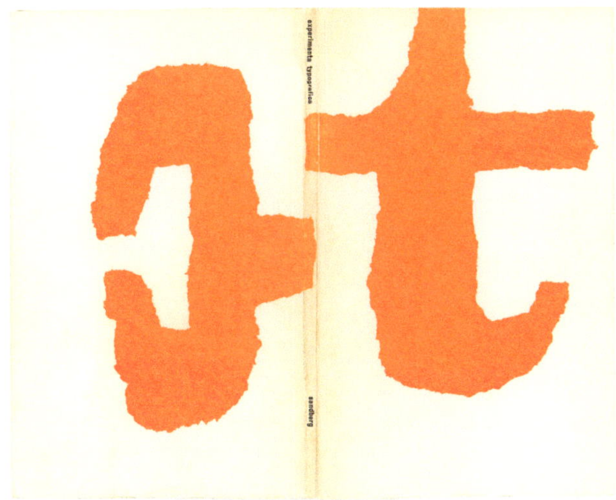

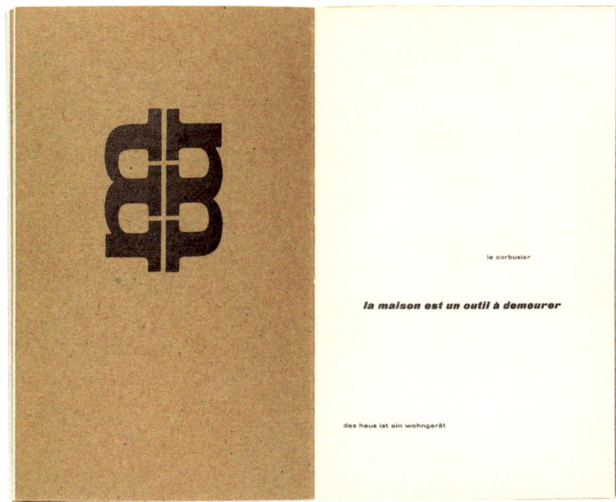

typography', thanks to Baus, I found in Sandberg someone whose catalogues and posters were the diametrical opposite of the rigorous work of the leading Zurich and Basel graphic designers and typographers of the day.

This was also the time when I began to acquire my first professional books, and to get to grips with the history of modernist architecture and design. Over the decades, these beginnings have developed into an extensive library, which has for some years now been bequeathed to the Vadiana, the cantonal library of St. Gallen.

I was 22 years old at the time. I had abandoned the idea of becoming an artist, and the question arose of what other profession might offer both enjoyment and material survival. It should lie, I thought, in the area of writing, lettering, typography and book design. Ultimately, it was an encounter with the typographer Rudolf Hostettler (1919–1981) that defined my future professional life: I had the opportunity to work with him as a graphic designer and typographer on a voluntary basis.

Hostettler, who grew up near Berne, was a compositor by training, had spent several months in London before the Second World War, and from 1943 worked in Druckerei Zollikofer AG in St. Gallen. He was what was then known as an 'art director'. At the same time, he was also the editor of the supplements to the *Schweizer Graphische Mitteilungen, SGM*, a professional journal published by the company. From 1952 he was editor-in-chief of the *Typographische (Typografische,* after 1987*) Monatsblätter, TM* (*RSI, SGM*), a merger between the *Schweizer Graphische Mitteilungen,* (*SGM*), the *Typographische Monatsblätter* (*TM*) and the *Revue Suisse de l'Imprimerie* (*RSI*). He held the post for thirty years, until his early death in 1981.

Left: Willi Baus, c. 1950. Two alphabets in the style of the earlier (left) and later Roman cursive. Ink on mould-made paper, diameter of the circular areas c. 18 cm (Archiv Willi Baus, Kantonsbliothek Vadiana, St. Gallen).

Above: Willem Sandberg: *tektonikä, das konstruktive* (experimenta typographica 11). Cologne 1950. Cover pages 1 and 4 and double-page of content. Brochure, sewn, 14 x 22.2 cm.

Right: Hendrik Nicolaas Werkman, composition from: *the next call* 4. Groningen 1924. 17.2 x 21.5 cm.

The *TM*, as it was known in professional circles, was the most important and influential typographical journal in the world, particularly in the 1950s and 1960s. I was quite unaware of this at the time, and realised only gradually and above all in retrospect, how interesting and decisive this introduction to the world of typography was for me. In Hostettler's little office on the Gutenbergstrasse, where I worked three days a week, many threads came together. Upon reflection, it seems to me that Host (as he was known in-house and by his friends) telephoned Emil Ruder almost daily. Ruder, who taught typography at the Allgemeine Gewerbeschule in Basel, wrote numerous articles and supplements for the *TM*. The sometimes passionately conducted discussions were often about issues concerning further education. Emil Ruder and his Basel colleague, Robert Büchler, also sometimes appeared in person in the office. And there were telephone calls from London, from Herbert Spencer, Oliver Simon and Hans Schmoller, and from time to time we had Jan Tschichold on the line. From the Netherlands, there were Henri Friedlaender and Gerrit Willem Ovink, from Paris, Roger Excoffon and Adrian Frutiger, who was working on his Univers type at that time and kept Hostettler up to date on his progress. Thus I got my first look at type design. When visitors arrived, Hostettler sometimes included me in the discussions, although I had little to contribute. Whether after a meeting or a long telephone call, he almost always told me something about the people involved and their work. The fact that he was on good terms both with the avant-garde figures in Basel and Zurich and with the traditionalist Tschichold, and appreciated them both in their own way, was regarded with wonder by some and distaste by others. For disciples of dogmatic 'Swiss typography'

DIESE Schriftprobe der Romanée wurde in der Offizin Zollikofer & Co. AG in Sankt Gallen gedruckt. Schriftgrad 16 Punkt mit Kapitälchen und Zierbuchſtaben des gleichen Grades und mit Verſalien aus Corps 28. Papier: Richard-de-Bas 100 g. Die Romanée wurde 1932 von Jan van Krimpen gezeichnet und in der Offizin Joh. Enſchedé en Zonen in Haarlem geſchnitten. Die Initiale D, Q ſind holländiſchen Urſprungs und ſtammen vermutlich von Cornelis Henricx. Die Arabesken in der Kartuſche werden Robert Granjon, 1557 in Lyon, zugeſchrieben; ſie wurden 1923 von der Landſton Monotype nachgeſchnitten.
abcdefghijklmnopqrſstuvwxyzctfffiſlſt1234567890
ABCDEFGHIJKLMNOPQRSTUVWXYZÆŒ&
Herzliche Glückwünſche zum Jahreswechſel 1956
TM/SGM Typographiſche Monatsblätter St. Gallen

Work by Rudolf Hostettler

Above: two covers from the series 'Hubers Klassiker der Medizin und der Naturwissenschaften', 14 x 22.5 cm.
Charles Darwin: *Eine Auswahl aus seinen Schriften.* Berne 1965.
Wilhelm Fabry von Hilden: *Vom Heißen und Kalten Brand.* Berne 1965.

Right: New Year's card 1956 for the *TM* with Romanée, from Hostettler's personal collection, and two Dutch initials, 22.5 x 21.5 cm.

Opposite: Rudolf Hostettler: *The printer's terms.* St. Gallen, SGM, ^{5}1969. 10 x 15.3 cm. Jacket-p. 1.

Tschichold was, in Emil Ruder's words, a 'traitor to modernism', who should be kept at a distance.

Rudolf Hostettler was himself an excellent typographic designer; one who worked with both centred and asymmetrical typography, which was exceptional at that time. With his determined independence, he became e a model for my own work.

During the time I worked with him, my desire to become more actively involved with typography increased, as I wanted to devote myself entirely to this field. Accordingly, I began an apprenticeship as a compositor at Zollikofer where I was allowed to do just two and a half years instead of four, including one year in the 'composition class' at the Zurich college of art. I did not learn much there in terms of design, but I did complete the theoretical content of all four years of the apprenticeship in just one year.

During my time with Rudolf Hostettler, I also attended classes on writing and lettering by Willi Baus, where I met Max Koller (1933–2018). He was the same age as me and a qualified compositor. When I began my apprenticeship he replaced me at Rudolf Hostettler, but worked full-time, not part-time. We had similar interests, and spent a lot of time together. After I had completed my apprenticeship and spent two months as a compositor at Zollikofer, Max Koller also ended his work in Hostettler's office, and, at the start of July 1958, we travelled together through France, by train and bus, as well as on foot. Wherever it seemed worthwhile, we stayed for two or three days, drawing, and Max photographing with his Rolleiflex. From Ronchamp at the foot of the Vosges (Le Corbusier's Notre-Dame-du-Haut had been finished just two years earlier and still attracted much attention), we travelled through Alsace, and then via Nancy, Troyes and Reims, deep into the Champagne region. We worked for two weeks in Paris with the sculptor François Stahly on the rebuilding of his workshop in Meudon. Then, on to Chartres, Amboise, Saumur on the Loire and Fontevraud, where we visited the abbey church, with its domed basilica and royal tombs. From La Rochelle we travelled to Saintes and Angoulême, then to the Périgord – the Dordogne and the country around Les Eyzies with its caves. For two days, we were the only visitors in the youth hostel and caves in Lascaux, so could spend as much time with the cave paintings as we wished. Then we travelled back to Paris via Limoges and Orléans.

I revisited a number of these places and landscapes on one of my many lengthy hikes, some forty or fifty years later.

In Paris, we took rooms in a shabby hotel in Montparnasse, and attended some courses at the École Estienne, which was still stuck in the 1930s, both technically and formally. The only enjoyable thing was meeting Adrian Frutiger, who was giving evening classes in writing. He already knew us from his telephone calls to Hostettler's office, and he invited us to visit the Deberny & Peignot type foundry. There, the whole drawing office was busy on the bold, light, narrow and broad versions of Univers. Before we left, he asked us to follow him: 'I'll show you the future of text composition'. In a windowless room stood a model of the Lumitype Photon filmsetting machine. Some ten years later, this future became the present for Max and me. For a long time, neither of us could get accustomed to filmsetting, and when we did, it was reluctantly.

At Christmas 1958 I returned to St. Gallen, while Max Koller remained in Paris for a short while before joining the recently established design and advertising agency of Karl

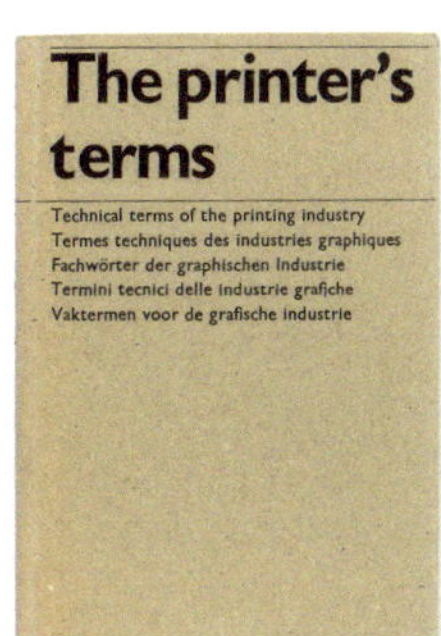

Gerstner and Markus Kutter in Basel, as a typographic designer. The agency subsequently grew into GGK of global fame. But after just two years, the manager of Zollikofer enticed Max Koller back to St. Gallen where he remained there as typographer and graphic designer until his retirement in 1998. He was well appreciated within the printing world but never managed to develop in a way that reflected his outstanding abilities. After Koller's death, I put together a small publication of some of his most impressive work[1].

At the beginning of 1959 I began to work as a freelance designer in the 'Nebenbahnhof' on the Bahnhofplatz, 7 in St. Gallen. I had no trouble finding work; it appeared more or less of its own accord, for these were boom times. One of my first clients was Henry Tschudy, the owner of Verlag und Druckerei Tschudy at Burggraben 24, a dominant personality in the cultural life of St. Gallen. He was planning to publish a book by Adrian Wolfgang Martin, with stories from Naples, for which I was asked to do the illustrations. Tschudy gave me an advance, and I took the train to Naples and spent three weeks drawing in the old town, as well as in the Phlegraean fields, and on Procida, Ischia and the fertile gardens at the foot of Vesuvius. The book did not appear as planned and was the first and last major illustration commission I undertook. As well as private clients, I soon had institutional ones in the town and the canton. Advertising work for a liberal party, and for the opening of a shopping centre (see pp. 28–29) quickly made me well known, and work threatened to overwhelm me so I looked around for help.

At the Kunstgewerbeschule I had got to know a young lady by the name of Ursula Gamma. I employed her as a colleague, and some two years later, in 1962, she became my

Two pages from the Neapolitan sketchbook, 1959. Pencil, 14.5 x 21.5 cm.
Above: (text on the verso) '15. October. Piazza San Gaetano. Left: San Paolo Maggiore: in Roman times the crypt of the church carried the temple of the Dioscurides. In the middle, the statue of St Gaetano. At his feet, a lively bustle the whole day long: a flower-seller, a greengrocer, two clotheshorses (from time to time something falls to the ground, but no-one bothers about it).'
Right: (text on the verso) '18./20. October. Piazzetta del Nilo.'

wife. For over 60 years, she has been, and still is, my first point of contact, though she no longer works every day in the studio. Without her support, her criticism and encouragement, I could not have carried out my work. At home and abroad, she helped me set up exhibitions, which, in reality, meant that I helped her, as she is more practical than I am.

When Ursula had ceased to work on a regular basis, I employed young graphic designers or typographers for several years and once took on an apprentice. But in the end I decided to work on my own, without constant assistance. This meant having to turn down large, highly complex commissions, and was also one the reasons why I concentrated on book design, which offered the variety I had always sought: different authors, different topics, different technical and design problems to solve.

In 1964, Ursula and I were able to buy a bit of land that no-one else wanted, in the 'Waldgut' on the edge of the city of St.Gallen. Our three daughters grew up in the house that we moved into in 1965. And we not only live there, but also worke there: Ursula on the first floor with her bright and colourful paper collages, and I in the basement. From my large and light studio, I look out on the edge of a forest, which is always magical, different and inspiring, whatever the season or weather.

In 1956–1957, during my year in the 'composition class' in Zurich, I also attended a course on writing and lettering given by the calligrapher, author and teacher, Walter Käch (1901–1970) on Saturday mornings. We were a colourful group of mostly young people from a variety of professions, who worked on our own commissions or self-imposed tasks, seeking guidance from our teacher from time to time. From 1964 to 1965, as an independent freelancer, I travelled to

j.s.bach

100 jahre kantonsschule

öffentliche aufführung
des festkonzertes

donnerstag, 20. september 20.00 uhr
in der st. laurenzenkirche

plätze zu 5.50, 4.40, 3.30, 2.20
bei hug & co. und an der abendkasse

orgeltoccata in f-dur
orchestersuite in c-dur
magnificat für soli, chor und orchester

solisten:
nata tüscher, sopran   irma keller, alt
heinz huggler, tenor   werner heim, bass
martin lüthy, orgel

leitung: paul huber   max heitz

chor und orchester sind durch
ehemalige verstärkt

Poster, set with metal and wooden type. It was created in free time during the 'Swiss typography' apprenticeship. – the influence of Emil Ruder is unmistakeable. 70 x 100 cm.

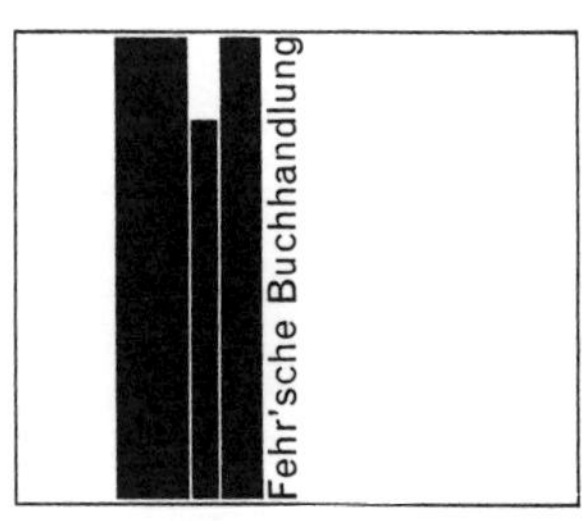

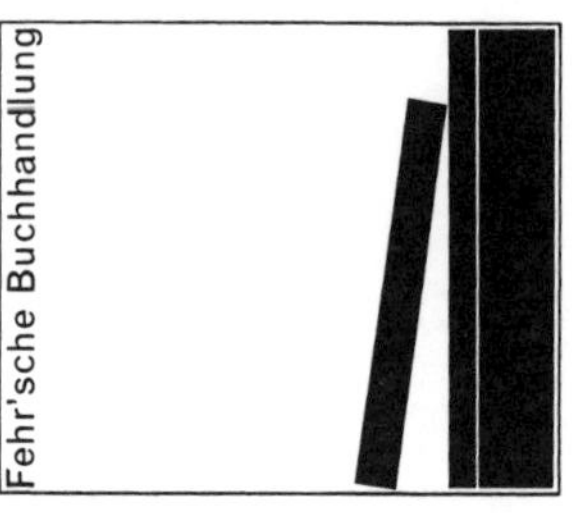

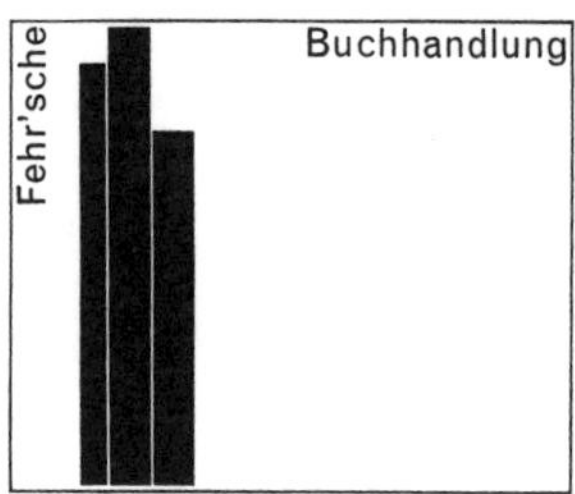

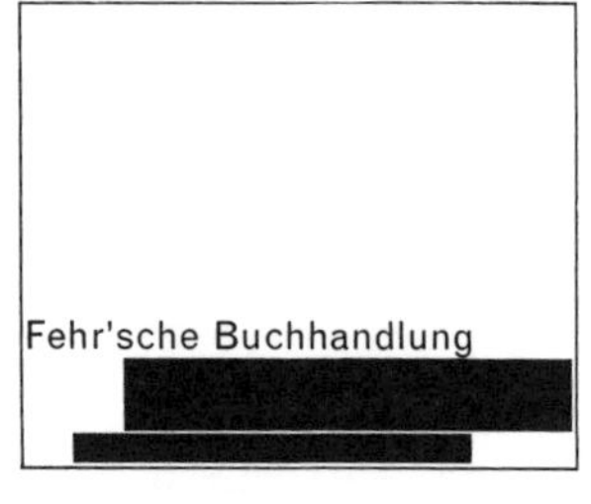

Small ads for the Fehr'sche Buchhandlung St Gallen, 1963–1964, 5 x 4 cm.

Below right: logo for the Fehr'sche Buchhandlungen St Gallen und Herisau, and for the Fehr'sche Taschenbuchhandlung St Gallen.

Je mehr Gedankenstriche
in einem Buche,
desto weniger Gedanken.
Schopenhauer

Fehr'sche Buchhandlung

Mitunter las ich ein Buch
mit Vergnügen
und verwünschte den Autor.
Swift

Fehr'sche Buchhandlung

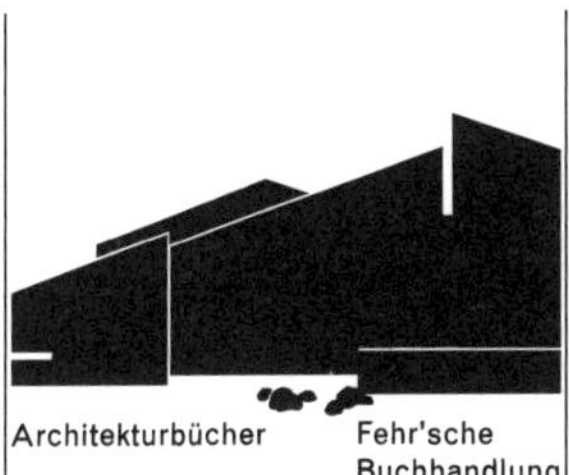

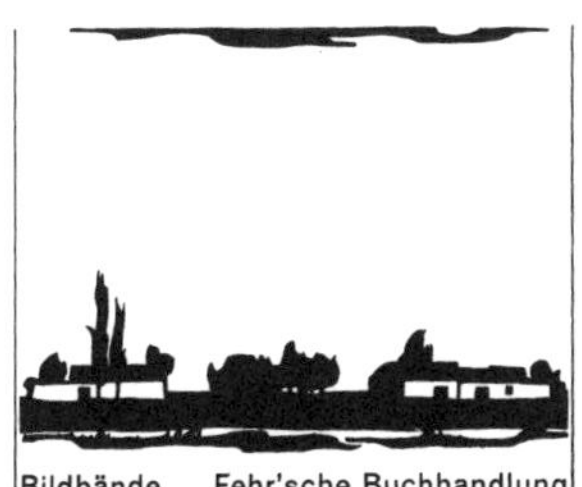

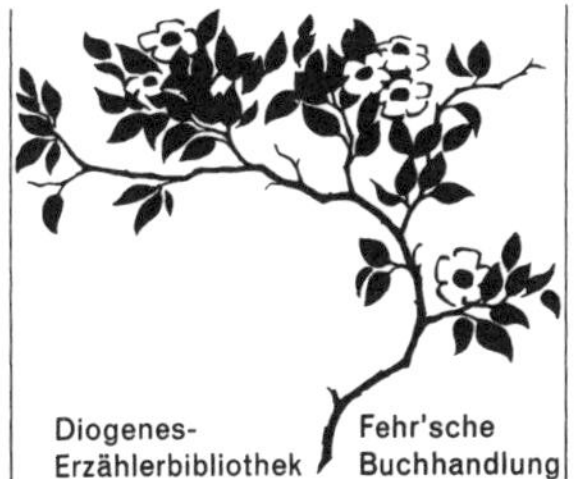

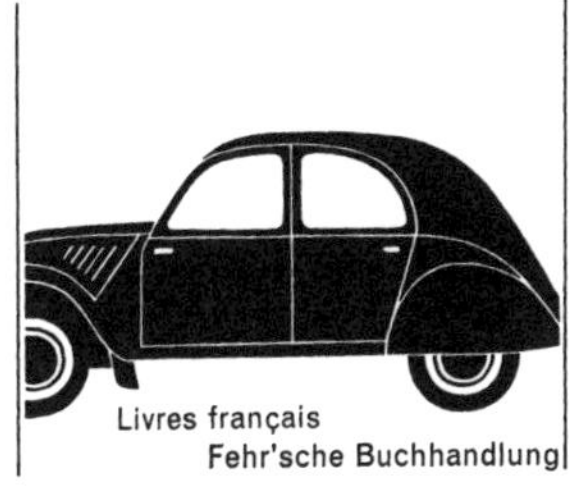

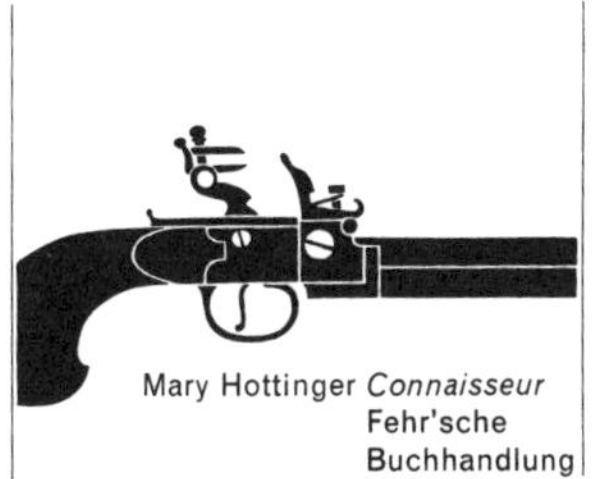

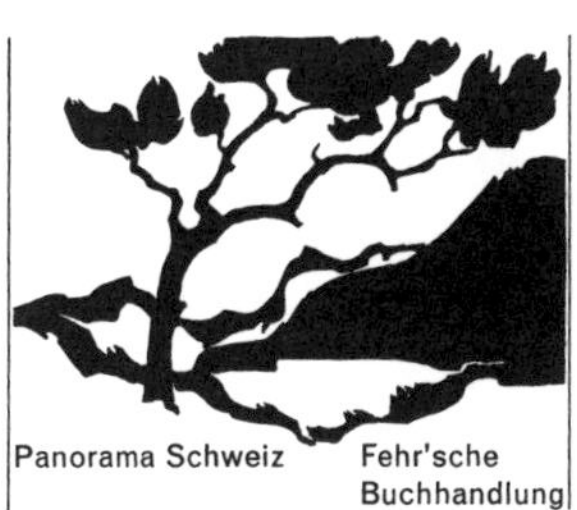

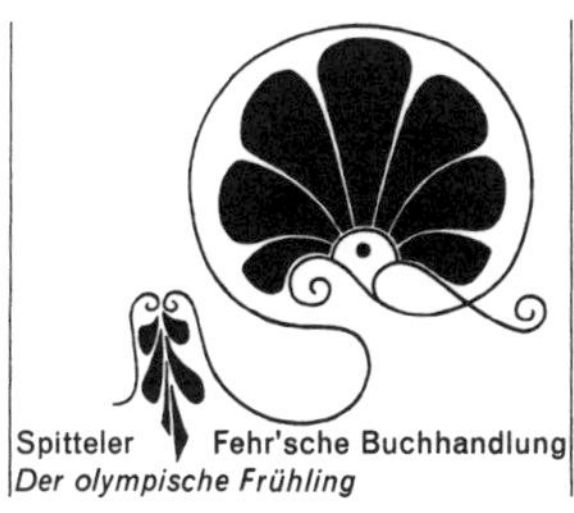

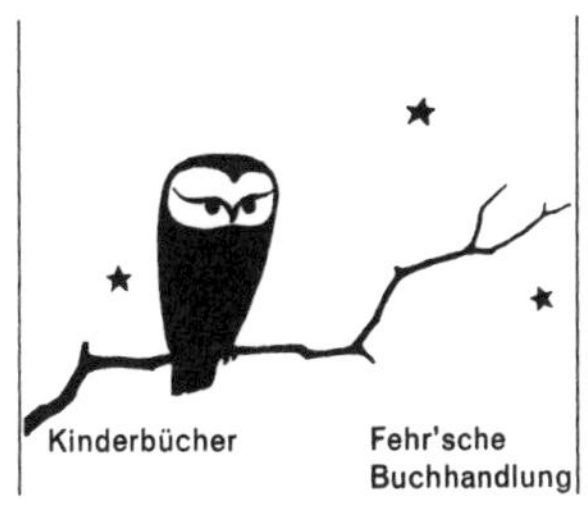

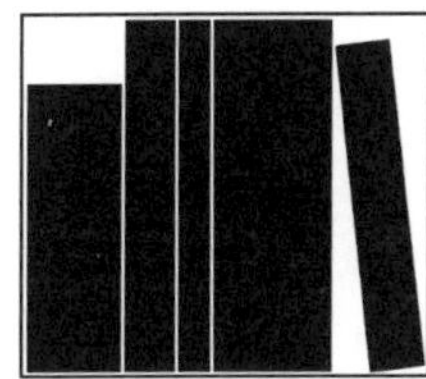

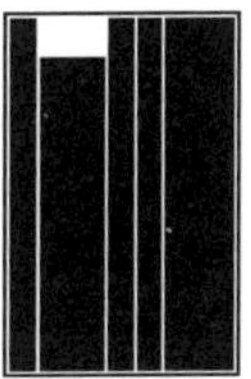

Au clair de la lune
mon ami Pierrot
prete moi ta plume
pour ecrire un mot

Zurich every Saturday morning together with Max Koller and occasionally Ursula. I was fascinated by lettering and writing, and equally by the person of Walter Käch. At that time, he was an outsider among the graphic designers and typographers of the Zurich school, often laughed at condescendingly. The avant-garde regarded him as a traditionalist 'relic' of the past, and any sort of teaching about letters as obsolete. ('We have our types' as Joseph Müller-Brockmann put it.) In contrast to Willi Baus, my first teacher of lettering, Käch was not a theorist but a craftsman, who taught us how to charge a pen, how to put pen to paper, how the pen moves across the paper in writing and relates to the various surfaces it encounters. This time also saw my first effort at cutting letters in wood, a precursor of much of my work in the 1970s and 1980s (see pp. 50–55). Working with my hands as a craftsman – this was what I tried to do, as far as possible, even when digitisation had prevailed and hands were used only to type. I have been helped in this by the views of Richard Sennett[2].

From spring 1967 I took over from Walter Käch, who had retired, teaching some of his courses at the Kunstgewerbeschule Zurich (later the Schule für Gestaltung Zürich, now ZHdK). Once a week I taught apprentice graphic designers in the apprentice department, as well as an evening class of goldsmiths and silversmiths in the day-release department. This was how I got to know Max Caflisch (1916–2004), who was then the head of the department for apprentice classes, and thus my superior. His name was familiar, as I had often heard of him during my time in Hostettler's office. He was regarded as Jan Tschichold's 'successor', as he too maintained traditional centred typography. Before coming to Zurich, he had spent 20 years as a designer at Benteli, printers and publishers in Berne, receiving many national and international awards. The Basel group, notably Ruder, despised him every bit as much as Tschichold, but Caflisch bore this with composure. Unlike other members of his department, who found him too finicky, I got on very well with him. Despite the fact that our ways of working could not have been more different, we understood one another well, and our acquaintance developed into a friendship that lasted until his death in 2004. Caflisch was generous when it came to the further development of his staff. Barely a year after I had started teaching in his department, I took a term out and went to England with my whole family and Caflisch's benevolent approval, where I attended a language school in Bournemouth. In previous years I had written several articles for the *TM*, mainly discussing new publications in our area of activity. In doing so, I came to regret my inadequate knowledge of English, as it was insufficient to read and discuss English and American publications without effort.

Yet again, when the ATypI, the Association Typgraphique International, conducted its first seminar for teachers of lettering and type designers in 1974, it was Caflisch who sent me, together with Hans Eduard Meier, the designer of the Syntax typeface, to this week-long event in Basel. I subsequently joined the ATypI and, with Ursula, attended almost all its congresses and seminars over the next 25 years. These were often also our holidays. Meeting typographers from a variety of countries was enriching. I developed close connections with Colin Banks, Michael Twyman and Robin Kinross in England, and, via the ATypI, a warm friendship with Berthold Wolpe who, having been expelled from Germany, had become a highly distinguished

Above: calligraphy exercise by Max Koller from the period when he attended Walter Käch's lettering classes, c. 1965. The original – idiosyncratically written without dots over the i or accents – is lost. It was written in ink (probably) on mould-made paper. x-height 8 mm.

Right: rubbing by Walter Käch in the Museo Oliveriano, Pesaro, 1950–1960. Inscription 1st century AD. Origin unknown. Width 40 cm.

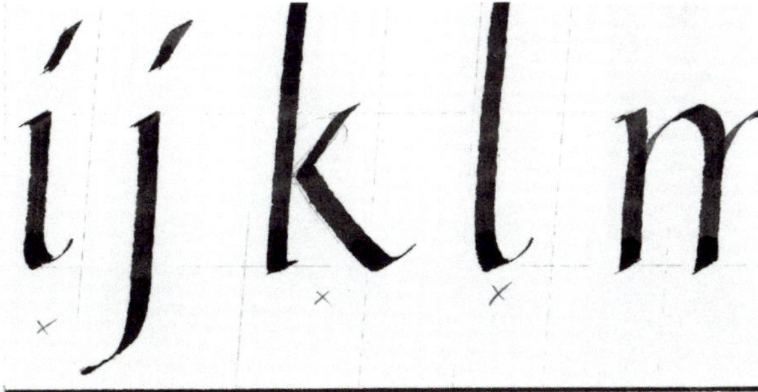

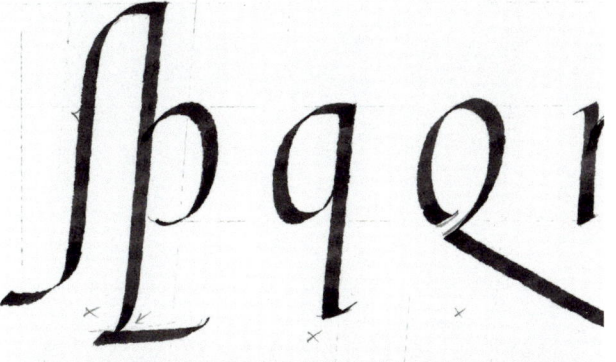

book designer, type designer and type historian in London. I had a regular correspondence over many years with the Dutchman Gerrit Noordzij, and the trilingual Belgian Fernand Baudin translated the first version of *Bücher machen* and *Das Detail in der Typografie* into French. Hans Peter Willberg, an active networker, and his wife, Brigitte, as well as Philipp Luidl, typographer and poet from Munich, were often guests in our house.

After eight years with the Zurich college, I changed from the apprentice classes to the day-release classes, where I taught the formal basics of graphic design as well as writing and lettering to the graphic design class and lettering to the jewellery class. In contrast to the previous department, which Caflisch ran with an iron fist, a different style prevailed – the reins were looser and the graphic design class ran wild, with teachers replacing one another in quick succession. In the spring of 1980, after 13 years of teaching in Zurich, I handed in my notice, planning to concentrate on work in my own studio.

However, when the college in St. Gallen realised that I was no longer tied to Zurich, I was asked to set up a four-term further-education course, 'Typographic Designer', together with Rudolf Hostettler and Max Koller. Hostettler had argued for such a course years earlier to offer trained compositors an opportunity to acquire a deeper knowledge of typography in the transition from metal type to film-setting. For much of what, with metal type, had been in the hands of the type foundry now passed to the hands of the compositor. The physically demanding profession of a (metal-type) compositor – standing working for nine hours a day (five in the morning and four in the afternoon, with no breaks), together with shifting heavy cases full of

Above: J.H. cutting a woodcut, *umbrae somnium homo*, beech, spring 2021 (photo Hannes Thalmann).

Left: master, in ink, for the final artwork of one of the cuts in the folder *Jost Hochuli: Schriften, in holz geschnitten*. St Gallen: VGS, 1980. (Title and text in Grimmsche Rechtschreibung.) Ink on paper, detail, c. 3/4 original size.

mystery

type – had changed fundamentally. All this needed to be taken into account in the course and planned accordingly.

Hostettler became gravely ill and had to withdraw from the joint preparation of the course at an early stage; he died in February 1981. I took on the administrative lead for the course and together with Max Koller, we sought additional staff for composition and reproduction technology, printing, finishing, and so on. The first course began in autumn 1980. I taught the students writing and lettering, and the basics for the production of graphic presentations. In the fourth term I gave them a brief introduction to book design. In the 16 years that I held this further-education course in St. Gallen, the transition from metal composition to lead-free composition was completed. While hardly anyone had any idea about film-setting to begin with, 16 years later, not only that but also CRT composition belonged to the past, and we were working with DTP – metal composition was a dim memory and the profession of compositor had increasingly become a profession for women.

For an additional half-day a week I taught calligraphy and lettering to the first four terms of the graphic design class; at the end of the fourth term, there were exercises with logo-like signs made with ordinary letters, a basis for the development of logos and signage in the higher classes.

I was already 70 when I first had the opportunity of teaching book design – the activity I was, and am, most fond of – to young people. In a seven-day workshop, a so-called compact programme, at the Institut für Architektur und Raumplanung of the Hochschule (now Universität) Liechtenstein in Vaduz, I developed a 24-page booklet with each of the 13 students, on architectonic topics chosen by

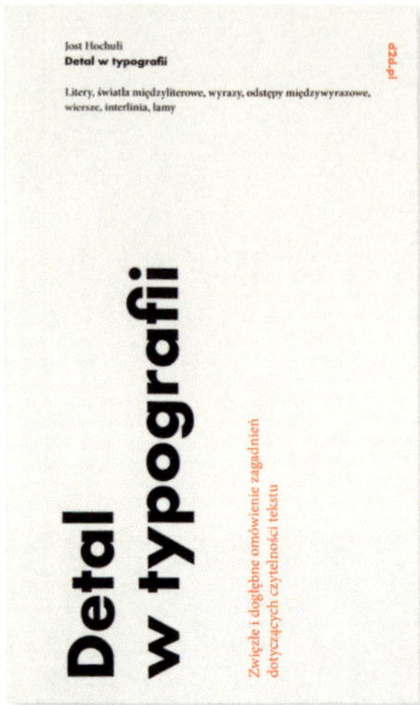

Passing on knowledge through publications and teaching.

Covers of three versions of the publication *Das Detail in der Typografie*, English, Polish, Icelandic. 12.7 x 21 cm. Bibliographical information see p. 188.

GAUDEAMUS

Gaudeamus omnes in Domino diem feſtum
celebrantes sub honore Sanctorum omnium
de quorum ſolemnitate gaudent Angeli
et collaudant Filium Dei

the students themselves. The result was 13 booklets varying widely in content and structure.

In the years that followed, similar workshops took place in Innsbruck and Munich and, in particular, in Vienna on a reagular basis, mostly in the 'Graphischen', a vocational school for the graphic industry located at the western edge of the city, in Breitensee. These are always workshops, with no lectures. I move from workplace to workplace, each participant having a different topic and a different problem.

These workshops, and frequent lectures at events of the Typographische Gesellschaft Austria in Vienna and at the typographical symposium at Schloss Raabs very quickly resulted in close friendships between Ursula and me and the core members of the Typographische Gesellschaft Austria. Our Viennese friends visited us in St. Gallen, and at our house in southern Burgundy, near Cluny, where we had bought a house in 1998. For over 20 years, in the little village of Lys, near Cormatin, we enjoyed wonderful, inspiring walks and hikes in all seasons, the leafy and largely unspoilt countryside, with its great oak forests. We were seldom on our own; our family visited us, and there were often friends and relations, colleagues, ex-students, and young people. Not only in St. Gallen, but here too, Ursula was an ever-enthusiastic host.

From Lys, together with our friends Ursula and Jost Kirchgraber, we undertook lengthy hikes with our rucksacks across a wide variety of French landscapes on a number of occasions. We benefited not only from (the other) Jost's careful planning of the routes, but also from his knowledge of art history. Almost invariably, our route took us to Romanesque or early Gothic churches and chapels, and other particularly interesting sites. Since my youth I have always been impressed and often inspired by the variety of landscapes I have encountered, both cultural and wild.

I began teaching when I was 34, but didn't start making books until 1979, after the foundation of VGS Verlagsgemeinschaft (now Verlagsgenossenschaft), St. Gallen. I had previously designed the occasional book or booklet, but a degree of regularity came only after the foundation of VGS. After the death of Henry Tschudy, when his publishing operation came to an end, and the Zollikofer printing works also gave up its not very profitable book business, books specifically relating to St. Gallen no longer had a home. A handful of friends – the city librarian, the city archivist, a bookseller, a journalist, a printer, a lawyer, and I as designer, – came together to found the Verlagsgemeinschaft, a non-profit-oriented cooperative. I was chairman of the board for 25 years, and for 30 years I designed its books. In 2004, on the 25th anniversary of VGS, Rupert Kalkoven set out the story, and the prehistory, of our enterprise in entertaining and highly detailed form, as the fifth publication of the Edition Ostschweiz: *Das Büchlein der Bücher*. Each of the books is documented with one, two or three illustrations, a complete bibliography and a list of the cooperative's award-winning books and other awards[3].

Although I could never live from my work for VGS, it, and book design in general, have gradually become the focus of my interest. VGS books mainly cover topics relating to the city of St. Gallen and its wider environment. They are almost all non-fiction, with a main body of text, captions, other types of text, and a variety of illustrations, that provide more diversity than plain-text books.

Overall, compared to other book designers, I have designed few books. I have had only three commissions from

Work from J. H.'s lettering classes in the graphic design section of the Schule für Gestaltung in St. Gallen. In the first semester the students trained hand and eye on the forms of skeletal letters with the proportions of the Capitalis monumentalis and on correct letter-spacing. Later, they familiarised themselves with the functions of the broad-nibbed pen and wrote lettering based on the historical letterforms of the Humanistic minuscule. They discovered the principle of italics through writing the Spanish bastarda llana. In the 3rd and 4th semesters, based on this foundation and using typographical material, they created complex symbol-like compositions, trademarks and logos.

Works from Michael Chartouni (mystery) 1996; Matthias Restle (OHX) 1993; Eunsun Baik (B) 1993; Urs Burgermeister (GAUDEAMUS), x-height 9 mm, 1992.

publishers other than VGS: from the Büchergilde Gutenberg for the design of Peter Härtling's *Niembsch oder der Stillstand, Eine Suite* (1993)[4], from S. Fischer Verlag for the internal typography of the *Fischer Weltalmanach* (1994)[5] and for the overall design of the Grosse kommentierte Frankfurter Ausgabe of the works of Thomas Mann (38 volumes published since 2001)[6].

For sure, I am one of the very few who still works mostly by hand, with pencil, crayons, and cut-and-pasted dummies. Design ideas frequently occur to me as I work by hand on paper. Only when all the details, right down to the last, are clear, do I shift to the computer and InDesign.

I am often asked what 'philosophy' lies behind my work. I do not like the term philosophy with regard to typography, or design in general. The American designer and theorist of design Paul Rand wrote an essay in 1970 entitled 'Thoughts on Design'.[7] That's the right word; it is a matter of thought, not philosophy. Even if the word is meant metaphorically, we should be on our guard against any form of pompousness – all too frequent in the field of design.

The fundamental considerations or thoughts that govern my work as book designer can be quickly counted: the book should be as light as possible (with the emphasis on 'as possible'). Its dimensions should not be larger than necessary, it should lie comfortably in the hand and be agreeable to the touch. The macrotypography should be inviting, the microtypography as legible as possible.

I attach no importance to any sort of personal style. I believe that if my work as a typographer is honestly executed, focusing on the content, with the means at my disposal, and with regard to the future reader, it will inevitably result in a personal style. No particular formal aspect will be recognised at first glance, but rather the atmosphere of the whole: quiet rather than loud, reserved rather than pushy, calm rather than agitated.

And that is all there is to my theoretical basis. Further remarks on the topic can be found in my essay 'Sober, joyful, useable' on pp. 144–145 of this book, as well as in the Typotron booklet No. 15 and in the Edition Ostschweiz series No. 12[8]. Moreover, I identify with the ideas expressed by Norman Potter in his book *What is a designer?* as closely as with those of Richard Sennett.

My work on the series of Typotron booklets (pp. 82–99) and for the Edition Ostschweiz series (pp. 100–143) covered more than three decades. I have set out elsewhere how the series of Typotron booklets came about: 'A few days before Christmas 1982, Rolf Stehle, the owner of Typotron AG and Stehle Druck AG, said to me that he would like to be able to offer his customers a booklet every year: would I take the matter in hand, provide suitable topics, and carry out the editing, design and production of the booklets? The condition was that authors, photographers, publisher and designer should receive not a fee, but a larger number of the booklets. Part of the edition was sold through booksellers, and covered the external costs: paper and binding [...]. It was a tempting project, and has remained so all these years, because it enabled the book designer not only to be challenged as the designer of the outward form, but also to select the content, and even write the text for some of the booklets. An ideal situation, in which form and content go hand in hand. While the content varied from year to year, and the design and typography with it, all of the booklets had three features in common: the format, the paper (with two exceptions) and the binding. Disliking as I do any kind

Work from two different workshops; two title-pages with contents lists.
The task was, and remains, the same in all the workshops: designing a 24-page single-section brochure, sewn, with a simple cover or a cover and jacket with flaps. Five chapters, each with a given character count and eight illustrations of at least three sizes, single or multi-coloured. Free choice of format between A6 and A4. No restrictions on design, subjects chosen by the participants themselves. With a maximum of 14 participants, the result is 14 brochures with widely varying content and design.

of uniformity, I reckoned the booklets would have enough in common to be seen as belonging together.'[10] After 17 years, when the collaboration with Typotron came to an end, Urs Kolb, owner and manager of the printing firm Ostschweiz Druck AG, offered me the possibility of starting a new series, Edition Ostschweiz (see pp. 104–143). As the printer and I wanted to be able to publish lengthier booklets, single-sheet printing was no longer possible, and we decided on a sewn booklet with a flat spine, which would allow for a title on the spine. The proportions remained the same as for the Typotron booklets, 5 : 8, but the dimensions were slightly reduced. In this series, the printed cover and the printed dust-jacket of transparent paper remained constant. But each Edition Ostschweiz booklet, like each Typotron booklet, had its own character, with the design reflecting the content. The series also came to an end after 17 years, in 2016, with the sale of the printing works to a new owner.

For more than half a century, I have worked with written and drawn letters, and with typography in all its forms, as practitioner and teacher. But, as with teaching book design, I was over 70 when I first began to design a typeface. Although my involvement in type design goes back to autumn 1980, work on the Allegra typeface only really got underway in 2005.

At the ATypI conference in Basel in autumn 1980, Günther Gerhard Lange, who was responsible for H. Berthold AG's type programme, asked me to design a classic text type in three weights, and with italics. What Lange meant by 'classic text type' he did not further elaborate. The result was a type that, according to the DIN 16518 classification could perhaps have been included in the Baroque

Above: single-section brochure, sewn. Jacket with flaps, first unnumbered leaf of yellow paper. Contents 4-colour. 15 x 25 cm. Designer Ulrike Poppe, Leipzig; Vienna workshop, 2018.
Brochure about a hairdressing salon in Leipzig that, as far as possible, uses only natural products and works CO2-free.

Below: single-section brochure, sewn; first unnumbered leaf of black paper. Contents monochrome black. 15 x 22 cm. Designer Marco Stecher, Innsbruck; Innsbruck workshop, 2018.
Brochure about Takamitsu Azuma's Tower House in Tokyo.

Roman group. When Berthold began to produce the final drawings, I found the results of my efforts to be unsatisfactory. I wrote to Lange saying so, at the same time suggesting the idea of starting again, designing not just a family but a clan of types – three interrelated type families: a 'classic' serifed face, a slab-serif and a sans-serif type.

The idea of an extended type family had fascinated me ever since my internship, when Rudolf Hostettler gave me a charming volume written and designed by Jan van Krimpen with some thoughts about his work as a type designer[11]. In it, Hostettler pointed out to me the specimen of a sans-serif that Van Krimpen had designed in four weights to go with his serifed type, Romulus. They were trial specimens in 12pt. This type, however, was not developed any further.

I recalled it and offered Lange my plan. In 1986 I sent four A4 sheets with a long letter to Munich. Lange agreed to my proposal and I set to drawing. No sooner had I received the first final versions of designs from Berthold for approval than, in 1988, Otl Aicher's Rotis appeared, which spelt the end of my work on the type. Naturally, Rotis's designs followed an entirely different concept, but there were still three weights, and the notion of a clan of typefaces. I did not want to continue the work; I had no wish to appear as a freeloader to the world of typography.

I abandoned the enterprise not only with regret, but also with a certain relief for as I worked, it dawned upon me that I would never be able to design a truly satisfactory serifed type. Bram de Does's Trinité type family, which appeared in the early 1980s, had impressed me not only with its concept of three different lengths for the ascenders and descenders, but also with its unexpected new formal qualities. I feared that I would never be able to design something as convincing as that.

In the years that followed, I worked sporadically on the sans-serif type for I felt a satisfactory result was achievable. When Adrian Frutiger came to St. Gallen to speak at the launch for the Typotron booklet No. 10, *Zeichen*[12], he stayed with us, and once asked me why I had not yet designed a typeface. I showed him the status of the sans-serif as it then was. He asked me for a trial sheet, which he wanted to show at the next Linotype planning meeting. After I had heard nothing further from him for over a year, I contacted him, but he no longer had any recollection of the matter; and after another few weeks, he returned the crumpled trial sheet with a somewhat embarrassed covering letter. I do not hold it against him, but in retrospect I am surprised that with so many disappointments, I never gave up; indeed in the 1990s, I worked on my sans-serif from time to time. Gradually, it began to acquire a clearer, more personal character, without appearing attention-seeking.

A written sheet by my friend Max Koller from the early 1960s, when we both attended Walter Käch's classes, had always impressed me. It was the tense, somehow spartan, flattened curves of some of the lower case (h, m, n, r, u; see p. 18) that I liked so much that I adopted them and endeavoured to base the character of my sans-serif on them. When, in 2004 I received a commission to inscribe a text on a 20-metre-long concrete wall in a square in Wattwil, I went back to these forms.

In 2005, not long after this work was completed, it was seen by my friend Roland Stieger, who had long been aware of the meandering course of my efforts. He pressed me to take up the work on a sans-serif type seriously and bring it

to completion. He offered me the cooperation of his TGG studio, which digitised my drawings. Our joint work continued over several years, and it was only in 2014 that a first version of the text type Allegra appeared, followed in 2021 by a second version (see pp. 184–185).

Allegra is a monoline, a sans-serif with almost similar weights of stroke optically. The upright and italic fonts are of about equal breadth. The upright fonts are inclined at 1°, the italics at 9°. The model for the capitals is the proportions of the Roman capitalis monumentalis of the first and early second centuries, while for the lower case, it is the humanistic minuscule of the first half of the 15th century. In the same way that there is no such thing as *the* capitalis monumentalis or *the* humanistic minuscule – for all they have in common, they were the work of individual scribes and sculptors – so too, the modern interpretation of historical models is also always the work of individuals. And an inscription like the one in Wattwil is not printing type: the flattened curves in the sans-serf version text written by Max Koller with a pen worked well in the given size for the concrete wall, but the reduction for printing type resulted in an over-angular appearance. There is more information on formal and technical details in the captions to the illustrations on pp. 182–183.

I am not of the opinion that the world has been waiting for my Allegra. It came about principally because I wanted to understand the problems encountered in designing a new printing type. But right from the start, I also thought that it should be a text type with the weights of regular, book and medium, and should be suitable for lengthy reading.

Lastly, just a comment on the topic of books and type, on the selection and mixing of types. There are typographers who basically work with one type family only, such as Janson, or with just one sort of type, such as sans-serifs. In the first instance, they have solved the problem of choosing the typeface once for all and in the second, they have seriously limited it. Such ideas are foreign to me.

Jost Hochuli

1 Jost Hochuli, *Max Koller, Typograf.* St. Gallen: VGS, 2019.
2 Richard Sennett, *Handwerk.* Berlin: Bloomsbury,[4] 2012.
3 Rupert Kalkofen et al., *Das Büchlein der Bücher.* St. Gallen: VGS, Edition Ostschweiz 5, 2004.
4 Peter Härtling, *Niembsch oder der Stillstand, Eine Suite.* Frankfurt a. M.: Büchergilde, 1993.
5 Mario von Baratta (ed.), *Der Fischer Weltalmanach 1995.* Frankfurt a. M.: S. Fischer, 1995.
6 Heinrich Detering et al.(ed.), *Thomas Mann: Große kommentierte Frankfurter Ausgabe.* Frankfurt a. M.: S. Fischer, 2002 ff.
7 Paul Rand, *Thoughts on Design.* New Haven: Yale, 1970.
8 Jost Hochuli, *Typografisches Allerlei – und allerlei anderes, mäßig gepfeffert.* St. Gallen: Typotron (Typotron No.15), 1997.
Jost Hochuli, *ABC eines Typografen.* St. Gallen: VGS, Edition Ostschweiz 12, 2011.
9 Norman Potter, *What is a designer?.* London: Hyphen, [4]2002.
10 Jost Hochuli, 'Die Typotron-Hefte 1–11, 1983–1993', *Typografische Monatsblätter, TM,* 5/1994.
11 Jan van Krimpen, *On Designing and Devising Type.* New York: Typophiles / Haarlem: Willinks, 1957.
12 Adrian Frutige, *Zeichen.* St. Gallen: VGS, 1989.

Jost Hochuli designing Allegra Regular

?
??
?? ?
?

Was ist
die Stadt
St.Gallen
wert ?
?

Was ist
die Stadt
St.Gallen
??? Ihnen
wert ?

Was ist
die Stadt
St.Gallen
??? Ihnen
wert ?

Am 2. Oktober	entscheidet der Bürger über die zukünftige Entwicklung unserer Stadt. Nicht nur einige wenige, alle Bürger sollen mitreden. St.Gallen ist einen Gang zur Urne wert.
Am 2. Oktober	ist Zahltag, denn jeder Wahltag ist zugleich Zahltag. Gute Leistungen, die der ganzen Stadt vorwärts halfen, müssen anerkannt werden.
Am 2. Oktober	wird der Gemeinderat der Stadt St.Gallen neu gewählt. 57 Männer umfaßt das städtische Parlament, 29 vom Kreis Centrum, 16 vom Kreis Ost und 12 vom Kreis West.
Am 2. Oktober	wird entschieden, welche 57 Männer während der nächsten vier Jahre über Budget und Steuerfuß, Bauvorlagen, Subventionen, Schulhausbauten, Tarife, Gebühren usw. entscheiden.
Am 2. Oktober	Bahn frei für eine rationelle, freiheitliche und fortschrittliche Gemeindepolitik.
Am 2. Oktober	Liste der Freisinnig-demokratischen Partei und der Jungliberalen Bewegung St.Gallen.

St.Gallen
ist einen
Urnengang
wert!
!!!

Hochuli Zollikofer & Co. AG, St.Gallen

?
??
?? ?
?

Was ist
die Stadt
St.Gallen
wert ?
?

erstickt ? erstickt ? ?
die Stadt ? ?

erstickt
die Stadt
im
Verkehr ?

4

am 2. Oktober entscheiden Sie, ob der Ausbau der Verkehrswege St.Gallens unsystematisch als Stückwerk mit Notlösungen und kostspieligen Provisorien erfolgen wird oder koordiniert nach wohlüberlegtem Plan.

am 2. Oktober entscheiden Sie, ob den vielen freisinnigen Vorstößen, die eine Gesamtkonzeption zum Ausbau des Verkehrswesens verlangen, endlich Folge geleistet werden muß, ob ein städtisches Straßenbauprogramm, wie es die Motion Schlatter verlangt, ausgearbeitet wird.

am 2. Oktober wird von Ihnen mitentschieden, ob mehr Parkplätze geschaffen werden, die vorhandenen besser signalisiert (Motion Bruderer), ob die Fußgänger besser geschützt und ob die gefährlichen Zufahrtsstraßen zur Stadt endlich verbessert werden (Interpellation Sauder).

am 2. Oktober Bahn frei für eine rationelle, freiheitliche und fortschrittliche Verkehrspolitik !

Freisinnig-demokratische
Partei und
Jungliberale Bewegung
St.Gallen

Schutz vor
dem Verkehr !
Platz für
den Verkehr

Undank ?
Dank ?

Dank dem !
Steuerzahler !

dank dem
Steuerzahler
vorwärts mit
der Stadt

6

am 2. Oktober wählen Sie die Männer, die in den nächsten vier Jahren über die städtischen Finanzen entscheiden. Oft reichen ihre Entscheidungen aber noch weit in die Zukunft hinein und bestimmen die Höhe der Gemeindeausgaben, und damit die Höhe des Steuerfußes.

am 2. Oktober bestimmen Sie, ob jene Männer in den Gemeinderat einziehen, die sich in allen Angelegenheiten um sparsame und weitsichtige Lösungen bemühen werden, auch wenn die zukunftssicheren Lösungen im Augenblick mehr kosten könnten.

am 2. Oktober bestimmen Sie darüber, ob der Steuerzahler durch eine rationelle und sparsame Verwaltung den wohlverdienten Dank in Form von Steuerermäßigungen erhält und seine großen Leistungen in den letzten Jahren anerkannt werden. Der Freisinn wird sich für den Steuerabbau einsetzen.

am 2. Oktober entscheiden Sie, ob unsere Stadt mit der Zeit wieder steuerlich konkurrenzfähig werden wird oder ob wir weiterhin zusehen müssen, wie die großen Steuerzahler in die steuergünstigen Nachbargemeinden abwandern.

am 2. Oktober Bahn frei für eine rationelle, weitsichtige und fortschrittliche Steuerpolitik !

Freisinnig-demokratische
Partei und
Jungliberale Bewegung
St.Gallen

vorwärts mit
dem Dank
an alle
Steuerzahler !

links ? rechts ?
links ?

vorwärts !
aufwärts
!!!

5

am 2. Oktober entscheiden Sie über Entwicklung und Wohlstand in unserer Stadt. Um die Abwanderung der interessanten Steuerzahler zu verhindern, muß für Ein- und Zweifamilienhäuser mehr Boden erschlossen werden. Um mehr Verdienst in die Stadt zu bringen, müssen wir mehr neue Industrie haben; also Baulanderschließung für Industrieneubauten. Nur durch den Zuzug neuer Industrien und das Verbleiben der großen Steuerzahler in der Gemeinde kann eine dauerhafte Steuersenkung erreicht werden.

am 2. Oktober entscheiden Sie, ob die Forderungen der freisinnigen Motionen F. Baerlocher 1957/60 nach vermehrter Baulanderschließung und rechtzeitiger Regionalplanung erfüllt werden.

am 2. Oktober bestimmen Sie, ob die Stadt St.Gallen gegen den Ausverkauf an ausländische Spekulanten sich zur Wehr setzen wird, wie das die freisinnige Interpellation Lendi vom Juli 1960 verlangt.

am 2. Oktober an die Urne ! St.Gallen ist einen Urnengang wert !

Freisinnig-demokratische
Partei

und
Jungliberale Bewegung
St.Gallen

Fortschritt !
Freisinn

Election propaganda for the Freisinnig-demokratische Partei und Jungliberale Bewegung der Stadt St. Gallen. Concept Peter Mächler and J. H., text Peter Mächler, 1960. Ill. opposite: 1 of 3 leaflets, folded, partly unfolded, unfolded, 14.8 x 22 cm. Above: 3 of 8 advertisements, 19 x 25 cm.

madame

fährt heute in die Stadt.

Parkverbot und Blaue Zone,
Blaue Polizei – pass auf!
Hier, ein Platz. Zu klein, fahr' weiter!

Weiter, weiter, 1000 Meter,
Bäcker, Kaffee, Migros, Haushalt,
warten, rennen, suchen, halt!
Vorsicht: Randstein, Pfützen, Pflaster,

Wo ist Wagen? Viel zu tragen!
Schlüssel, Tasche; da das Auto.
Stellt die Last im Regen ab.
Grüner Zettel. Oh, die Zeit:

?

Einkaufsfreude ? ?

Noch vor Ostern erleben Sie: Einkaufsfreude!

mademoiselle

geht in die Stadt.

Regen, Kälte, Nebel, hasten.
Metzger – warten, warten, warten.
1000 Schritte, trip, trip, trap.

Handschuh, Tasche, Schirm und Mantel,
Autos spritzen, Schwellen drohen,
stossen, drängen, Feuchtigkeit.
'was vergessen, nochmals warten.

Langts, den Mantel noch zu holen?
Danke, merci, wiederluege.
Schwer der Korb und Bus ist weg.
Frieren und im Freien warten:

?

Einkaufsfreude ? ?

Noch vor Ostern erleben Sie: Einkaufsfreude!

Advertisements for the opening campaign for a shopping centre in St. Gallen. Text Peter Mächler, 1963. 17.6 x 25 cm.

madame,

madame mademoiselle

mademoiselle,

was wünschen Sie denn?

Ich wünsche den Kauf ohne 1000 Türen,
ich wünsche mehr Zeit für meine Familie,
ich wünsche den Kauf nahe Bus, Bahn und Post,
ich wünsche den Einkauf vor Wetter geschützt.

Ich wünsche den Kauf, der mit Zeit und Geld spart,
ich wünsche ein Café, die Freundin zu treffen,
ich wünsche den Kauf ohne Parkverbot,
ich wünsche . . . , ich wünsche mir

! Einkaufsfreude!

Noch vor Ostern erleben Sie: Einkaufsfreude!

was suchen Sie denn?

Ich suche Gemüse, Getränke und Fleisch,
ich suche Eier, Butter und Zucker,
ich suche Kaffee, Schokolade, Tabak,
ich suche Kleider, Strümpfe und Schuhe.

Ich suche ein Kettchen, Keramik und Glas,
ich brauche die Dienste der Wäscherei,
ich suche Uhren, Schmuck, Porzellan,
ich suche Lampen, Spielzeug und Bücher.

Ich suche Radio, Fernsehen, Kühlschrank,
ich suche Haushaltartikel, Papier,
ich suche dies alles am gleichen Platz,
ich suche – und finde mehr Einkaufsfreude

! Mehr Einkaufsfreude im Neumarkt St. Gallen!

Noch vor Ostern erleben Sie: Einkaufsfreude!

madame mademoiselle

Sie wünschen den Einkauf an einem Platz?
Sie wünschen den Einkauf in kurzer Zeit?

Sie wünschen den Einkauf vor Wetter geschützt?
Sie wünschen den Kauf ohne Parkverbot?
Sie wünschen den Einkauf preiswert und gut?

! Sie finden dies alles im Neumarkt St. Gallen!

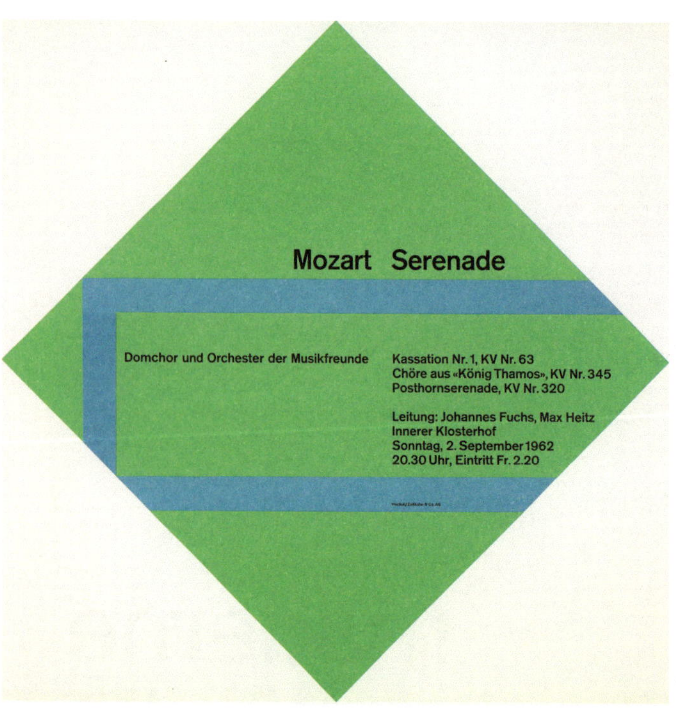

Posters: Two-colour offset preprint, green/blue and three different black overprints in letter-press, 1961, 1962, 1963. 50 x 50 cm.

Werke von Haydn

Orchester der Musikfreunde
Leitung: Max Heitz Solist: Klaus Heitz, Cello

Sinfonie Nr. 26 «Lamentatione»
Konzert für Violoncello und Orchester
Sinfonie Nr. 102 in B-Dur

Samstag, 5. Dez., 20 Uhr:
Evangelische Kirche Winkeln
Sonntag, 6. Dez., 20 Uhr:
Kirchgemeindesaal Großacker

Freiwillige Kollekte

Hochuli / Zollikofer & Co. AG

Cover for the *Typografische Monatsblätter, TM*, no. 5, St. Gallen, 1985. 23 x 29.7 cm.

Logo for the natural sciences collection, St. Gallen, 1976.

Logo for the *Rencontre Internationale du jeune Talent* (competition for international fashion colleges) St. Gallen, 1982.

Logo for fitted kitchen manufacturer, Waldkirch, 1991. 42 x 60 cm.

Opposite: poster of an exhibition of books by Jost Hochuli in St Katharinen, St. Gallen, 1997. 42 x 60 cm.

Jost Hochuli: Buchgestaltungen aus 30 Jahren,
dazu einige Schriftschnitte in Holz und Linol
Ausstellungsraum in St.Katharinen
Katharinengasse, beim Bohl, 9000 St.Gallen
15. Februar 1997 bis 9. März 1997
Hochuli
Jost
Bücher
Geöffnet Dienstag bis Samstag, 10 – 12, 14 – 17 Uhr
Sonntag 10 – 17 Uhr
Vernissage: Freitag, 14. Februar 1997, 18.30 Uhr
!

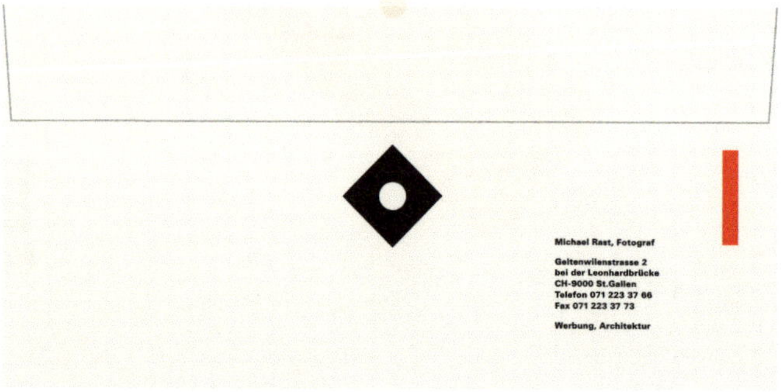

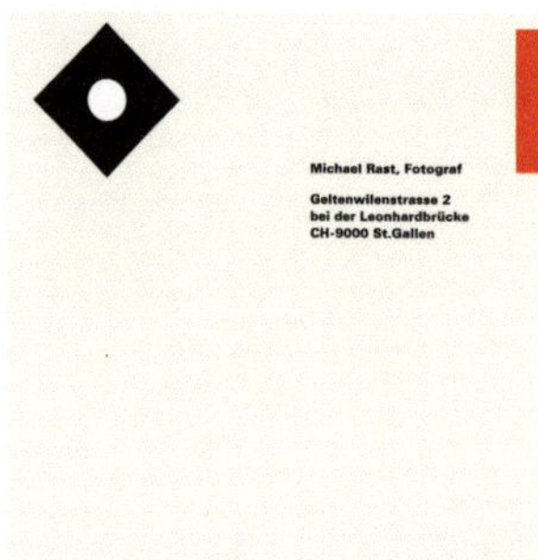

Logo and printed matter for Michael Rast, photographer, St. Gallen, 1996. The round aperture, the 'lens' is cut out of the A4 letterhead, A6 note-cards, square address labels and visiting cards.

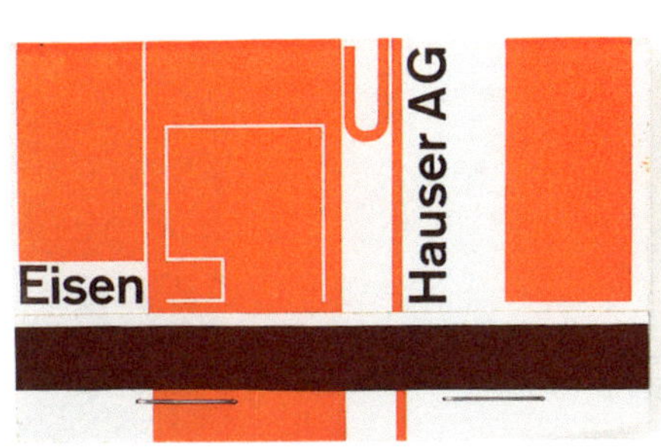

Above: logo for the Büchergilde Gutenberg, Frankfurt a. M., 1994.

Below: logo for Nef Holding AG, St. Gallen, c. 1996.

American Club cigarette packet for Cigarettenfabrik Sullana, Zurich, 1961. 5.8 x 8.5 x 2.2 cm.

Matchbook, front, for Hauser AG, St. Gallen, 1961, 8 x 4.8 cm.

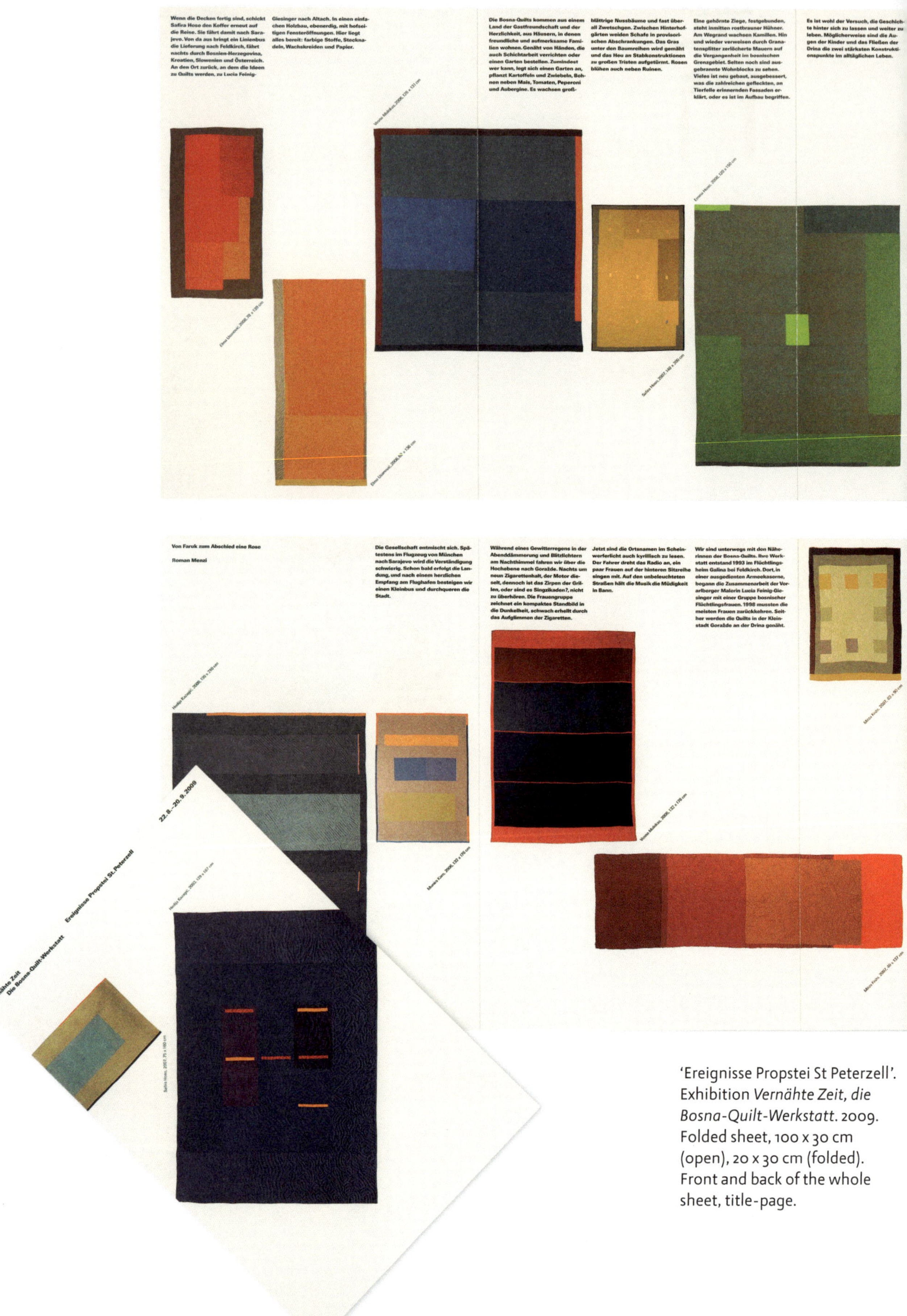

Wenn die Decken fertig sind, schickt Safira Hose den Koffer erneut auf die Reise. Sie fährt damit nach Sarajevo. Von da aus bringt ein Linienbus die Lieferung nach Feldkirch, fährt nachts durch Bosnien-Herzegovina, Kroatien, Slowenien und Österreich. An den Ort zurück, an dem die Ideen zu Quilts werden, zu Lucia Feinig-Giesinger nach Altach. In einen einfachen Holzbau, ebenerdig, mit hofseitigen Fensteröffnungen. Hier liegt alles bereit: farbige Stoffe, Stecknadeln, Wachskreiden und Papier.

Die Bosna-Quilts kommen aus einem Land der Gastfreundschaft und der Herzlichkeit, aus Häusern, in denen freundliche und aufmerksame Familien wohnen. Genäht von Händen, die auch Schichtarbeit verrichten oder einen Garten bestellen. Zumindest wer kann, legt sich einen Garten an, pflanzt Kartoffeln und Zwiebeln, Bohnen neben Mais, Tomaten, Peperoni und Aubergine. Es wachsen großblättrige Nussbäume und fast überall Zwetschgen. Zwischen Hinterhofgärten weiden Schafe in provisorischen Abschrankungen. Das Gras unter den Baumreihen wird gemäht und das Heu an Stabkonstruktionen zu großen Tristen aufgetürmt. Rosen blühen auch neben Ruinen.

Eine gehörnte Ziege, festgebunden, steht inmitten rostbrauner Hühner. Am Wegrand wachsen Kamillen. Hin und wieder verweisen durch Granatensplitter zerlöcherte Mauern auf die Vergangenheit im bosnischen Grenzgebiet. Selten noch sind ausgebrannte Wohnblocks zu sehen. Vieles ist neu gebaut, ausgebessert, was die zahlreichen gefleckten, an Tierfelle erinnernden Fassaden erklärt, oder es ist im Aufbau begriffen.

Es ist wohl der Versuch, die Geschichte hinter sich zu lassen und weiter zu leben. Möglicherweise sind die Augen der Kinder und das Fließen der Drina die zwei stärksten Konstruktionspunkte im alltäglichen Leben.

Von Faruk zum Abschied eine Rose

Roman Menzi

Die Gesellschaft entmischt sich. Spätestens im Flugzeug von München nach Sarajevo wird die Verständigung schwierig. Schon bald erfolgt die Landung, und nach einem herzlichen Empfang am Flughafen besteigen wir einen Kleinbus und durchqueren die Stadt.

Während eines Gewitterregens in der Abenddämmerung und Blitzlichtern am Nachthimmel fahren wir über die Hochebene nach Goražde. Nachts um neun Zigarettenhalt, der Motor dieselt, dennoch ist das Zirpen der Grillen, oder sind es Singzikaden?, nicht zu überhören. Die Frauengruppe zeichnet ein kompaktes Standbild in die Dunkelheit, schwach erhellt durch das Aufglimmen der Zigaretten.

Jetzt sind die Ortsnamen im Scheinwerferlicht auch kyrillisch zu lesen. Der Fahrer dreht das Radio an, ein paar Frauen auf der hinteren Sitzreihe singen mit. Auf den unbeleuchteten Straßen hält die Musik die Müdigkeit in Bann.

Wir sind unterwegs mit den Näherinnen der Bosna-Quilts. Ihre Werkstatt entstand 1993 im Flüchtlingsheim Galina bei Feldkirch. Dort, in einer ausgedienten Armeekaserne, begann die Zusammenarbeit der Vorarlberger Malerin Lucia Feinig-Giesinger mit einer Gruppe bosnischer Flüchtlingsfrauen. 1998 mussten die meisten Frauen zurückkehren. Seither werden die Quilts in der Kleinstadt Goražde an der Drina genäht.

Vernähte Zeit
Die Bosna-Quilt-Werkstatt

Ereignisse Propstei St. Peterzell

22.8.–20.9.2009

'Ereignisse Propstei St Peterzell'. Exhibition *Vernähte Zeit, die Bosna-Quilt-Werkstatt*. 2009. Folded sheet, 100 x 30 cm (open), 20 x 30 cm (folded). Front and back of the whole sheet, title-page.

Wir aber dürfen uns zurücklehnen bei zuckersüßem Gebäck und Kaffee, der in bekannter Weise aufgekocht, mit einem überlangen Löffel umgerührt, kurz abgesetzt und in die kleinen Porzellantassen gegossen wird. Während die Unterhaltung fließt und stockt zugleich. Es münden fremde Silben und Klänge ins Ohr, mitunter auch der Lautsprecher des Muezzins.

Der Text entstand während einer Reise zu den bosnischen Näherinnen. Begleitet von der Malerin Lucia Feinig-Giesinger und der Fotografin Franziska Messner-Rast, welche die Frauen bei ihrer Arbeit porträtierte, besuchte Roman Menzi – er ist Kurator der Ausstellungen in der Propstei St.Peterzell – die Familien in Goražde.

Vernähte Zeit
Die Bosna-Quilt-Werkstatt

Ereignisse Propstei St.Peterzell

22.8.–20.9.2009

Hedija Kazagić, 2003, 129 x 187 cm

dem breiten Fluss oder im Schatten eines Kirschbaumes statt. Das Interesse an ihrer Arbeit, dem Nähen, erfüllt die Frauen mit Dankbarkeit und Freude. Dass ihre Auseinandersetzung mit der kriegsbedingten Sprachlosigkeit Beachtung findet, erleben sie als stilles Glück.

Die Handarbeit mit Nadel und Faden ist zu ihrer Identität und Teilexistenz geworden. Nachdem sie die Stoffe entsprechend dem Entwurf und den Angaben der Malerin maschinell zusammengenäht haben, steppen sie dichte Muster über die Farbfelder. Sie nähen in tagelanger Handarbeit das Ober- und das Untertuch mit dem dazwischen liegenden Vlies zusammen, bis eine endlos wirkende, labyrinthähnliche Linie die Decke strukturiert.

Ohne Vorzeichnung wird Stich um Stich mutig als einsame Linie über den noch leeren Bildgrund genäht. Einmal wachsen die Muster von den Rändern her über die Farbflächen, dann wieder treiben die Steppnähte von einer Ecke aus kontinuierlich über das Tuch, bis der gegenüberliegende Saum das wiederkehrende Linienmuster beschließt. Wellenartig kräuselnd, mäandrierend, mehrfach verschlauft oder gebrochen liniert. Manchmal erinnern die unterschiedlichen Nadelhandschriften an Höhenkurven.

An großformatigen Quilts wird zu zweit gearbeitet, nacheinander, jede für sich in ihrer bekannten Umgebung, am Küchentisch oder im Esszimmer, in Wohnungen mit düsteren Treppenhäusern, kleinen Balkonen und großen Polstergruppen, aber auch in Rohbauten, die noch unverputzt und nur teilbewohnt sind, mit vorbetonierten Freitreppen.

Regelmäßig treffen sich die Frauen zum Erfahrungsaustausch bei Safira Hoso. Sie ist die Werkstattleiterin und koordiniert die Zusammenarbeit, sie vermittelt zwischen Entwurf und Ausführung. In dünnen Plastiktaschen tragen die Handnäherinnen ihre leichten Decken herbei, um sie nacheinander, bei Rauch und Kaffee, auszubreiten und anzusehen.

The exhibition showed quilts made by Bosnian women after designs by Lucia Lienhard-Giesinger, Bregenz. The women came to Austria as refugees during the war in Bosnia, and found in this way both an occupation and possible earning potential. Today, they live and work back in their home country, with some still quilting.

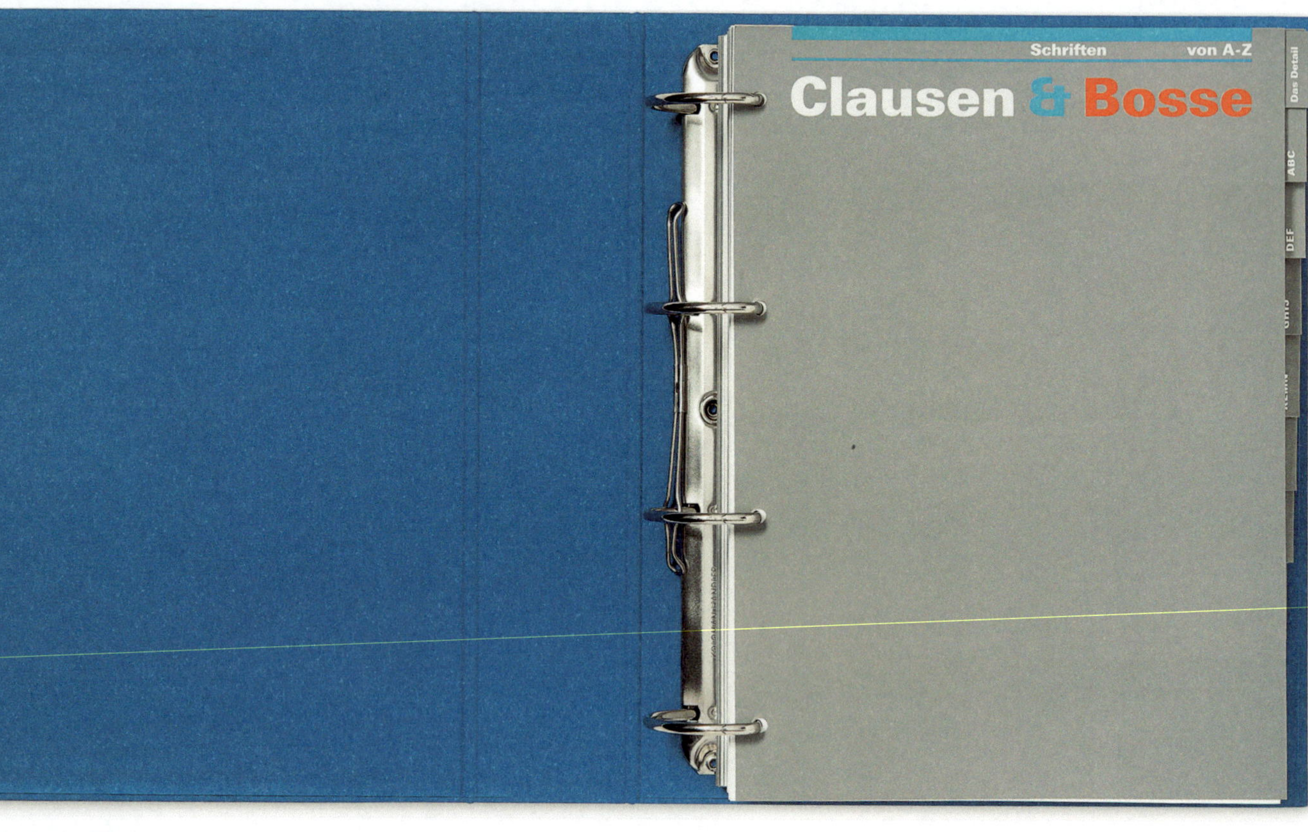
Schriften von A-Z
Clausen & Bosse
Das Detail
ABC
DEF

28 **Baskerville**

ABCDEFGHIJKLMNOPQRS
TUVWXYZ&ÆŒÄÖÜÇabcdefg
hijklmnopqrsßtuvwxyzffffiffiflfflæ
œäöüç1234567890123456789oAB
CDEFGHIJKLMNOPQRSTUVWXYZ&ÆŒÄ
öüç!?¡¿([/†‡§£$¢{ƒ%‰.,:;-——
‘’“”›‹»«*

Vorhandene Schnitte: Regular, Italic, Semibold, Semibold Italic, Bold, Bold Italic

John Baskerville (1706–1775), ursprünglich Schreibmeister und Schriftbildhauer, verstärkte in seinen um die Mitte des 18. Jahrhunderts vermutlich von John Handy geschnittenen Schriften den Kontrast zwischen Haar- und Grundstrichen. Damit leitete er den Übergang ein zu den klassizistischen Schriften eines Didot und Bodoni. Unsere digitalisierte Version basiert auf einem Nachschnitt der Monotype, der 1932 erschienen ist.

Punkt	cm 2	3	4	5	6	7	8	9	10	10,5	11	11,5	12
8	16	25	33	41	49	58	66	74	82	86	91	95	99
8,5	16	23	31	39	46	54	62	70	77	81	85	89	93
9	15	22	29	37	44	51	59	66	73	77	80	84	88
9,5	14	21	28	35	42	49	55	62	69	73	76	80	83
10	13	20	26	33	40	46	53	59	66	69	72	76	79
10,5	13	19	25	31	38	44	50	56	63	66	69	72	75
11	12	18	24	30	36	42	48	54	60	63	66	69	72
11,5	11	17	23	29	34	40	46	52	57	60	63	66	69
12	11	16	22	27	33	38	44	49	55	58	60	63	66

DIE IDEEN VON WILLIAM MORRIS HAT IN DEUTSCHLAND
Die Ideen von William Morris hat als erster aufgegriffen und in die

DIE IDEEN VON WILLIAM MORRIS HAT IN DEUTSCH
Die Ideen von William Morris hat als erster aufgegriffen un

DIE IDEEN VON WILLIAM MORRIS HAT IN DEU
Die Ideen von William Morris hat als erster aufgegriff

DIE IDEEN VON WILLIAM MORRIS HAT
Die Ideen von William Morris hat als erster a

Die Ideen von William Morris hat in Deutschl

and als erster aufgegriffen und in die Tat umgesetzt der

Leipziger Verleger und Drucker Carl Ernst Poeschel (1874–1933).

Poeschel hatte 1902 das Sammelwerk ›Die neue Buchkunst‹ betreut, in d

em ein Situationsbericht aus England enthalten war; er hatte 1904 England besuc

ht und dort unter anderen auch Emery Walker getroffen. Im gleichen Jahr veröffentlichte er ei

Clausen & Bosse, Schriften von A–Z. Type specimen book. Leck: Clausen & Bosse, 2001. Full-cloth file in cloth-covered slipcase. 28 x 32.5 x 7 cm. Ill.: file open, page with type specimen, 22 x 29.7 cm, file in slipcase.

Posters for the retrospectives on Jan Tschichold (1976) and Walter Käch (1973) in the Kunstgewerbemuseum der Stadt Zurich, 90.5 x 128 cm.

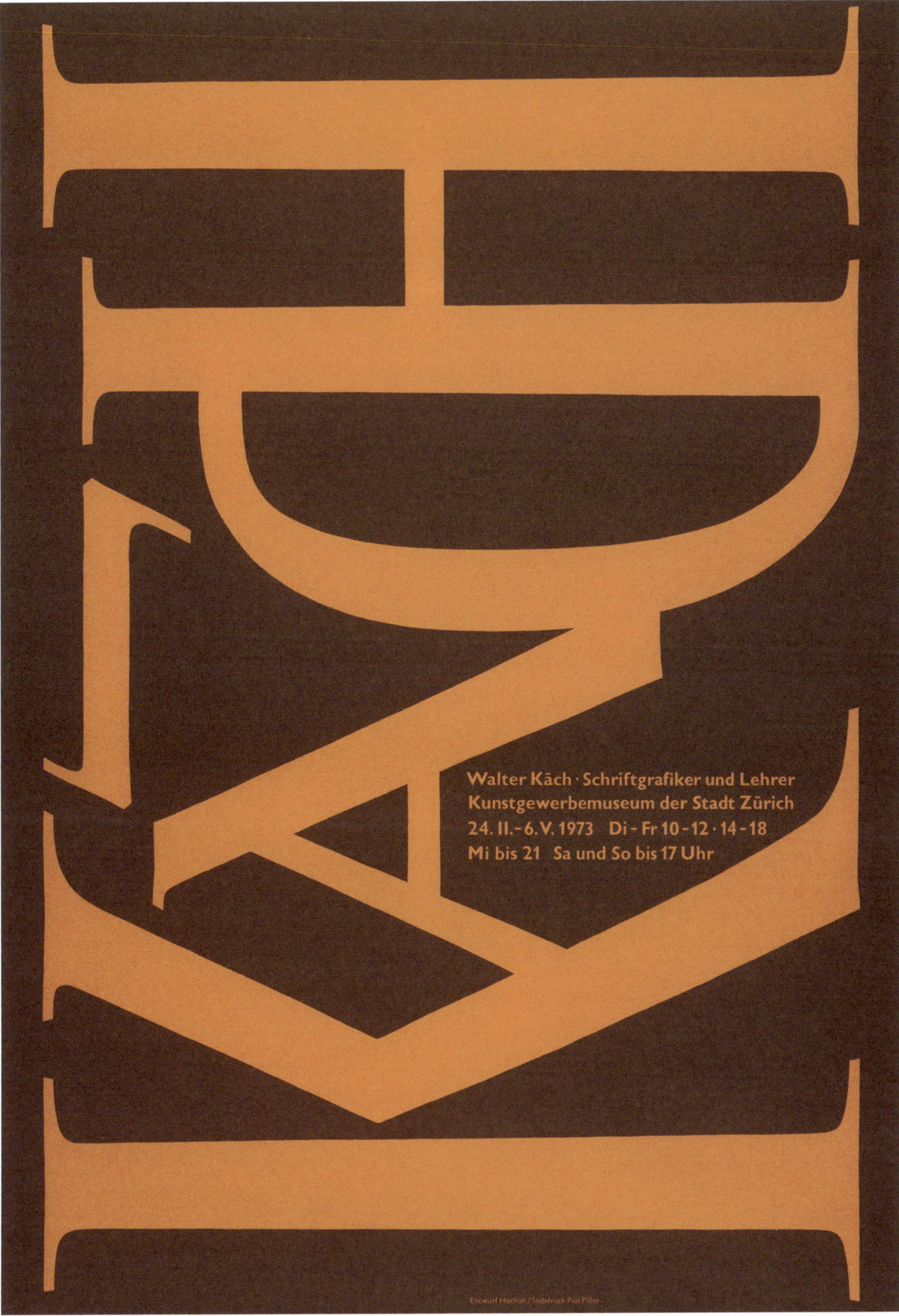

Walter Käch · Schriftgrafiker und Lehrer
Kunstgewerbemuseum der Stadt Zürich
24. II. - 6. V. 1973   Di - Fr 10 - 12 · 14 - 18
Mi bis 21   Sa und So bis 17 Uhr
Entwurf Hochuli / Siebdruck Pius Piller

Designs for Blaise Cendrars: *Moravagine, Roman eines Monsters*. Berlin: Die andere Bibliothek, 2014. Ill.: binding (spine); wrapper p. 1; endpaper and p. 1; pp. 2–3 (title); contents; double-page. 12 x 21.2 cm. Not carried out.

beiten aus dieser Zeit zeigen ihn unter dem Einfluss des Offenbachers Rudolf Koch und belegen sein Studium der italienischen Schreibmeister Ludovico Arrighi und Giovanantonio Tagliente. 1923, im gleichen Jahr, als diese Arbeit entstand, besucht Tschichold die erste Bauhausausstellung in Weimar und kommt, wie er selbst bezeugt, ‹aufgewühlt zurück›. Unter dem Eindruck des in Weimar Gesehenen, speziell der Arbeiten von László Moholy-Nagy und von El Lissitzky, sehen seine Arbeiten nun so aus: [Kleinplakat für den Warschauer Verlag Philobiblon]. 1925 betreute er das Sonderheft ‹elementare typographie› der Leipziger *Typographischen Mitteilungen*, und 1928 erschien sein Buch Die Neue Typographie. Damit wurde der Fünfundzwanzigjährige schnell berühmt

Krieg

‹Höchst liederliches Machwerk›, liebe Kolleg
gen, geschätzte Anwesende, ‹großer Quatsch›
so liest man's in Jan Tschicholds Handschrift
und auf Seiten 5 und 9 des Katalogs zur Unesco
Kunst der Schrift aus dem Jahr 1964. Der Ka
Tschicholds Arbeitsbibliothek, die sich seit der
der Kantonsbibliothek Vadiana St.Gallen bef
der letzten Seite und dem Deckel der Broschür
zwei Kritiken Tschicholds zu Ausstellung und K
Einladungskarte zur Eröffnung der erwähnten
Kunstgewerbemuseum Zürich. Beides ist typisch
nannte Arbeitsbibliothek: die Bemerkungen, die
Bleistift auf Vorsätzen, Vortiteln oder an ander
schreiben pflegte und die Beilagen, die in vielen B
den sind – sie machen diese Bände und Bändcher
und Broschürchen zu mehr als nur einer Arbeitsbi
rüber später mehr und einiges im Detail.
Vorerst aber für diejenigen, denen der Name Ja
nur ein Name ist, eine ganz kurze Übersicht übe
und Schaffen. 1902 in Leipzig als Sohn eines Schr
geboren, besuchte Jan Tschichold nach der oblig
Schulzeit das Lehrerseminar in Grimma (bei Leipzig
aber nach drei Jahren an die Akademie für graphis
und Buchgewerbe in Leipzig, wo er mit 19 Jahren al
bereits Abendkurse in Schriftschreiben erteilte. A
beiten aus dieser Zeit zeigen ihn unter dem Einfluss
bachers Rudolf Koch und belegen sein Studium d
nischen Schreibmeister Ludovico Arrighi und Giova
Tagliente. 1923, im gleichen Jahr, als diese Arbeit ents
sucht Tschichold die erste Bauhausausstellung in Wei
kommt, wie er selbst bezeugt, ‹aufgewühlt zurück›. U
Eindruck des in Weimar Gesehenen, speziell der Arbe
László Moholy-Nagy und von El Lissitzky, sehen seine A
nun so aus: [Kleinplakat für den Warschauer Verlag P
blon]. 1925 betreute er das Sonderheft ‹elementare typog

Blaise Cendrars
Moravagine
Roman eines Monsters

Inhalt

MULTIPLE
David Bürkler, 1936, St.Gallen
o.T.; Stahl, Chromstahl; 20 x 10 x10 cm; 5 Ex.; 1993
14

Opposite: Peter Röllin: *Multiple Multiple Multiple*. Catalogue for the exhibition *Multiple*. St. Gallen: Atelier-Galerie 1993. Stapled brochure with flaps. 12.5 x 21 cm. Ill.: cover-p. 1; contents p. 1 with cover and jacket flaps; double-page of content. The cut-out square was folded back by hand to one quarter, and the brochure printed as multiple in an edition of 1,000.

Above: Josef Osterwalder: *Treibgut der Gesellschaft. Von der Abfalltour zur Wertstoffkultur.* Schriftenreihe der Stadt St. Gallen. St. Gallen, Stadtverwaltung (Entsorgung), 2013. Softcover with flaps, 13.5 x 22 cm. *Information by the city of St. Gallen on issues relating to waste disposal and recycling.*

Ill. above: cover-pp. 1 and 4. P. 46: two double-pages of the photo-spread before the inner title. P. 47: double-page inner title and double-page from the photo-spread at the end of the book. (Photos Michael Rast)

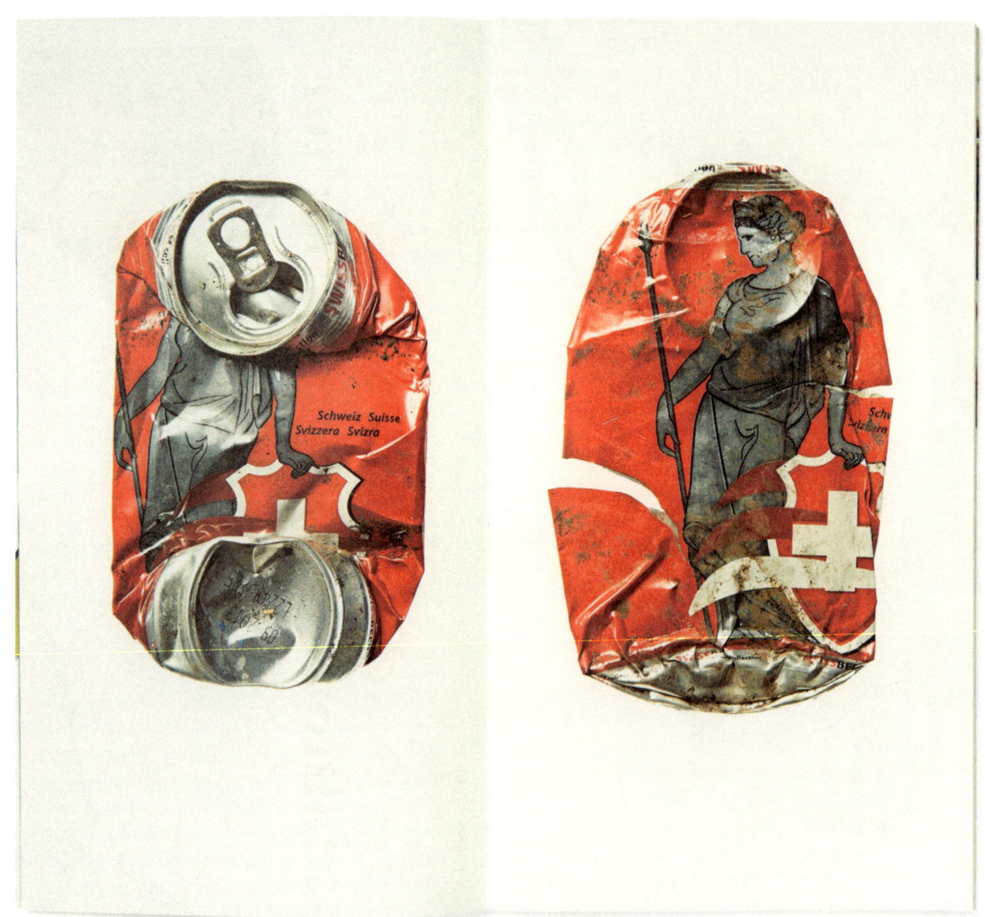

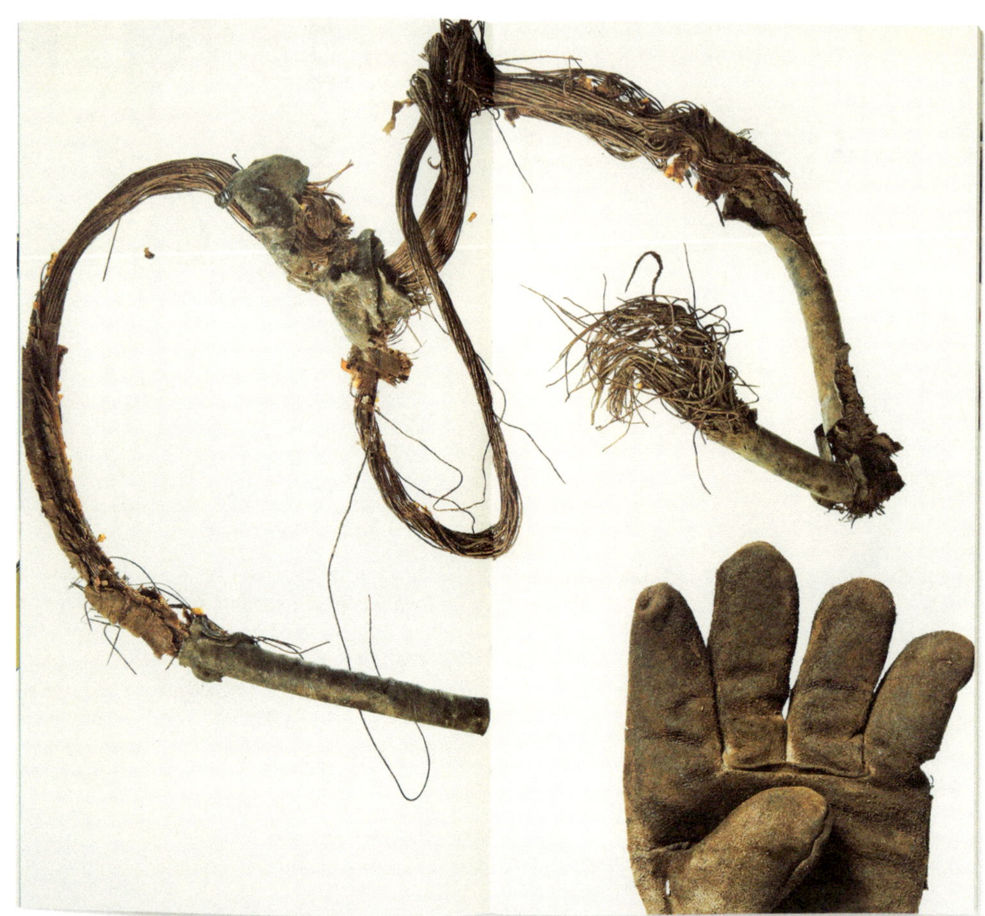

captions: see page 45

Treibgut der Gesellschaft
Von der Abfalltour zur Wertstoffkultur

von Josef Osterwalder

im Auftrag und in Zusammenarbeit mit Entsorgung St.Gallen, Hans Peter Tobler
Fotografien von Regina Kühne und zwei Bildstrecken von Michael Rast
Archivarbeit und fachliche Begleitung von Beat Moser

Schriftenreihe der Stadt St.Gallen

Jost Hochuli's Alphabugs.
Wilmington (MA): Agfa Compugraphic, 1990.
Swiss brochure with flaps, 13.5 x 22.5 cm.
Ill.: cover-p. 1, various double-pages.
A gift from Agfa Compugraphic to participants at the Type '90 conference, September 1990 in Oxford.

46
47
Plantin
Plantin italic
Plantin bold
Plantin bold italic
32
I am the greatest !
33
ITC Galliard roman
ITC Galliard italic
ITC Galliard bold
ITC Galliard bold italic
ITC Galliard black
ITC Galliard black italic
ITC Galliard ultra
ITC Galliard ultra italic
37
38
allianz
39
V
28
NEW WAVE
NEW WAVE
NEW WAVE
29
FILM PODIUM

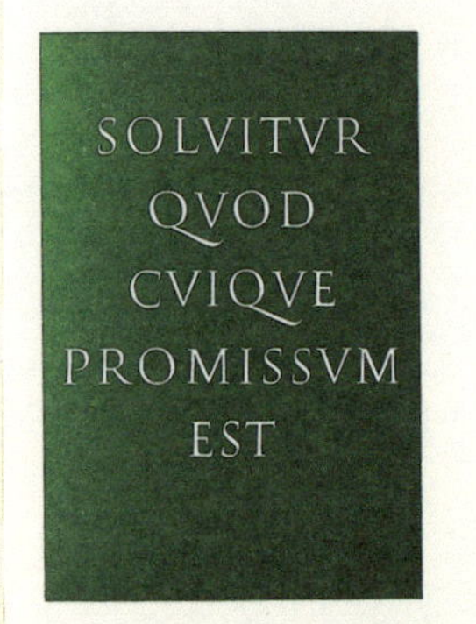
SOLVITVR
QVOD
CVIQVE
PROMISSVM
EST

QVICQVID AD SVMMVM
PERVENIT
AB EXITV PROPE EST

Particularly in earlier years, Jost Hochuli created a number of woodcuts. They were done using pear wood, oak, limba and most of all beech.

Woodcuts in beech for Seneca: *Trostchrift an Marcia.* Neu-Isenburg: 45th publication of Edition Tiessen, 1987. Format of the book block 20 x 30 cm. Ill. above: contents double-page; format of woodcut 14.4 x 21 cm. Below: woodcut from the middle of the book. Format 31.8 x 21 cm. Typography by Wolfgang Tiessen.

Opposite: Capitalis monumentalis, 1973, beech, printed area 59.7 x 60.2. Edition 100 and XXI.

A,B,C D E F

G H I J K L M

N P Q R S T U

V W X Y & Z

Sheet in memory of Rudolf Hostettler, 1919–1981. Woodcut in beech, 1981, 57 x 42 cm when open, folded to 29.5 x 42 cm. Printed area of woodcut 25.5 x 31.8 cm. Unnumbered edition (less than 50).

Opposite: Greek alphabet, cut in pale limba, 1968. Printed area 43.8 x 43.7 cm. Edition of 150.

ΑΒΓΔΕΞ
ΗΘΙΚΛΜ
ΝΞΟΠΡΣ
ΤΥΦΧΨΩ

R, 1982. Fir, printed by hand, print area c. 22.7 x 33.5 cm. Size of edition uncertain, one impression from time to time over the years, probably not more than a dozen.
The block is a piece of fir board that a carpenter friend pulled out of his two-hundred-year-old house while renovating it. The block is convex and rotten as tinder, and could only be cut with a scalpel; prints were possible only by using water-based inks on dampened blotting paper.

Opposite: friendship sheet for Gerrit Noordzij, 1984. Woodcut in beech. 27.5 x 37.5 cm. Two editions: 50 copies in moss-green, 60 copies in dark brick-red.

Gerrit Noordzij
G
N
Maſter of crafts

ST. GALLEN

On Monday, 12 April 2010, at around tea-time, Robin Kinross and Roland Früh met for a discussion on the topic of 'Books designed in St. Gallen'

The discussion was recorded in the offices of Hyphen Press in Kentish Town, London, later transcribed, shortened and published in the journal *Newwork Magazine* no. 5, February 2003 [2010].

Slight and insignificant changes have been made by the authors for this publication, with additional comments in italic by Jost Hochuli in spring 2022.

RK Do you know what is meant by the word 'grace'?

RF I suppose that it corresponds to the German word 'Anmut'.

RK Does 'Anmut' then mean taste, good taste, good, cultivated style? I think it is exactly the word that Tschichold used in an essay from the 1950s, in which he criticised the Swiss typography of the era of Emil Ruder[1].When I read the essay, I thought that he meant something real, a precise quality, and certainly nothing kitsch. Then it became clear to me what he wanted to say: simply, there was something lacking in Ruder's world, and what was lacking was grace; this world was too cold, too white. But we encounter grace in the work of Hostettler and Hochuli: it occurs with both of them.

RF People often refer to Rudolf Hostettler's little book *The Printer's terms*. It has become almost iconic, which makes it difficult to discuss it. When did you first see it? Was it particularly elegant in any way?

RK I bought it as a student, and thought it was a really pretty little book. I would not exactly describe it as graceful. But as elegant, in that its content comes across easily and attractively. It has no particular style, but it has a certain matter-of-factness and elegance.

RF The same can be seen in *Die Buchdruckerkunst im alten St. Gallen*, which appeared much later; we see that Hostettler handled the details in a similar fashion, although in a more traditional way. The book is a good example of Hostettler's own approach to book design, not limiting himself to a particular style.

RK Absolutely. And with him, it is also the case that he worked at a printer's, and surely had a good rapport with the workforce. For at that time there were often tensions between compositors and printers on one side and designers on the other. I suspect that the relationships were easier for him in that he worked in the Zollkofer printing house.

> **JH** *Above all, things were easier for him because he was a professional: Hostettler was a trained compositor. In those days, outside designers generally had inadequate knowledge of typesetting and printing, and were thus not taken seriously by the staff of a printing works.*

RF He did indeed have a special position within Zollikofer, also as editor and designer of the *Schweizer Graphische Mitteilungen, SGM*, and later the *Typografische Monatsblätter*. He was its editor from joining the firm in 1943 until 1981.

> **JH** *The business manager of the day, Hermann Strehler, was officially the 'Editor' of the* SGM, *while Rudolf Hostettler was the 'Designer and Supplements Editor'. Hostettler later had charge of the* TM *as 'Editor-in-chief'.*

RK For me, the quality of these journals lay in a sort of everydayness. Somehow they appeared normal, but at the same time elegant. In some way they covered a multiplicity of styles – and they could change style, for example, just by using covers by a wide variety of designers.

Hermann Strehler: *Die Buchdruckerkunst im alten St. Gallen, Die Geschichte der Offizin Zollikofer, Vom Wochenblatt zum St. Galler Tagblatt. St. Gallen*: Zollikofer 1967. 16 x 25.2 cm. Design Rudolf Hostettler. Double-pages with title and two other double-pages.

Hermann Strehler

Die Buchdruckerkunst im alten St.Gallen
Die Geschichte der Offizin Zollikofer
Vom ‹Wochenblatt› zum ‹St.Galler Tagblatt›

Zollikofer & Co. AG, St.Gallen 1967

JH *That is only the case for the* TM; *the* SGM *were designed inside and out by Hostettler. (See above, and* Epitaph for R. H., *p. 22*[2]*.)*

RF The issues were so conceived that content and cover did not fight one another. It is amazing how flexible the design was. The layout could be changed very quickly, and sometimes fairly radically.

JH *Hostettler was never the designer of the* TM. *The covers were mostly the result of competitions, or for special numbers (e.g. for the special issues on Werkman, Lissitzky, Tschichold et al.) they were designed by the authors of those issues. Nor did the concept for the contents come from Hostettler. I can remember layouts by Ruder and Büchler. On this, see the foreword by R. H. in the Univers special number,* TM *1/80, 1961.*

RK Some time ago, I once looked through all of the issues, and was impressed by their calm and serenity. When in 1946 the *SGM* published the well-known dispute between Bill and Tschichold, in this unusual situation Hostettler as editor remained calm in the middle of it, without taking sides, which was well.

RF It was surely not easy to resist the temptation of being the spokesman for a particular concept. It would, for example, have been very easy to become the leading publication of the avant-garde, but that was not the intention. *Neue Grafik* did exactly that, and got into difficulties when it published work that was not so avant-garde. Illustrative work does not look so good in a thoroughly modern layout, because it is in the wrong environment.

It is probably this calm and elegance that characterises the 17 volumes on medical history topics that Hostettler designed for Verlag Hans Huber in Berne, from 1963 to 1979.

I have always been irritated by the strongly sloped italics on the covers, but apart from that I like the series a lot. Inside the books, we again encounter this sober elegance.

JH *The strongly sloped italics are none other than the italic of Monotype Garamond, series 156. Today, we are accustomed to much more discreetly sloped italics. But precisely the strong slope of the Garamond italics gives these covers something very special.*

RF On the covers, Hostettler combines text with interesting illustrations. Although they stand provocatively close to one another, the overall impression is convincing.

Rudolf Hostettler, designer and editor, saw the beginning of Jost Hochuli's career as typographer and graphic designer. It was at Zollikofer, printers and publishers, that Hochuli and other talented designers from St. Gallen, such as Max Koller, learned their trade.

RK As mentioned, we can trace this grace back to Hostettler's way of working: liberal, undogmatic, elegant. By contrast with him, though, Hochuli is more of a designer, simply because he is somewhat younger, and because he went another way. He did not, as Hostettler did, belong in the world of printing works.

RF Hostettler was himself part of this growing professional specialisation: he created a design studio at Zollikofer. When Hochuli began to work with him, this specialisation was already familiar; nevertheless, he began an apprenticeship as a compositor.

JH *This specialisation – the separation of handiwork (compositor) and design (typographer, graphic designer) had begun much earlier. In St. Gallen at that time an apprenticeship as compositor was for me the only way to become acquainted with typography from the basics upwards. At that time, even renowned graphic designers had, perhaps not no, but certainly very little idea of composition. They gave their measurements in cm and mm. When such designs found their way into the hands of compositors, they were met with appropriately acid comments.*

RK I remember that Hochuli once said to me that he was happy to use leaders on contents lists to link the title on the left with the page number on the right. He used them because he believed them to be necessary: at the same time, he enjoyed annoying the Zurich school by using them. For them, leaders were 'compositors' typography', that is, paying attention exclusively to function regardless of how clumsy and ugly they looked.

JH *I have never used leaders where I did not find them necessary – even if people in Basel and Zurich (and Reading) did not use them where they really were required.* (As I did to begin with, under the influence of the Basel school…) *Everything in typography that runs counter to a simple, straightforward logic tempts me to contradiction.*

RF I do not know whether he has written about it, but Hochuli once explained to me that legibility was one characteristic of good typography, but another – and no less important – one was appetite, the stimulus to read. A book must be not only legible but also attractive. And the text too must be attractive, the way in which illustrations and text interact with each other encourages the reader to read, and to stay with the text.

RK That's true. We might say of Jost Hochuli, and others too, that they have acquired a condensed knowledge, not by reading, for no amount of reading helps here. But they have worked so much, seen so much, and seen very acutely.

Perhaps I might be slightly provocative here. This concerns the *Große kommentierte Frankfurter Ausgabe* of the works of Thomas Mann, published by S. Fischer and designed by Jost Hochuli. I still wonder about the choice of typeface, although I know that it was tested within the publisher, and had emerged as the most readable. But for me Trinité is simply too refined and too elegant.

JH *When all the staff in S. Fischer who were involved in the Thomas Mann project – including commercial staff and computer specialists – and all 16 editors voted, without a single exception for Trinité as the most readable of the eight specimens tested, that was decisive for me, even if I myself would have preferred another typeface on 'stylistic' grounds (which was not the case here). Optimum readability is an eternal criterion, 'style' is the fashion of one or another era, in typography also of a school – 'Basel', 'Zurich' or 'Reading'.*

RF Yes, I understand what you mean. The forms of this typeface are highly refined; it is a contemporary type that wants to make a good impression on the pages of a book.

There was a similar discussion when TGG used the Rialto type for the *Monasterium Sancti Galli* series; it was criticised as being too calligraphic. As the content of the series was historical, the choice of typeface could appear inappropriately ingratiating. While Trinité is too distant from Thomas Mann's texts.

RK ... tries to get close to them, but fails. The layout of the double-page spreads in this series reminds me of Hostettler's approach. It is clear that someone has thought the thing through and reached a decision: the footnotes are wider than the text type area. It looks a bit inelegant, but just that is what I like about it.

RF In one of the books, the footnotes take up almost the whole page. Setting them like this was, according to Roland Stieger, a pragmatic decision.

The three partners in TGG, Dominik Hafen, Bernhard Senn and Roland Stieger were students of Hochuli's, as was Gaston Isoz. They attended an evening course in typography, taught by Jost Hochuli and Max Koller. Although, as Roland Stieger reports, all the work was done on computers, they also learned analogue, manual, processes: cutting, pasting, sketching and so on. It seems one can also feel that in some of their work; when they decided to set the footnotes so wide, to make optimum use of the space, and also in their feeling for the proportions of the page, with the considered placing of the individual elements.

JH *It was not an evening class; the course was a vocational one, held on Fridays and Saturdays.*

RF TGG also work in a different environment, in a modern studio where, as well as books, they also design advertisements, posters and so on. Their designs are not always those of book designers: for instance, the booklet *Spitzen umschreiben Gesichter* and the last two Typotron booklets. None of these publications is particularly 'bookish' in design.

RK I always thought that it must be difficult to work in a very busy studio. The whole atmosphere in a modern office is, I think, different to that when a book designer works alone in his or her studio. I am sure that that comes out in the work.

RF I would like to mention the work of Gaston Isoz here: he works on the most varied design commissions, many of them, as he says, with very short deadlines, so not just book designs. For the two bits of work shown here he was allowed unusually much time, and much freedom in the choice of materials.

RK In Isoz's books there are elements that recall Hochuli. But if the spirit of St. Gallen is liberal, generous and undogmatic, these two books are only partially so.

RF With both books, you must consider the content, particularly in the choice of colour. Red is here evidently a direct homage to politics. Isoz's design tends in general towards the experimental: it is direct and unvarnished. Further, he makes the text interesting to the reader, particularly in the book *Geschichte der Partei …*, which has some striking illustrations but is also good to read. It is not difficult to imagine that such a layout could have gone wrong in many ways, and that text and illustration would fight each other. But Gaston Isoz finds an excellent balance and creates a fascinating book.

RK It is certainly not a piece of work dictated by fashion: in its own way it is bold.

RF In summary then, what are the characteristics of the St. Gallen school? Most other schools, those of Zurich or Basel for instance, are highly formal, have a very clear approach, a programme, a dogma. In St. Gallen, pleasingly, we find something else: all the work is readable and elegant. There is no strict programme or dogma, but something that springs from the determination to respect the content, the text and the reader in the work.

RK It is often said that a good teacher gives his students a firm foundation, that enables him or her to realise their own ideas and to act accordingly. Perhaps that is what we see in St. Gallen. People with this background are not clones, but independent individuals. That would, in my opinion, be a really successful school.

Above: double-pages from Jaroslav Hašek: *Geschichte der Partei des gemäßigten Fortschritts im Rahmen des Gesetzes*. Berlin: Parthas, 2005. 17.5 x 28 cm. Design Gaston Isoz.

Opposite: Marianne Gächter-Weber: *Spitzen umschreiben Gesichter*. St. Gallen: Textile Museum, 1997. 21.2 x 15.2 cm. Ill.: cover-p. 1 and double-page. Design TGG.

Textilmuseum St.Gallen *Marianne Gächter-Weber*

Spitzen umschreiben Gesichter

1 See his article 'Zur Typographie der Gegenwart' in *Börsenblatt für den deutschen Buchhandel* (Frankfurt Edition), Frankfurt a. M., 1957, 13; reprinted in *Jan Tschichold: Schriften 1925–1974*, vol. 2, Berlin: Brinkmann & Bose, 1992. 'What the average typography of the present lacks is grace. Grace is something far rarer, more precious and more beautiful than elegance. It›s just there, may be setting in, is intentionally not attainable at all.'

2 Jost Hochuli: *Epitaph für Rudolf Hostettler*. St. Gallen: VGS (Typotron booklet 1), 1983.

The discussion between Robin Kinross and Roland Früh also relates to the exhibition, not mentionned here, held at the St Bride Printing Library, London, 4–19 March 2010.

J. H.

Nach Beendigung des Gärungsprozesses in den Kammeröfen wird ein Rollwagen unter den Ofen gefahren: Der nach dem Entgasungsprozeß zurückbleibende weißglühende Koks fällt in die Auffang-Wanne, wird gekühlt und anschließend in die Silos der Koksaufbereitungsanlage transportiert.

Martel Gerteis: *Das alte Gaswerk der Stadt St. Gallen im Riet*. St. Gallen: Stadtverwaltung, 1967. Simple brochure, perfect binding, 17.5 x 24 cm. Cover-p. 1 and double-pages.

Documentation of the old City of St. Gallen gasworks before its demolition.

This brochure was created in the heyday of the typographic grid. As the photographer and the publisher did not wish the photographs, which had 3:4 or 4:3 proportions to be cropped, a grid was not possible. Despite (or because of) this, the publication appears fresh and convincing after over 50 years.

Die zu Kohlengrieß zermalmte Kohle wird von oben in die Kammeröfen eingebracht und unter Luftabschluß durch eine seitliche Befeuerung auf etwa 1000 Grad erhitzt. Das aus der Kohle entweichende, noch stark «verunreinigte» Rohgas wird abgezogen. Der in den Kammeröfen zurückbleibende reine Kohlenstoff «backt» zum Koks zusammen.

Der Gärungsprozeß der Kohle in den Kammeröfen dauert mehrere Stunden. Kammern und Befeuerung müssen kontinuierlich durch das Werkpersonal überwacht werden.

Arbeit an den Kammeröfen. Periodisch müssen die Kammern – nach tagelangem Auskühlen – bestiegen und neu ausgemauert oder ausgebessert werden. Kleinere Schäden aber müssen repariert werden, während die Öfen im Betrieb sind…, eine Arbeit im Kampf mit lodernder Hitze und gleißender Glut.

Lisa Fässler et al.: *Textiles. Textilmuseum St. Gallen, Haus und Sammlungen / Musée du textile de Saint-Gall, Institution et Collections / St. Gallen. Textile Museum, Institution and Collections.* St. Gallen: VGS, 2008. Brochure with flaps (flaps trimmed), sewn. 13 x 23 cm.

Ill.: front and back cover, cover flaps over front and back endpapers. Pp. 66–67: double-page of inner title and author index and copyright; other double-pages of content.

EXTILES
Musée du textile de Saint-Gall
Institution et collections
St. Gallen Textile Museum
Institution and Collections

Chormantel (Rauchmantel oder Pluviale). Hell leuchtende Engel begleiten Marias Himmelfahrt. Priester trugen dieses Kirchengewand an Prozessionen und zu feierlichen Handlungen. England, um 1500. Sammlung Leopold Iklé.

16 17

Oben: Besatz. Frei von jedem geometrischen Motiv ist diese Klöppelspitze. Kurven- und spiralförmige Blätter umrahmen zentrale Blütenstände. Italien, 1620–1650. Sammlung Leopold Iklé.

Unten: Besatz. Der Entwurf für diese Nadelspitze stammt von Emilie Palicková. Sie trug wesentlich zum internationalen Erfolg der tschechischen Spitzenkunst bei. Tschechoslowakei, 1920–1930.

Besatz. Den Abschluss dieser Macraméarbeit bilden Tasseln, kleine geknotete Posamenterie-Quasten, welche im 17. Jahrhundert Mode waren. Italien, 1600–1650. Sammlung John Jacoby.

20 21

Captions: see page 64

um St.Gallen
Sammlungen

extile de Saint-Gall
et collections

Textile Museum
and Collections

mit Textbeiträgen von

Lisa Fässler, Urs Hochuli,
Ursula Karbacher, Jost Kirchgraber,
Wiebke Koch-Mertens,
Regula Lüscher

redigiert von Ursula Karbacher

é français
sh summary

(c) VGS Verlagsgemeinschaft St. Gallen, 2008 ISBN 978-3-7291-1115-8

n: Blandford & Häfliger Schönengrund, Co-Text GmbH Zürich.

urchsicht und wertvolle Hinweise danken wir: Editranslate, Elizabeth Fischer,
fen, Rhoda R. Schnur, Doris Überschlag.

d Satz von Jost Hochuli. Schriften: Linotype Bauer Bodoni und Linotype Uni-
densed. Umbruch von Peter Renn. Reproarbeiten und Druck von Ostschweiz
ittenbach-Kronbühl. Papiere: Umschlag 200 gm², Inhalt 100 gm² Eurobulk
cht gestrichen. Vorsätze 120 gm² Kaskad schwarz, alle von Fischer Papier AG,
rkingen. Bindearbeiten von Buchbinderei Burkhardt AG, Mönchaltorf.

Gürtel. Der Erfindungsreichtum der St. Galler Sticker kannte kaum Grenzen, und tauchte eine Modeneuheit auf, begannen sie sofort für die Pariser Kundschaft auch diese herzustellen. Huber-Meyenberg, Kilchberg, nach 1900.

Seite 71: Ballkleid. An diesem mit Alençonspitzen gefertigten Kleid für Kaiserin Eugénie (1826–1920), Gattin von Napoleon III., sollen 36 Spitzennäherinnen während 18 Monaten gearbeitet haben. Frankreich, um 1860.

Seiten 72/73: Musterbuch. Kleiderskizze und dazugehörende Stickereimuster der Firma Iklé Frères erzählen von der beeindruckenden Kreativität der St. Galler Sticker. St. Gallen, 1913.

71

Seite 68: Sonnenschirm. Eine schwarze Klöppelspitze aus Seide (Chantilly) ziert diesen Schirm. Solche Schirme waren von 1850 bis nach 1900 in Mode. Frankreich, nach 1860.

Oben: Faltfächer. Der Schalmei spielende Amor, die sich liebkosenden Amoretten und die luftige Klöppelspitze weisen den Fächer als Instrument amouröser Koketterien aus. Belgien, 1880–1890.

Unten: Fächerblatt. Aus Wien kam für die Spitzenherstellung die neue Formensprache des Jugendstils. Österreich, 1900.

68 69

Alt

Hocke heute ohne Lust
auf der Fensterbank,
spüre Enge in der Brust,
höre ich sei krank.

Jemand trägt die Suppe auf,
hebt sie mir ans Maul.
Ich ergebe mich dem Lauf
meiner Zeit, bin faul.

Bilder sind mir noch im Kopf
von der vollen Welt,
doch sie schrumpft zu einem Knopf,
der mich nicht mehr hält.

Lieber

12 . 13

Lieber bleibe ich im Schatten
eines Baumes und allein,
als mit irgendwelchen satten
Zeitgenossen im Verein.

Lieber sehe ich den Kater
auf der Wiese vor der Maus,
als den wohlgenährten Pater
hier am Tisch beim Sonntagsschmaus.

Lieber als nach fremden Schläfern
schaue ich in meinem Haus
nach den nimmermüden Käfern
in den Bodendielen aus.

Lieber sind mir böse Tanten
als ein Fräulein das mich mag,
kenne selber meine Kanten,
bin vom gleichen schlimmen Schlag.

Vorbilder

Dass er gleich viel soff
wie Rachmaninoff
und wie Hindemith
notensetzend litt,
half ihm freilich nicht
für sein Tongedicht.

Dass er wie schon Mann
punkt halb neun begann
und im Wortgeröll
höher stieg als Böll,
fiel ihm sichtlich leicht.
Doch sein Buch blieb seicht.

Dass er sich im Sog
großer Kunst betrog,
sah er voller Wein
letztenendes ein.
Gab sich gleich den Schuss.
Hemingway macht Schluss.

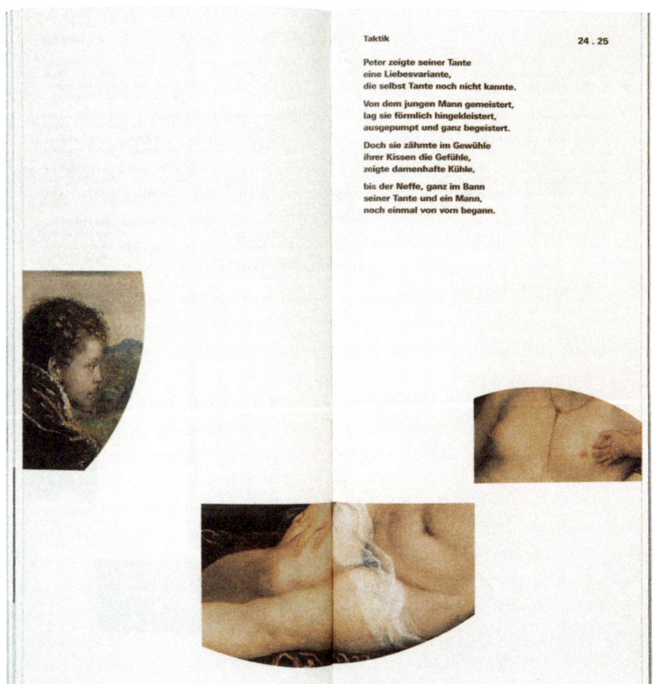

Taktik

24 . 25

Peter zeigte seiner Tante
eine Liebesvariante,
die selbst Tante noch nicht kannte.

Von dem jungen Mann gemeistert,
lag sie förmlich hingekleistert,
ausgepumpt und ganz begeistert.

Doch sie zähmte im Gewühle
ihrer Kissen die Gefühle,
zeigte damenhafte Kühle,

bis der Neffe, ganz im Bann
seiner Tante und ein Mann,
noch einmal von vorn begann.

Ohne MICH

Wo zieht es dich hin,
wenn ich nicht mehr bin?
Ins Kloster, ins Zelt?
Querab durch die Welt?

Was bleibt dir zurück
von unserem Glück?
Die Süße, die Glut?
Die Enge, die Wut?

Wie kommst du zurecht
mit besserem Knecht?
Mit feinerem Herrn?
Verblasst schon mein Stern?

H. P. Müller: *wenn ohne Hut, Verse*. St. Gallen: VGS, 2005. Brochure, boards with cover set on and three coloured edges. 12.3 x 24.6 cm.

Ill.: five double-pages, cover page 1 from front; cover pages 1 and 4 in perspective.

18 . 19

Feierabend
Schau hin. Hör hin. Das bringt Gewinn.
Die Dämmerstunde schärft den Sinn.
Die Wolken fahren weit und schnell.
Das Fensterkreuz bleibt lange hell.
Der Vater döst. Die Diele kracht.
Im Bildschirm kündet sich die Nacht.
Der Tag verglüht. Die Röhre auch.
Schau weg und leg dich auf den Bauch.

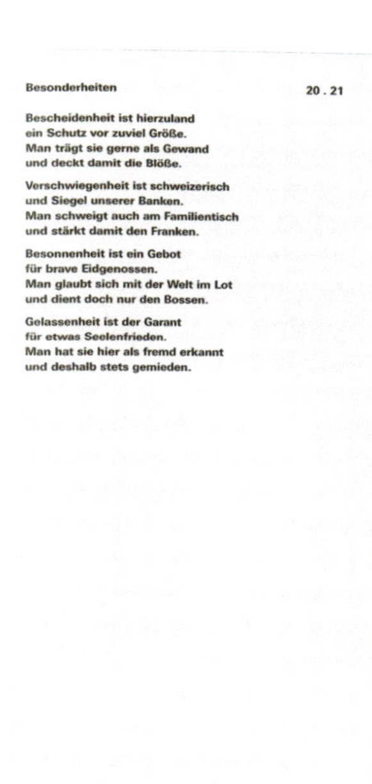
Besonderheiten
20 . 21
Bescheidenheit ist hierzuland
ein Schutz vor zuviel Größe.
Man trägt sie gerne als Gewand
und deckt damit die Blöße.
Verschwiegenheit ist schweizerisch
und Siegel unserer Banken.
Man schweigt auch am Familientisch
und stärkt damit den Franken.
Besonnenheit ist ein Gebot
für brave Eidgenossen.
Man glaubt sich mit der Welt im Lot
und dient doch nur den Bossen.
Gelassenheit ist der Garant
für etwas Seelenfrieden.
Man hat sie hier als fremd erkannt
und deshalb stets gemieden.

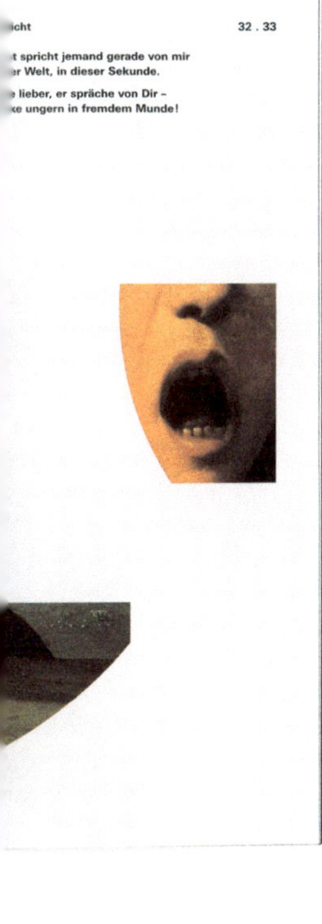
32 . 33

HP Müller
wenn ohne Hut
Verse

Above: Ursula Riklin: *Schlüssel-worte*. St. Gallen: Ledergerber, 2010. Boards with cover set on, 14 x 22.5 cm. Ill.: p.1 cover (front and back).

Opposite: Richard Butz: *Mein St. Gallen*. St. Gallen: VGS, 1994. Brochure with jacket, 15 x 24 cm. Ill.: jacket-pp. 1 and 4.

Mein St.Gallen

Zu Buch und Autor

Mein St.Gallen – ein Lesebuch, das St.Gallen in diesem Jahrhundert vorstellt und das Leben in der Stadt und ihre Entwicklung spiegelt. Herausgeber Richard Butz umkreist St.Gallen mit einer Textcollage von berühmten Besuchern (z. B. Eugène Ionesco oder Franz Kafka) und einheimischen bekannten, weniger bekannten oder unbekannten Persönlichkeiten.

Mein St.Gallen – eine eigenwillige, amüsante, kritische, lobende und informative ‹Stadterkundung›, bereichert durch Illustrationen von St.Galler Künstlern und Künstlerinnen und ergänzt durch Kurzessays des Herausgebers sowie eine zum Weiterlesen anregende Bibliographie.

Mein St.Gallen – ein Lesebuch, in das sich Leser und Leserinnen vertiefen oder sich hineinblättern können; richtet sich an Einwohner, Heimweh-St.Galler und -St.Gallerinnen sowie an Besucher und Besucherinnen der Hochtalstadt zwischen Rosenberg und Freudenberg.

Aus dem Geleitwort von Martin Wettstein

‹…So ist aus der Fülle der Zeugnisse «sein» (des Herausgebers) Sankt Gallen entstanden, in zwölf Sträußen, die er uns jeweils mit knapp kommentierten Vorwörtern in die Hand drückt. Wer daran riecht und sie betrachtet, wird merken, daß sich unser ja meistens behindertes Auge zum Facettenauge wandelt und daß, in Abwandlung eines Titels von Niklaus Meienberg, dies geschieht: Erweiterung der Pupillen beim Eintritt ins Hochtal.›

Richard Butz, geboren 1943 in St.Gallen. Buchhändler in St.Gallen, London und Freetown (Sierra Leone). Seit 1966 freier Journalist und Publizist in St.Gallen; arbeitet für Tageszeitungen, Wochenzeitungen, Zeitschriften, Radio (DRS / St.Gallen) und in der Erwachsenenbildung. Jazzschule-Lehrer und Kulturvermittler (Musik, Literatur). Engagiert sich für Behinderte und in der AIDS-Prävention. Hobbies: Bücher sammeln zum Thema ‹Bewegungen des 20. Jahrhunderts›, Lesen, Musik aller Richtungen, Malen. Wichtigste Publikationen: *SchreibwerkStadt St.Gallen – Momentaufnahme Lyrik* (mit Christian Mägerle), 1986; *Elfenbeinküste* (mit Fernand Rausser), 1982; *Leben in Amerika* (mit Georg Stärk), 1989; *Feuer in Neuchlen* (mit Hansueli Trüb und Peter Weishaupt), 1992.

VGS Verlagsgemeinschaft St.Gallen ISBN 3-7291-1073-X

Ernst Ziegler, Jost Hochuli: *Hefte zur Paläographie des 13. bis 20. Jahrhunderts aus der Stadtbibliothek (Vadiana) St. Gallen*. Rorschach: Löpfe-Benz, 1985–1989. Eight single section brochures, stapled, A4. Ill.: slipcase with eight booklets, three covers, double-pages from booklet 1.

St.Gallen, 13. April 1276
Schenkungsurkunde

Ritter Rudolf von Rorschach schenkt den Schwestern am Brühl in St.Gallen seinen Knecht Eberhart Merbot von Landquart.

In deme namin dis vatirs vnde dis sunis vnde dis hailigen gaistis. Ich Růdolf dir ritter von Rorschach tůn kunt vnde vir gihe offinlichen mit dierre hantveste allen den livten, die von disime hivtigen tage si iemer mer gesehent odir gehôrint lesin, daz ich durch got Iesum Cristum von himilriche swestir Mahtilte dir priolinne von Ranwiller vnde swestir Gůtun dir suppriorinne von Raine dir swestiren an dim Brůle ze Sante Gallen vnde dar nach dim conuente vnde dir sæmenunge allirsamint an dim Brůle ze sante Gallen han gegebin von der vndir wisunge des hailigen gaistis wr mich vnde mine erbin allesamint mit gůtime willen Ebirharten din Merboten von Lanchwattvn, der min waz, mit allime rehte vnde alse ich in han braht vnz an disen hivtigen tach. Vnde virzihe mich dar vbir mit dierre hantvesten vnde mit disime brive wr mich vnde wr alle mine erbin von hivtte disime tage iemir mer allir der anesprache vnde alliz des rehtes, so ich iemir gewinnen mohte an dem selbin Ebirharte an gaistlichime odir an weltlichime gerihte. Unde daz die vorgenanden swesteran vnde iro conuent sich dierre gotlichen gabe vriliche vnde ledechlichen vrôwen iemir mer, so gib inen dise hantveste ze ainime stæten vrkünde besigilt mit minem ysigile ze ainir vestenunge alliz des, so an dierre hantveste geschriben stat. Dis beschach ze sante [Gallen] in dis grauen Willehelmis hus von Montfort, do nach vnsirs herren geburte wæren tusinch vnde zwai hundirt jar vnde sehs vnde sibinzich jare in deme sehsten iare, an deme næhisten mæntage nach vzgantir ostirwehen, ze geginwrte mins herren grauen Willehelmis von Montfort, dis hern Cůnratis dis briestirs von dir schůle, Hainriches dis kilichherren von Rivti, dis hern Hainriches vnde dis hern Burch [artis] der rittere vnde gebrůdir von Wartinsê, Cůnratis von Raine vnde andirre erbærre livte phaffon vnde layen.

Signatur: Schaffneramt Thurgau, Tr. c, No. 5.
Originalgröße.
Druck: *Chart. Sang.* IV, 1966.

iv ist zu lesen wie ü, h manchmal wie ch

vir gihe	verkünde
handveste	Handhabe, Urkunde (schriftliche Versicherung, Verbriefung der Rechte)
priolinne	Priorin eines Nonnenklosters
suppriorinne	Subpriorin
sæmenunge	Sammlung, Vereinigung
vndir wisunge	Unterweisung
wr	für
waz	war
vnz	bis
tach	Tag
virzihe	entziehe
vriliche	frei, unbekümmert
ledechlichen	ledig, frei, ohne Hindernis
stæten	festen
vestenunge	Bestätigung
tusinch	tausend
maentage	Montag
vzgantir	ausgehender
phaffon	Pfaffen, Pfarrer

Anmerkungen:

Die Ritter oder Herren von Rorschach waren vom 12. bis ins 15. Jahrhundert ein Dienstmannengeschlecht der Abtei St.Gallen von großem Einfluß in der mittelalterlichen Geschichte der Nordostschweiz; sie übten im Namen des Abtes in der Gegend von Rorschach die niedere Gerichtsbarkeit aus.

Ranwiler = Ronwil, Gemeinde Waldkirch.

Guota von Raine (wohl Rain, Gemeinde Gossau) war am 18. Juli 1275 Priorin; das Priorat scheint also von den Schwestern abwechslungsweise betreut worden zu sein.

Schwestern am Brühl = Augustinerinnenkonvent (später St.Katharinen) am Brühl in St.Gallen (vgl. Abtsurkunde vom 30. Juni 1228).

Lanchwattvn = Landquart, Gemeinde Arbon TG / Gemeinde Berg, Bezirk Rorschach.

Wilhelm von Montfort, vgl. Paul Diebolder: ‹Wilhelm von Montfort – Feldkirch, Abt von St.Gallen (1281–1301), eine Charaktergestalt des ausklingenden 13. Jahrhunderts›. (83. *Neujahrsblatt*, hg. vom Historischen Verein des Kantons St.Gallen). St.Gallen 1943.

Heinrich = Sehr wahrscheinlich der Kirchherr von St.Corneli in Tosters, Gemeinde Feldkirch. Am 3. April 1398 ist die ecclesia parrochialis s. Cornelii in Rüty situata bezeugt; St.Valentin in Rüthi, Bezirk Oberrheintal, war nur Kapelle. Das Patronatsrecht von Tosters lag bei den Montfortern; Kirchherr Heinrich war vielleicht Kaplan Wilhelms von Montfort, in dessen Haus in St.Gallen die Urkunde ausgestellt ist.

Heinrich von Wartensee (Gemeinde Rorschacherberg), erwähnt 1264–1298; Burkhard, 1267–1306.

20

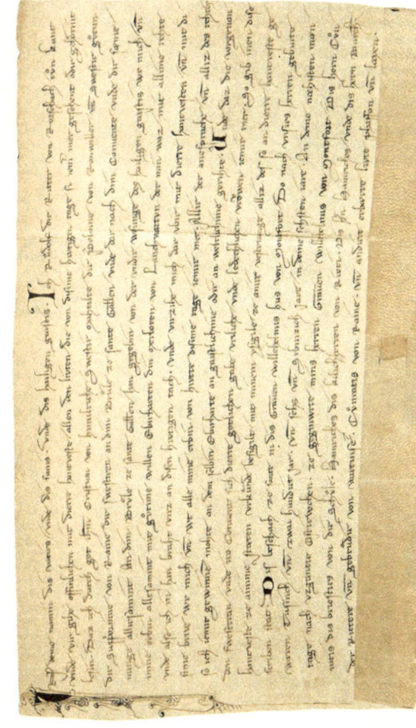

Wil, 13. Mai 1284
Schenkungsurkunde

Schwester Elisabeth, Tochter Herrn Rudolfs von Dürnten, und ihre drei Schwestern übergeben Abt Wilhelm von Montfort (1281–1301) den Ödenhof in der Gemeinde Wittenbach; ebenso verzichtet das Schwesternhaus Wil auf alle Rechte.

Ez son wissin alle, die disen brief lesen alde horen lesen, daz swester Elisabeht, hern Růdolffis saligin tohtir von Tivnrthon, div da ist bi dien swesteron ze Wille, vnde ir swestra alle drie vf hain gigen den Odinhof, livte vnde gůt mime herren abte Wilhelme von sant Gallin, da iro vogit zegegen waz herre Balbreht von Anwille, vnde der swesteron ainiv von Wille, bi dien si ist. Vnde div vor genande swester Elizabet vnde die swestira, bi dien si ist, hain sich incigen aller der ane sprache, die siv hetton vmbe livte vnde gůt. Diz vf gen vnde diz incien livte vnde gůtes geschach ze Wile in dem jare, do von gottis geburte waren tvsint vnde zweihundirt vnde ahcig jare, dar nah in dem vierdin iare, an dem nasten tage nah sant Pancracijn tult. Da waz zegegine herre Hainrich der kilichherre von Surse, herre Ebirhart von Bichilnse, herre Cůnrad dir schenche von Landegge, herre Hainrich dir vogit von Wartinse, herre Walther von Lantsperc, herre Balbreht von Anwille, herre Ebirhart von Lômeis, herre Ebirhart von Sternegge, herre Hainrich von Mûnichwille, Růdolf von Rottinberc, Berhtholt Hozzo, Cůnrad dir Brunthiller. Vnde dc diz alles state belibe, dar umbe haissit min herre abt Wilhelm von sant Gallin disen brief sigillin mit simme insigil ze ainem ewigen vrchunde.

Signatur: Spitalarchiv, Tr. C, 4, No. 2.
Originalgröße.
Druck: *Chart. Sang.* IV, 2123.

son	sollen
alde	oder
hain	haben
gigen	geben, gegeben
mime	meinem
vogit	Vogt, Vormund, Rechtsbeistand
ainiv	eine
incigen	entzogen
tult	Heiligenfest

Anmerkungen:

Tivnrthon = Dürnten, Bezirk Hinwil ZH.

Wille = Wil, Schwesternhaus in Wil.

Baldebrecht von Andwil (Bezirk Gossau): Schwager (?) Rudolfs von Dürnten.

24

Hermann Kuhn (ed.): *Linda Graedel: Werke, Paintings 1985–1993 / Linda Graedel: Skizzen, Sketches* 1985–1993. Neuhausen am Rheinfall: Kuhn, 1993. Paperbacks with flaps in slipcase. Paperbacks 21 x 28 cm. Slipcase 1 cm shorter than paperbacks.

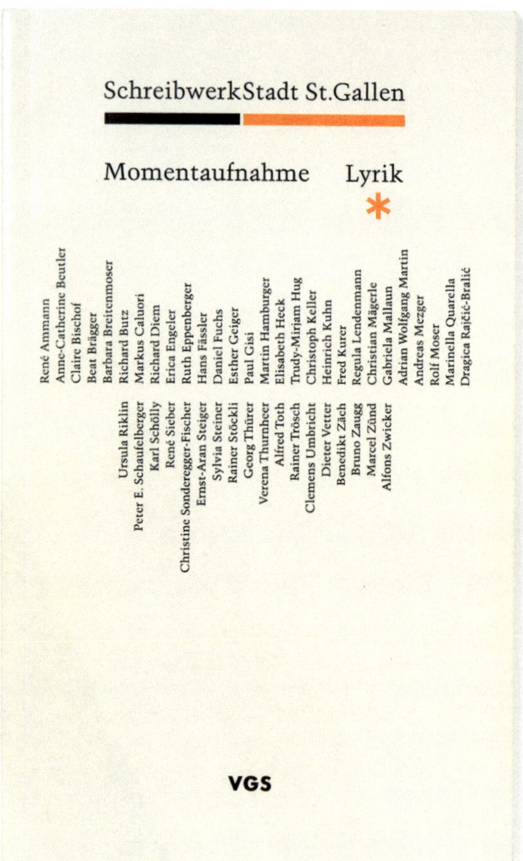

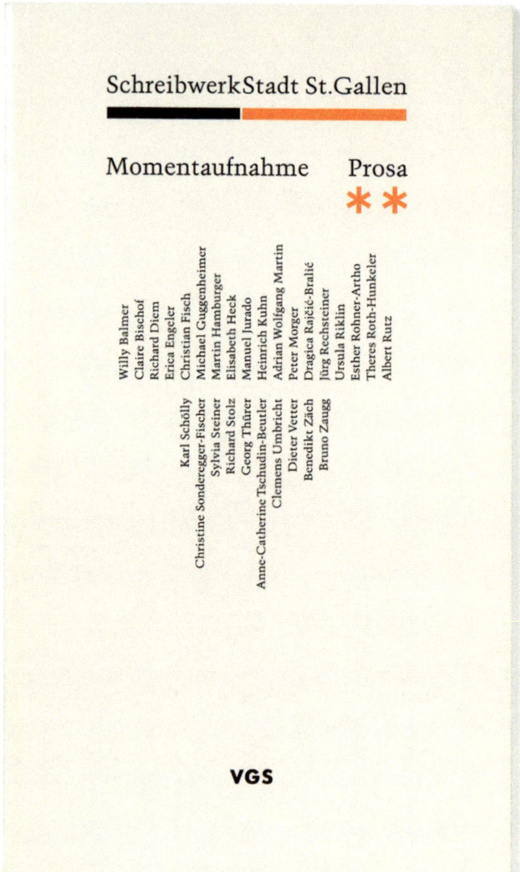

Richard Butz, Christian Mägerle (eds.): *SchreibwerkStadt St. Gallen, Momentaufnahme Lyrik*, 1986. – Jost Kirchgraber, Martin Wettstein (eds.): *SchreibwerkStadt St. Gallen, Momentaufnahme Prosa*, 1987. St. Gallen: VGS. Brochures with flaps, sewn, 13.5 x 20.5 cm.

Ill.: Front of covers, double-page inner title and double-page text from *Momentaufnahme Lyrik*.

Axial symmetry is an expression of literary governance structures, Otl Aicher suggested in his book typographie *(Berlin and Lüdenscheid 1988). It is true that governance and hierarchy present well in axial-symmetrical guise; however, the reverse is not true – axial symmetry itself is value-free and is a design principle that occurs in both nature and design work over millennia.*

SchreibwerkStadt St.Gallen

Momentaufnahme Lyrik

herausgegeben von Richard Butz und Christian Mägerle
in der VGS Verlagsgemeinschaft St.Gallen

VGS

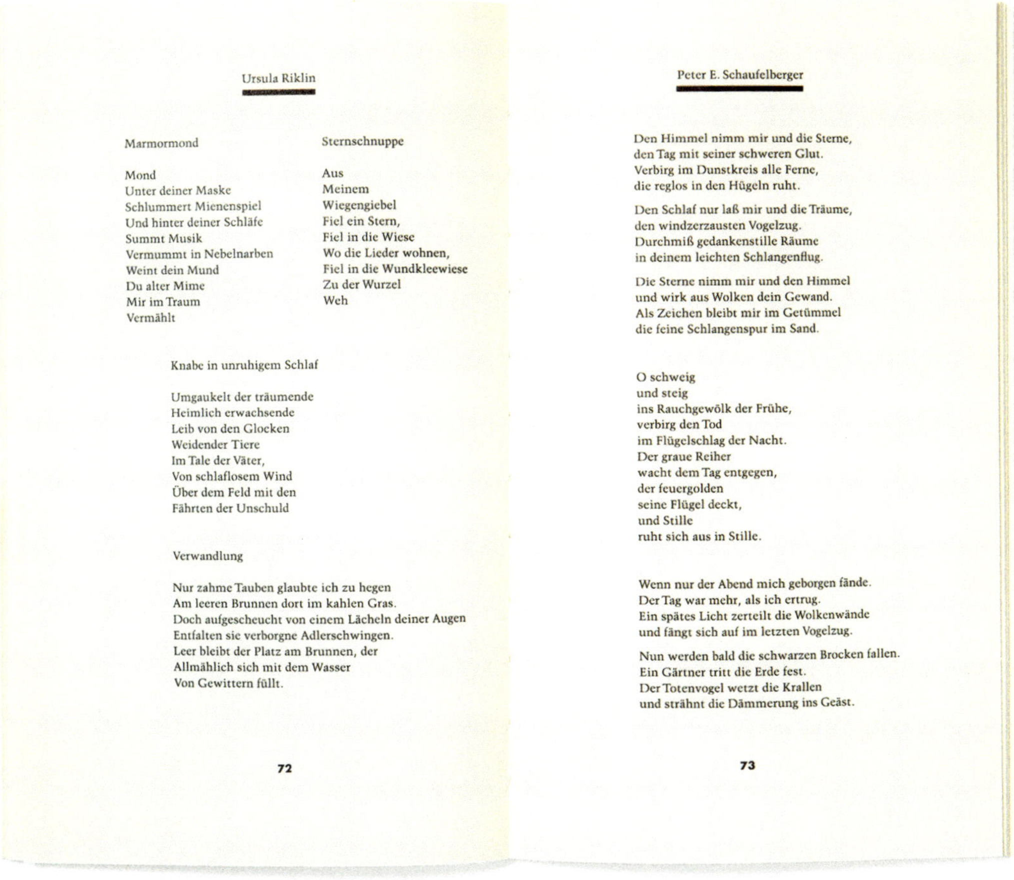

Ursula Riklin

Marmormond

Mond
Unter deiner Maske
Schlummert Mienenspiel
Und hinter deiner Schläfe
Summt Musik
Vermummt in Nebelnarben
Weint dein Mund
Du alter Mime
Mir im Traum
Vermählt

Sternschnuppe

Aus
Meinem
Wiegengiebel
Fiel ein Stern,
Fiel in die Wiese
Wo die Lieder wohnen,
Fiel in die Wundkleewiese
Zu der Wurzel
Weh

Knabe in unruhigem Schlaf

Umgaukelt der träumende
Heimlich erwachsende
Leib von den Glocken
Weidender Tiere
Im Tale der Väter,
Von schlaflosem Wind
Über dem Feld mit den
Fährten der Unschuld

Verwandlung

Nur zahme Tauben glaubte ich zu hegen
Am leeren Brunnen dort im kahlen Gras.
Doch aufgescheucht von einem Lächeln deiner Augen
Entfalten sie verborgne Adlerschwingen.
Leer bleibt der Platz am Brunnen, der
Allmählich sich mit dem Wasser
Von Gewittern füllt.

72

Peter E. Schaufelberger

Den Himmel nimm mir und die Sterne,
den Tag mit seiner schweren Glut.
Verbirg im Dunstkreis alle Ferne,
die reglos in den Hügeln ruht.

Den Schlaf nur laß mir und die Träume,
den windzerzausten Vogelzug.
Durchmiß gedankenstille Räume
in deinem leichten Schlangenflug.

Die Sterne nimm mir und den Himmel
und wirk aus Wolken dein Gewand.
Als Zeichen bleibt mir im Getümmel
die feine Schlangenspur im Sand.

O schweig
und steig
ins Rauchgewölk der Frühe,
verbirg den Tod
im Flügelschlag der Nacht.
Der graue Reiher
wacht dem Tag entgegen,
der feuergolden
seine Flügel deckt,
und Stille
ruht sich aus in Stille.

Wenn nur der Abend mich geborgen fände.
Der Tag war mehr, als ich ertrug.
Ein spätes Licht zerteilt die Wolkenwände
und fängt sich auf im letzten Vogelzug.

Nun werden bald die schwarzen Brocken fallen.
Ein Gärtner tritt die Erde fest.
Der Totenvogel wetzt die Krallen
und strähnt die Dämmerung ins Geäst.

73

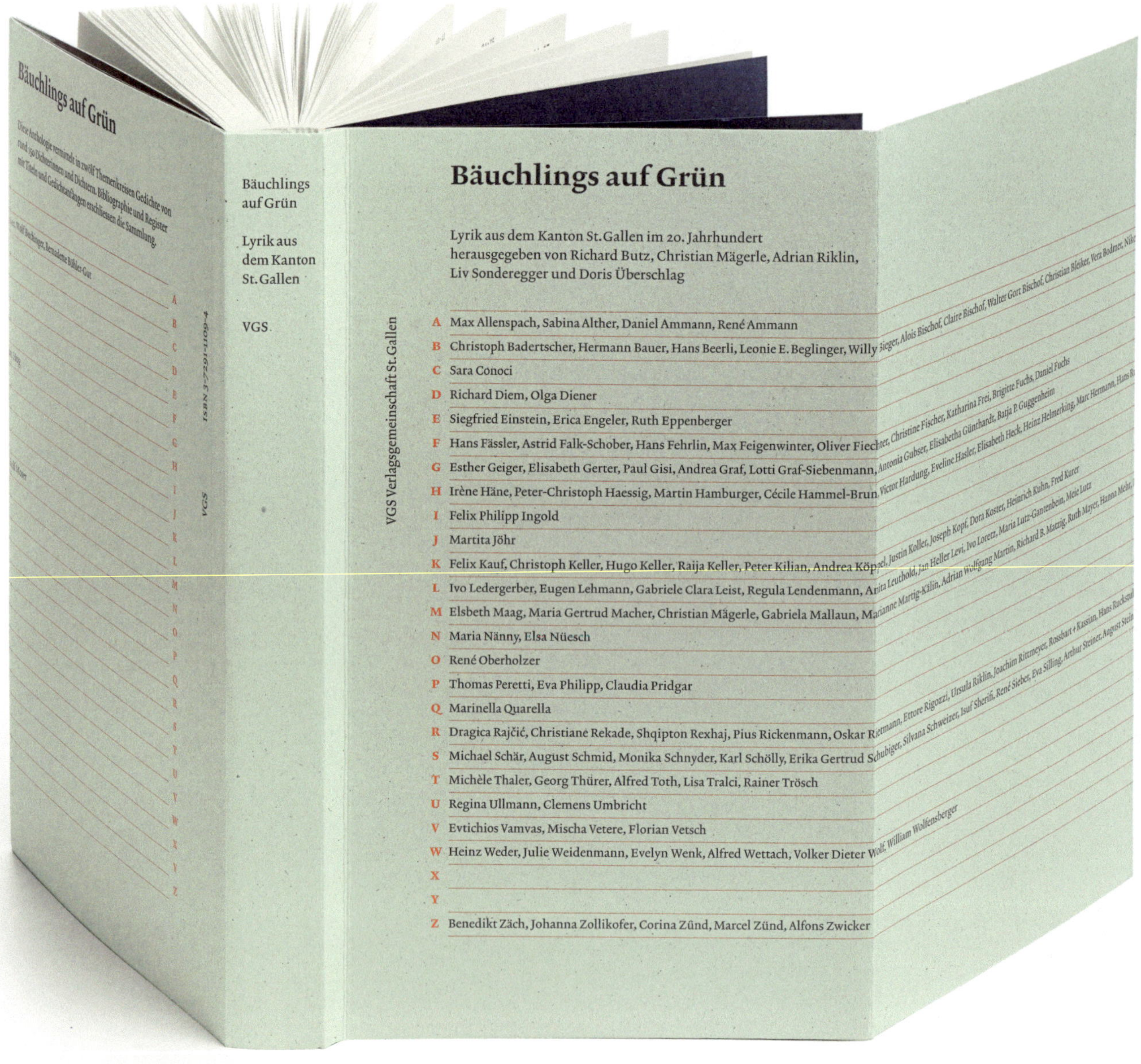

Bäuchlings auf Grün
Lyrik aus dem Kanton St.Gallen
VGS
VGS Verlagsgemeinschaft St.Gallen
Bäuchlings auf Grün
Lyrik aus dem Kanton St.Gallen im 20. Jahrhundert
herausgegeben von Richard Butz, Christian Mägerle, Adrian Riklin, Liv Sonderegger und Doris Überschlag
A Max Allenspach, Sabina Alther, Daniel Ammann, René Ammann
B Christoph Badertscher, Hermann Bauer, Hans Beerli, Leonie E. Beglinger, Willy
C Sara Conoci
D Richard Diem, Olga Diener
E Siegfried Einstein, Erica Engeler, Ruth Eppenberger
F Hans Fässler, Astrid Falk-Schober, Hans Fehrlin, Max Feigenwinter, Oliver Fiechter
G Esther Geiger, Elisabeth Gerter, Paul Gisi, Andrea Graf, Lotti Graf-Siebenmann,
H Irène Häne, Peter-Christoph Haessig, Martin Hamburger, Cécile Hammel-Brun
I Felix Philipp Ingold
J Martita Jöhr
K Felix Kauf, Christoph Keller, Hugo Keller, Raija Keller, Peter Kilian, Andrea Köppel
L Ivo Ledergerber, Eugen Lehmann, Gabriele Clara Leist, Regula Lendenmann, Anita Leuthold
M Elsbeth Maag, Maria Gertrud Macher, Christian Mägerle, Gabriela Mallaun, Marianne Martig-Kälin
N Maria Nänny, Elsa Nüesch
O René Oberholzer
P Thomas Peretti, Eva Philipp, Claudia Pridgar
Q Marinella Quarella
R Dragica Rajčić, Christiane Rekade, Shqipton Rexhaj, Pius Rickenmann, Oskar Rietmann
S Michael Schär, August Schmid, Monika Schnyder, Karl Schölly, Erika Gertrud Schubiger
T Michèle Thaler, Georg Thürer, Alfred Toth, Lisa Tralci, Rainer Trösch
U Regina Ullmann, Clemens Umbricht
V Evtichios Vamvas, Mischa Vetere, Florian Vetsch
W Heinz Weder, Julie Weidenmann, Evelyn Wenk, Alfred Wettach, Volker Dieter Wolf, William Wolfensberger
X
Y
Z Benedikt Zäch, Johanna Zollikofer, Corina Zünd, Marcel Zünd, Alfons Zwicker

Richard Butz, Christian Mägerle, Adrian Riklin, Liv Sonderegger, Doris Überschlag: *Bäuchlings auf Grün. Lyrik aus dem Kanton St. Gallen im 20. Jahrhundert*. St. Gallen: VGS, 2005. Paperback with flaps, 14.5 x 24 cm.

Ill. above and opposite: the author index runs alphabetically from the cover p. 1 across the front flap and the back flap to the cover p. 4, where it ends.

Ill. p. 80: contents list of Part v of the book. P. 81: double-page with poems from the same part.

An overview of poetry from the canton of St. Gallen in the 20th century.

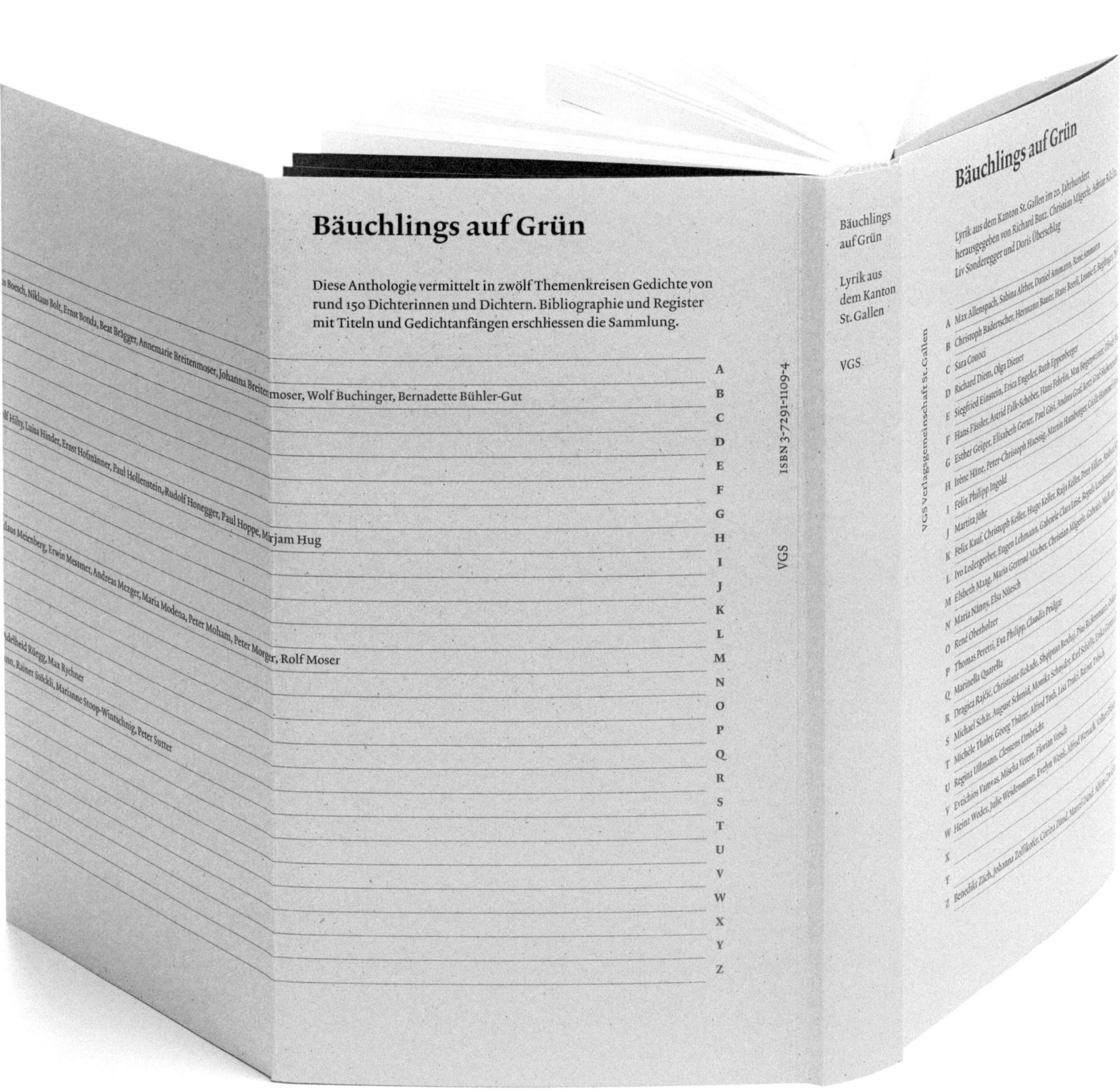
Bäuchlings auf Grün
Diese Anthologie vermittelt in zwölf Themenkreisen Gedichte von rund 150 Dichterinnen und Dichtern. Bibliographie und Register mit Titeln und Gedichtanfängen erschliessen die Sammlung.
moser, Wolf Buchinger, Bernadette Bühler-Gut
Mirjam Hug
Rolf Moser
A B C D E F G H I J K L M N O P Q R S T U V W X Y Z
ISBN 3-7291-1109-4
VGS
Bäuchlings auf Grün
Lyrik aus dem Kanton St. Gallen
VGS
VGS Verlagsgemeinschaft St. Gallen

captions: see page 78

CHRISTIAN BLEIKER

Eines Tages
es war schön und Mai
habe ich mich hingesetzt
und alles vergessen.

Ich nahm ein Buch
und begann zu lesen
hörte nicht auf
und als ich fertig war
legte ich mein Leben
in das Buch
und klappte es zu.

Seither steht es
in einer Reihe
auf dem Bücherregal
und verstaubt.
Die Würmer werden es
bald fressen.

WALTER GORT BISCHOF

So geht die Zeit uns tausendmal zu Ende,
und Anfang heisst nur: sterben, tausendmal.
Und immer sind uns wieder andre Hände
zum Gruss, und wieder Abschied, Pein und Qual.

Und jeder trägt im Herzen einen kleinen
und einen grossen Schmerz durch alle Zeit,
und durch die Nächte geht das grosse Weinen,
und durch die Wände wandert still das Leid.

In welchen Armen wir auch künftig ruhen,
und wessen Mund die heisse Stirn uns küsst,
der Staub fällt nimmermehr uns von den Schuhen,
so weit die Welt und unsre Hoffnung ist.

FRED KURER

noch

stunden ohne schwere
im siderischen blau getaucht
letzte norm der sfäre
alles ist aufgebraucht

luft bis knapp zum sterben
raum und zeit
blätter blüten scherben
wirklichkeit

im dämmer unsere spuren
verweht von bruch und schein
spuren konturen strukturen
wir rauchen und hocken am rain

MIRJAM HUG

Kam einer von weit,
warf diese Feuersbrunst
in die Wälder.

Ein Hang zu den Wurzeln nun
in mir,
und meine Flügelseele,
eingeholt
und gestreift vom Blätterhauch,
kauert sich nieder
im Geheimnis der Erde.

Und jener eilt fort
in den Schuhen des Sturms,
löscht aus den Brand
und verstummt.

JOSEPH KOPF

unser boot trieb im eismeer
durch den nebel hupten die sterne

einsame schiffe gleich unsrem
und wir hissten die flaggen zum gruss

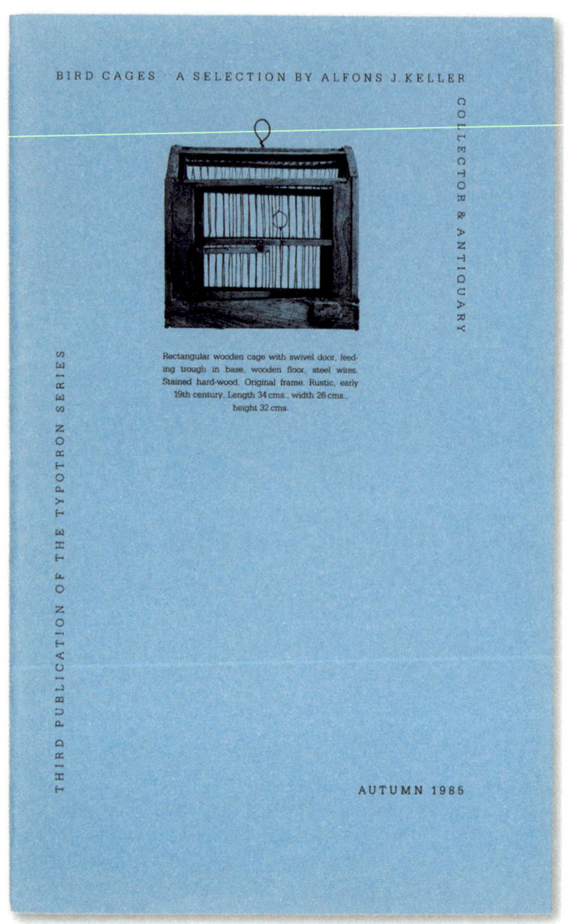

Typotron Series

The 17 booklets of the Typotron series are single-section brochures with sewn binding and a printed cover with flap, with a format of 15 x 24 cm. Excluding the first sheet of coloured paper or paper printed with colour, the extent varies between 32 and 44 pages.

They were published from 1983 to 1998. They were financed by Typotron under Rolf Stehle and edited by Jost Hochuli. With two exceptions, the editor determined the content and form of the publications. By way of compensation all those involved received a larger number of booklets.

Booklets 1 to 10, 12, 13, 14, 16 and 17 were published in English and German (no. 10 also in French). Booklet 11 is bilingual German and English. From 18 onwards the booklets were designed by other typographers.

The Typotron booklets, like the later Edition Ostschweiz booklets, gave their designer the opportunity to plan the publication comprehensively, from the choice of content and the appropriate design to the printing and binding. The designer also provided the text for some of the booklets. The reprints of booklets 1 to 17 published after 1998 were not his responsibility.

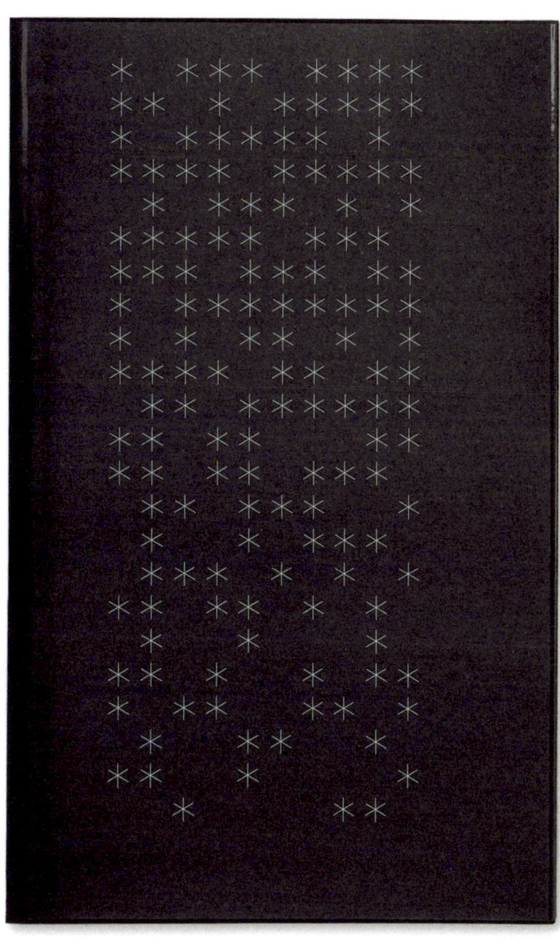

Publisher: VGS Verlagsgenossenschaft St. Gallen (booklets 1–16) and Typotron St. Gallen (booklet 17).

Ill.: p. 1 of jacket of Typotron booklets.
Jost Hochuli: *Bird Cages, a Selection by Alfons J. Keller, Collector & Antiquary.* St. Gallen: Typotron no. 3, [2]1993.
Adrian Frutiger: *Zeichen*. St. Gallen: Typotron no. 7, 1989.
Jost Hochuli: *Josy Schildknecht, Street Trader*. St. Gallen: Typotron no. 13, 1995.

Jost Hochuli, Michael Rast: *Farbige Kugeln, silberne Sterne*. St. Gallen: Typotron no. 14, 1996. *A booklet about the history of the Christmas tree and Christmas-tree decorations.*

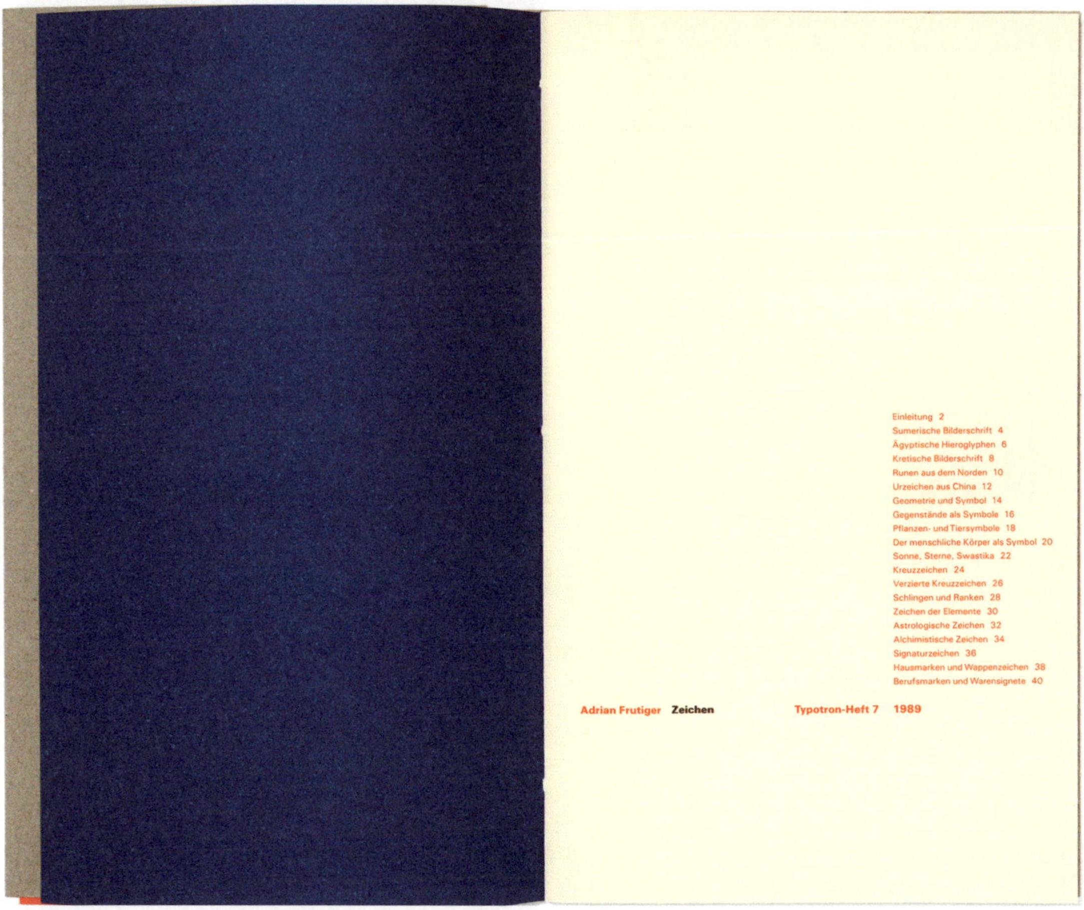

Adrian Frutiger Zeichen **Typotron-Heft 7 1989**

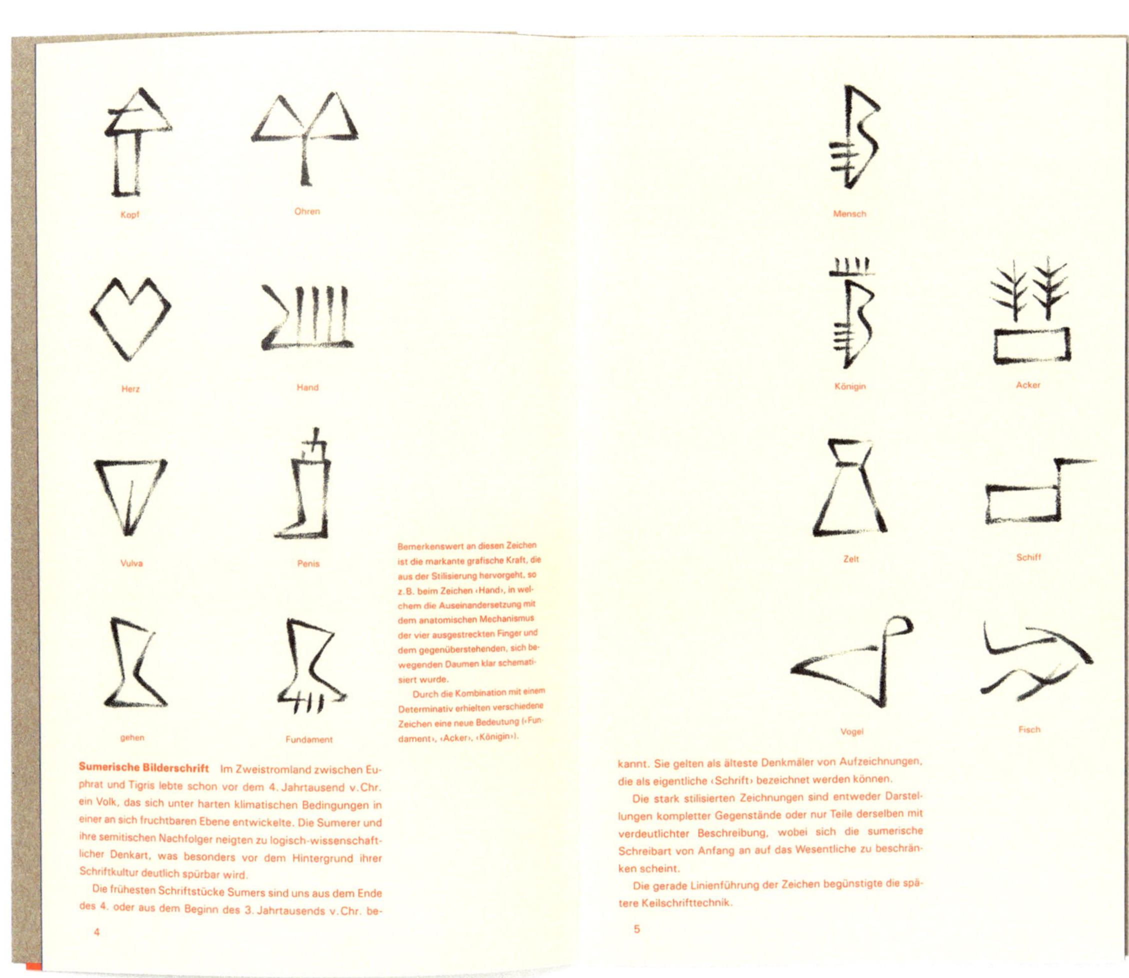

Typotron Series

Adrian Frutiger: *Zeichen*. St. Gallen: Typotron no. 7, 1989. Ill. opposite page, above: jacket flap (grey-brown), cover (red), 1st sheet (blue); below: p. 2 of 1st sheet, p. 1 with title and contents list. This page: double-page of content. Pp. 86–87: double-pages of content.

The structure of the booklet features 3 x 5 squares per page. The signs have their central point in the middle of the squares. The column of main text and the caption columns diverge in width and position from the square grid, in order not to come too close to the middle and outer margins. (See ill. p. 87, lower one.)

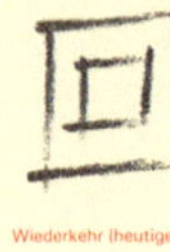

Wiederkehr (heutige Form)

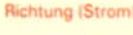

Richtung (Strom)

verkehrt

bohren

Freundschaft

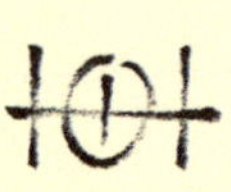

Karren

Fürst

Die chinesische Schrift greift auf sehr früh schon bestehende symbolische Ausdrücke und Gegenstände zurück. So wurde zum Beispiel einem Verbannten als Zeichen der Aussöhnung und als Aufforderung zur Rückkehr ein Ring zugesandt. Das alte runde Ringzeichen wurde durch die Führung des Schreibpinsels zum Viereck gebildet und bedeutet heute noch ‹Wiederkehr›.

Wegen der vielen Dialekte spielte bei den Chinesen die Gebärdensprache zur besseren Verständigung sicher eine wichtige Rolle. Als Beispiel dafür können die drei Zeichen angeführt werden, bei denen man verschiedene Stellungen der Hände zur Erklärung der Aussage braucht. Im ersten Fall sind es voneinander abgekehrte Hände, die den Begriff ‹verkehrt› andeuten, im zweiten Fall sind es ausgestreckte, willkommen heißende Hände, die ‹Freundschaft› bedeuten, während sich im dritten Zeichen zwei Hände über dem Kopf zum untertänigen Gruß schließen und ‹Fürst› bedeuten.

Mann

Frau

schwanger

Kind

gefangen

etwas

Urzeichen aus China Die heutige chinesische Schrift zählt über 40 000 Zeichen. An diesem Reichtum ist wohl die ausgeprägte Einsilbigkeit der Sprache schuld. So bedeutet etwa die Silbe ‹fu›: senden, reich, Vater, Weib, Haut u.a.m. Jeder dieser Begriffe muß zusammen mit einem anderen Zeichen ausgedrückt werden, damit sie der Leser versteht. Dies ist einer der Gründe, warum sich die chinesische Schrift nie zu einer einfachen Buchstabenschrift entwickeln konnte. Sie hat jedoch dadurch den Vorteil behalten, daß sie über Provinzen

und Landesgrenzen hinweg als Bilderschrift von großen Teilen der vielsprachigen Bevölkerung Ostasiens gelesen werden kann.

Die Regeln der chinesischen Sprachfixierung sind für den westlich denkenden Menschen faszinierend exotisch, aber auch anziehend. Hier müssen wir uns damit begnügen, einige markante Zeichen in ihrer Urform darzustellen.

1

2

3

4

5

6

7

8

9

10

11

12

13

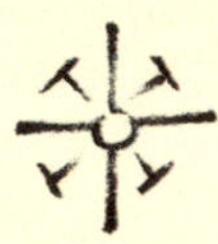

14

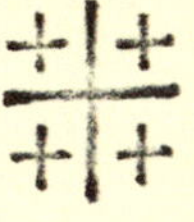

15

1: Lebenskreuz, Christuskreuz. Dieses Zeichen war schon vor Christus das Symbol für Gottheiten in Griechenland, Ägypten und China. 2: Petruskreuz (Petrus soll mit dem Kopf nach unten gekreuzigt worden sein). 3: Leidenskreuz, deutet auf den Kreuzweg Christi hin. 4: Schächerkreuz, Zeichen für Not und Sterben. 5: Schrägkreuz, drückt Schutz, aber auch Sperrung aus. 6: Kardinalskreuz, Lothringerkreuz. Die verdoppelte Horizontale macht aus dem Zeichen ein überrangiges Kreuz. 7: Papstkreuz, Lebensbaum. 8: Altes Orthodoxenkreuz, Bezeugung tiefer Gläubigkeit. 9: Orthodoxenkreuz. Der Querbalken steht als Fußstütze, kann aber auch das Sterben Christi andeuten (ähnlich wie 4). 10: Kreuz und Bischofsstab, Paxzeichen. 11 und 12: Kreuz über den Buchstaben Alpha und Omega, Anfang und Ende. (12 auch Ankerkreuz, fester Grund im Glauben.) 13: Keltisches Kreuz- und Sonnenzeichen. 14: Koptisches Kreuz, die Nägel des Gekreuzigten. 15: Zeichen der Kreuzzüge, aus dem das Jerusalemkreuz entstanden ist.

Kreuzzeichen Wie anders könnte der Mensch den Lebensraum um sich erfassen und erleben, ohne sich selbst in dessen Mitte gestellt zu fühlen? Aus diesem Erleben und Erkennen entstand die erste, bewußt gewordene Teilung des Lebensraumes durch eine Vertikale und eine Horizontale. Der sichtbare Ausdruck dieser Trennungslinien ergab das Kreuzzeichen, die primäre Orientierungshilfe des Menschen.

Ausgehend von dieser fundamentalen Konzeption des Lebensraumes und des Kosmos, ist das Kreuz mit Sicherheit das

in der ganzen Welt am häufigsten vorkommende Elementarzeichen, das in dualistischer Hinsicht das aktive und passive Prinzip vereinigt.

Die bildliche Verbindung zum Richtkreuz sowie die Ähnlichkeit seiner Silhouette mit der menschlichen Gestalt ließen es zum tragenden Glaubenssymbol der Christenheit werden.

captions: see page 85

Widder, März

Stier, April

Zwillinge, Mai

Krebs, Juni

Löwe, Juli

Jungfrau, August

Waage, September

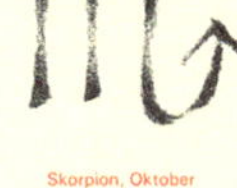

Skorpion, Oktober

Schütze, November

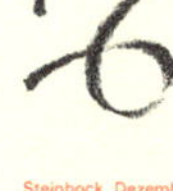

Steinbock, Dezember

Wassermann, Januar

Fisch, Februar

Aus der Vielfalt aller überlieferten Sinnzeichen und Symbole sind die zwölf Tierkreiszeichen fast die einzigen, die heute noch im Bewußtsein vieler Menschen weiterleben.

Sie bezeichnen wechselnde Sternkonstellationen, in deren Begleitung die Sonne im Verlauf eines Jahres erscheint. Dieser Ablauf wurde lange vor unserer Zeitrechnung in China, Indien, Ägypten und Babylonien in zwölf Sektoren eingeteilt, was zur noch heute gebräuchlichen Monatseinteilung führte. Die einzelnen Sternkonstellationen wurden mit mythologischen Wesen bezeichnet und entweder figürlich oder in einer verkürzten Form durch die sogenannten Tierkreiszeichen abstrakt versinnbildlicht.

Die Anzahl von überlieferten Zeichen ist beträchtlich. Als Beispiel und als Ergänzung der Monatszeichen stehen daneben die zum Teil fast naturalistischen Sinnzeichen der vier Jahreszeiten.

Frühling

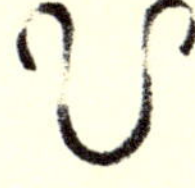

Sommer

Herbst

Winter

Astrologische Zeichen Die vergangenen Kulturen stützten sich auf die Anerkennung übernatürlicher Mächte und damit auf den Glauben an Götter und an überirdische Bereiche wie Himmel, Hölle, Nirwana usw. Der religiöse Mensch unterwarf sich der überirdischen Lenkung im Glauben an eine Vorbestimmung. Im Gegensatz dazu fühlte sich der nichtreligiöse Mensch eher zur Magie hingezogen; durch die Beschwörung mit Hilfe geheimer Sinnzeichen glaubte er, das Schicksal selbst bestimmen zu können.

Dabei wird der Unterschied der Begriffe Symbol und Zeichen klar. Der Gläubige erhob die Abbildung eines Wesens, eines Dinges zum Mittler zwischen dem Allmächtig-Unfaßbaren und seiner eigenen Unzulänglichkeit, indem er sich einen symbolischen Vertreter als Anbetungsobjekt schaffte. Der atheistische Mensch hingegen versuchte, den Kosmos zu deuten und zu verstehen; zur Manipulation schuf er sich Zeichen für den Makrokosmos der Weltgestirne und Zeichen für den Mikrokosmos der irdischen Stoffe.

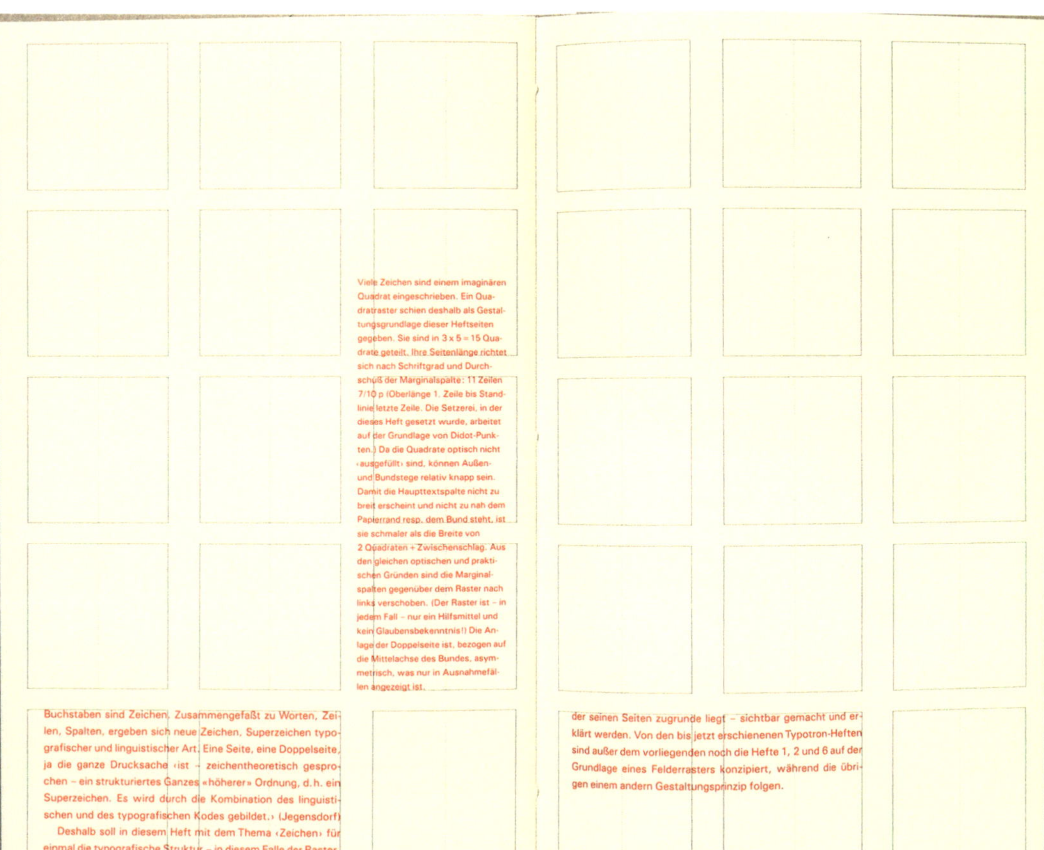

Viele Zeichen sind einem imaginären Quadrat eingeschrieben. Ein Quadratraster schien deshalb als Gestaltungsgrundlage dieser Heftseiten gegeben. Sie sind in 3 x 5 = 15 Quadrate geteilt. Ihre Seitenlänge richtet sich nach Schriftgrad und Durchschuß der Marginalspalte: 11 Zeilen 7/10 p (Oberlänge 1. Zeile bis Standlinie letzte Zeile. Die Setzerei, in der dieses Heft gesetzt wurde, arbeitet auf der Grundlage von Didot-Punkten.) Da die Quadrate optisch nicht ‹ausgefüllt› sind, können Außen- und Bundstege relativ knapp sein. Damit die Haupttextspalte nicht zu breit erscheint und nicht zu nah dem Papierrand resp. dem Bund steht, ist sie schmaler als die Breite von 2 Quadraten + Zwischenschlag. Aus den gleichen optischen und praktischen Gründen sind die Marginalspalten gegenüber dem Raster nach links verschoben. (Der Raster ist – in jedem Fall – nur ein Hilfsmittel und kein Glaubensbekenntnis!) Die Anlage der Doppelseite ist, bezogen auf die Mittelachse des Bundes, asymmetrisch, was nur in Ausnahmefällen angezeigt ist.

Buchstaben sind Zeichen. Zusammengefaßt zu Worten, Zeilen, Spalten, ergeben sich neue Zeichen, Superzeichen typografischer und linguistischer Art. Eine Seite, eine Doppelseite, ja die ganze Drucksache ‹ist – zeichentheoretisch gesprochen – ein strukturiertes Ganzes ‹höherer› Ordnung, d.h. ein Superzeichen. Es wird durch die Kombination des linguistischen und des typografischen Kodes gebildet.› (Jegensdorf)

Deshalb soll in diesem Heft mit dem Thema ‹Zeichen› für einmal die typografische Struktur – in diesem Falle der Raster, der seinen Seiten zugrunde liegt – sichtbar gemacht und erklärt werden. Von den bis jetzt erschienenen Typotron-Heften sind außer dem vorliegenden noch die Hefte 1, 2 und 6 auf der Grundlage eines Felderrasters konzipiert, während die übrigen einem andern Gestaltungsprinzip folgen.

Typotron series

Jost Hochuli: *Freude an Schriften / Joy in Type*. St. Gallen: Typotron 11, 1993.

Ill. above: cover, double-pages. P. 90: double-page and hand-drawn template 1:1 (reduced 1/3). P. 91: double-page.

For Typotron, 1992 was a difficult year financially, and the outlook did not appear good. I was therefore asked to conceive a booklet whose production would incur minimum third-party costs. Previously, all the booklets had been published in German and English versions. This booklet was to be in one version only, but bilingual German/English. No photos, no photolitho, no lengthy texts, no translator's fee – what should I do?
Typography itself suggested a solution: the 26 letters of the alphabet presented with 13 Monotype typefaces; brief summaries of the typeface, its designer and its development; texts that we could in part translate ourselves, or for which a translation would cost little, or might already be available.

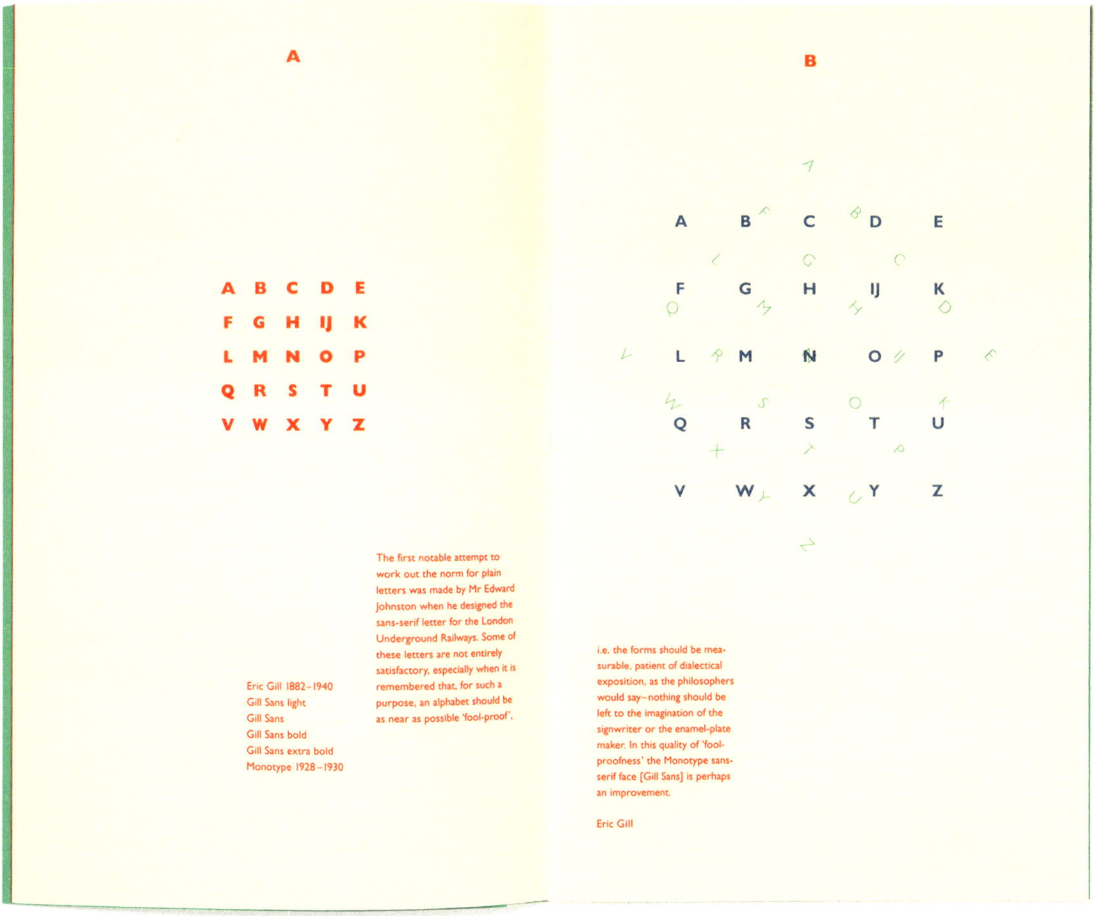

A

A B C D E
F G H IJ K
L M N O P
Q R S T U
V W X Y Z

Eric Gill 1882–1940
Gill Sans light
Gill Sans
Gill Sans bold
Gill Sans extra bold
Monotype 1928–1930

The first notable attempt to work out the norm for plain letters was made by Mr Edward Johnston when he designed the sans-serif letter for the London Underground Railways. Some of these letters are not entirely satisfactory, especially when it is remembered that, for such a purpose, an alphabet should be as near as possible 'fool-proof',

B

A B C D E
F G H IJ K
L M N O P
Q R S T U
V W X Y Z

i.e. the forms should be measurable, patient of dialectical exposition, as the philosophers would say—nothing should be left to the imagination of the signwriter or the enamel-plate maker. In this quality of 'fool-proofness' the Monotype sans-serif face [Gill Sans] is perhaps an improvement.

Eric Gill

E

A B C D E
F G H IJ K
L M N O P
Q R S T U
V W X Y Z

Adrian Frutiger 1928
Serifa 45 light
Serifa 75 black
Bauer (Neufville) 1967

F

A B C D E
F G H IJ K
L M N O P
Q R S T U
V W X Y Z

Zur Bestimmung eines [Schrift-] Stils steht die Geometrie der Rundung im Vordergrund. Die Serifa ist nicht auf dem Zirkelkreis aufgebaut; sie ist leich oval und nur wenig eckig.

Adrian Frutiger

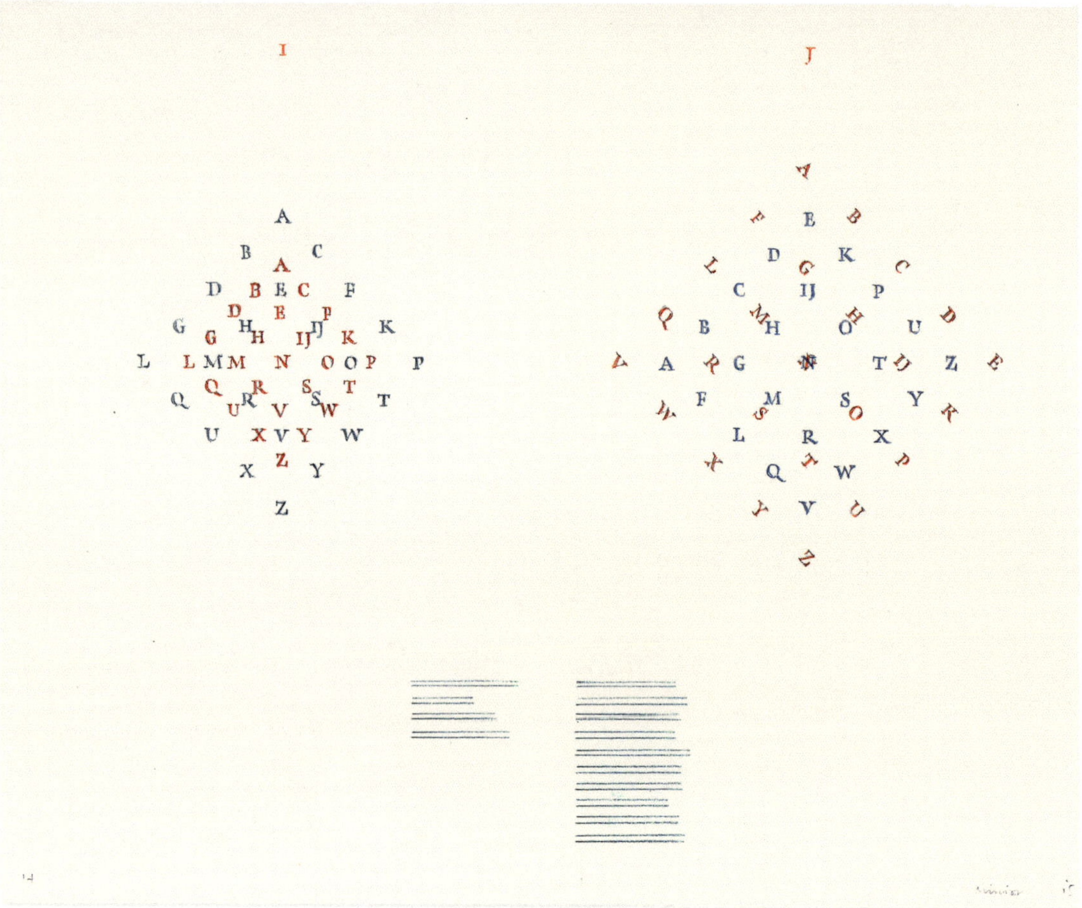

I

J

I

J

Named after one of the type sizes used in the early days of typefounding, Minion means 'a beloved servant,' which reflects the type's useful and unobtrusive qualities.

Robert Slimbach 1956
Minion
Adobe 1990

M

Stanley Morison
1889–1967
Times New Roman
Times New Roman bold
Monotype 1932

The idea of designing a face to correspond with the specific needs of the newspaper was first thrown up in 1929 by work done in connection with the Printing Number of *The Times*, published on 29 October 1929. In 1930 experiments were made with

N

the existing faces thought most suitable, Baskerville, Plantin, Imprint, Ionic and others. A special size of Perpetua was cut and a page of *The Times* composed in it. Finally, it was decided to put in hand a new design to be excogitated by Morison, who had entered into relationship with Printing House Square early in 1929. He pencilled the original set of drawings and handed them to Victor Lardent, a draughtsman in the publicity department of Printing House Square whom he considered capable of producing an unusually firm and lean line. Lardent made a first-class set of finished drawings of the capitals and lower case out of the pencilled patterns given him.

Stanley Morison

For the presentation I sought a common denominator that would work for all the pages. I worked with a grid with the basic unit of 1 cicero and distances of 2, 3, 4 and 6 cicero. Three colours were selected – red, green and blue – and two column widths with three possible arrangements.

The design process was a lengthy one. When the grid had basically been decided on, I drew it up precisely and sketched all 13 double-pages full-size. This was the time before DTP. Only trained typographers or polyvalent designers in printing works or typesetters were capable of composition. If I wanted the result I envisaged, I had to deliver absolutely exact templates.

Typografisches Allerlei – und allerlei anderes (mäßig gepfeffert)

B

C

B wie Buch und Beil

‹Wie die Bücher mit mir umgingen› ist der Titel eines Aufsatzes von Erwin Jaeckle, dem ehemaligen Chefredaktor der längst gestorbenen Tageszeitung *Die Tat*. Darin berichtet er von einer Begegnung mit dem Schöpfer und langjährigen Betreuer der ‹Manesse Bibliothek der Weltliteratur›, Walther Meier. Dieser leidenschaftliche Leser habe ihm ‹leuchtenden Auges› folgende Geschichte erzählt:

‹Als einer der revolutionsfeindlichen Franzosen zum Schafott geführt wurde, trat er seinen Weg mit einem Buch in der Hand an. Auf der Richtstätte angekommen, schob er das Lesezeichen sorgfältig zwischen die Seiten, übergab den Band dem Scharfrichter und legte sich, zu sterben, unter das Beil.›

C wie Centimeter contra Cicero

Für alle europäischen Gemeinschaften (EG, EFTA, OECD, GATT), für alle Mitgliedstaaten der internationalen Meterkonvention und für jene angelsächsischen Länder, die sich noch nicht der Meterkonvention angeschlossen hatten, gilt seit dem 1. Januar 1978 ausschließlich das metrische Maßsystem. Die typografischen Maßeinheiten Cicero und Punkt sollten nicht mehr gebraucht werden.

Vereinfachungen haben es in sich: Sie führen öfter als nicht zum Gegenteil. In der typografischen Praxis nämlich wird nun mit beiden Systemen gearbeitet: Zeilenlängen werden in Centimetern und Millimetern, Schriftgrade und Zeilenabstände in typografischen Punkten angegeben. Und um das Durcheinander noch etwas spannender zu machen, werden sowohl das englisch-amerikanische Pica-Punkt-System als auch das kontinentaleuropäische Cicero-Punkt-System angewendet.

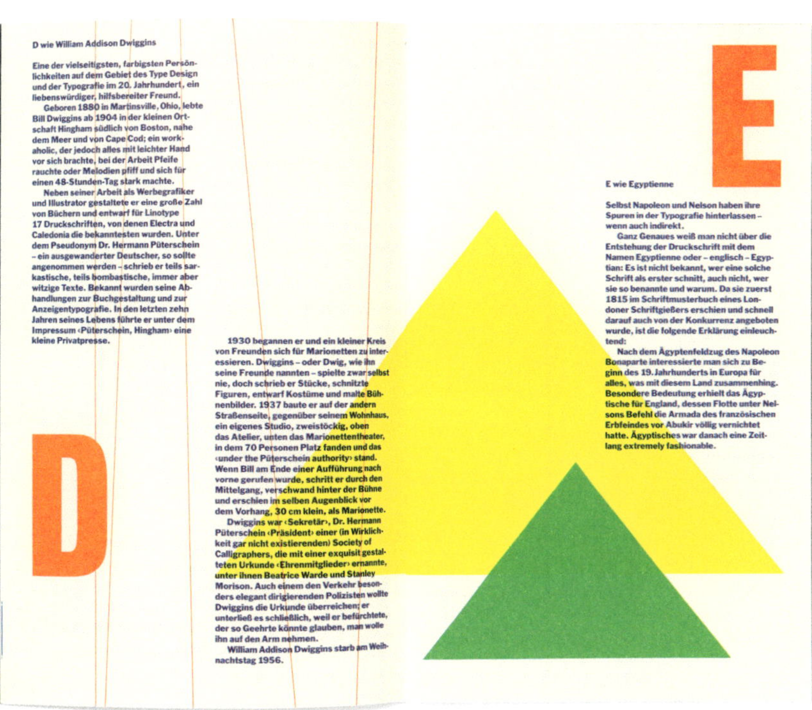

D wie William Addison Dwiggins

Eine der vielseitigsten, farbigsten Persönlichkeiten auf dem Gebiet des Type Design und der Typografie im 20. Jahrhundert, ein liebenswürdiger, hilfsbereiter Freund.

Geboren 1880 in Martinsville, Ohio, lebte Bill Dwiggins ab 1904 in der kleinen Ortschaft Hingham südlich von Boston, nahe dem Meer und von Cape Cod; ein workaholic, der jedoch alles mit leichter Hand vor sich brachte, bei der Arbeit Pfeife rauchte oder Melodien pfiff und sich für einen 48-Stunden-Tag stark machte.

Neben seiner Arbeit als Werbegrafiker und Illustrator gestaltete er eine große Zahl von Büchern und entwarf für Linotype 17 Druckschriften, von denen Electra und Caledonia die bekanntesten wurden. Unter dem Pseudonym Dr. Hermann Püterschein – ein ausgewanderter Deutscher, so sollte angenommen werden – schrieb er teils sarkastische, teils bombastische, immer aber witzige Texte. Bekannt wurden seine Abhandlungen zur Buchgestaltung und zur Anzeigentypografie. In den letzten zehn Jahren seines Lebens führte er unter dem Impressum ‹Püterschein, Hingham› eine kleine Privatpresse.

1930 begannen er und ein kleiner Kreis von Freunden sich für Marionetten zu interessieren. Dwiggins – oder Dwig, wie ihn seine Freunde nannten – spielte zwar selbst nie, doch schrieb er Stücke, schnitzte Figuren, entwarf Kostüme und malte Bühnenbilder. 1937 baute er auf der andern Straßenseite, gegenüber seinem Wohnhaus, ein eigenes Studio, zweistöckig, oben das Atelier, unten das Marionettentheater, in dem 70 Personen Platz fanden und das ‹under the Püterschein authority› stand. Wenn Bill am Ende einer Aufführung nach vorne gerufen wurde, schritt er durch den Mittelgang, verschwand hinter der Bühne und erschien im selben Augenblick vor dem Vorhang, 30 cm klein, als Marionette.

Dwiggins war ‹Sekretär›, Dr. Hermann Püterschein ‹Präsident› einer (in Wirklichkeit gar nicht existierenden) Society of Calligraphers, die mit einer exquisit gestalteten Urkunde ‹Ehrenmitglieder› ernannte, unter ihnen Beatrice Warde und Stanley Morison. Auch einem den Verkehr besonders elegant dirigierenden Polizisten wollte Dwiggins die Urkunde überreichen; er unterließ es schließlich, weil er befürchtete, der so Geehrte könnte glauben, man wolle ihn auf den Arm nehmen.

William Addison Dwiggins starb am Weihnachtstag 1956.

D

E

E wie Egyptienne

Selbst Napoleon und Nelson haben ihre Spuren in der Typografie hinterlassen – wenn auch indirekt.

Ganz Genaues weiß man nicht über die Entstehung der Druckschrift mit dem Namen Egyptienne oder – englisch – Egyptian: Es ist nicht bekannt, wer eine solche Schrift als erster schnitt, auch nicht, wer sie so benannte und warum. Da sie zuerst 1815 im Schriftmusterbuch eines Londoner Schriftgießers erschien und schnell darauf auch von der Konkurrenz angeboten wurde, ist die folgende Erklärung einleuchtend:

Nach dem Ägyptenfeldzug des Napoleon Bonaparte interessierte man sich zu Beginn des 19. Jahrhunderts in Europa für alles, was mit diesem Land zusammenhing. Besondere Bedeutung erhielt das Ägyptische für England, dessen Flotte unter Nelsons Befehl die Armada des französischen Erbfeindes vor Abukir völlig vernichtet hatte. Ägyptisches war danach eine Zeitlang extremely fashionable.

Typotron series

Jost Hochuli: *Typografisches Allerlei – und allerlei anderes (mäßig gepfeffert)*. For the 20th anniversary of Typotron AG. St. Gallen: Typotron, no. 15, 1997.

Ill. opposite: cover. Right: double-pages. Pp. 94–97: full-size double-pages.

This is the most colourful of the Typotron booklets. It brings together short texts, all in some way related to typography, books, literature and people active in these areas. Four colours are used: red, blue, yellow, green. The text is set in a bold sans-serif, Franklin Gothic No. 2, arranged in two columns, placed at varying heights depending on the design of the double-page. The four colours, the bold type and the laterally fixed position of the two columns are sufficient to give the striking double-page spreads a unifying frame.

H wie Hurenkinder

Um political correctness kümmerten sich die alten Setzer nicht – saftig wollten sie es haben und deutlich.

So bezeichneten sie als Hurenkind die letzte, nicht ganz volle Zeile eines Absatzes, wenn sie als erste Zeile auf der folgenden Seite steht. Noch heute will sich kein Typograf, keine Typografin ein Hurenkind nachsagen lassen: Der drastische Ausdruck bezeichnet einen gefürchteten Fehler.

Warum aber sind denn Hurenkinder so schlimm? Weil die Satzkolumne oben rechts nicht geschlossen ist? Das ist sie auch nicht, wenn in einem Prosatext ein längerer, üb die Seiten gehender Abschnitt mit kurze direkter Rede und Gegenrede vorkommt die je auf einer neuen Zeile beginnen. Es werde, meinen andere, der Sinn des Text ablaufs gestört. Das aber müßte ein schle ter Leser sein, wenn er dadurch den Zusa menhang verlöre.

Nein, es gibt keinen einzigen, halbweg stichhaltigen Einwand gegen eine nicht volle Ausgangszeile am Kopf einer Seite. Aber Typografen sind stur. Sie werden deshalb weiterhin ängstlich jedes Hurenkind vermeiden. Ich auch.

captions: see page 93

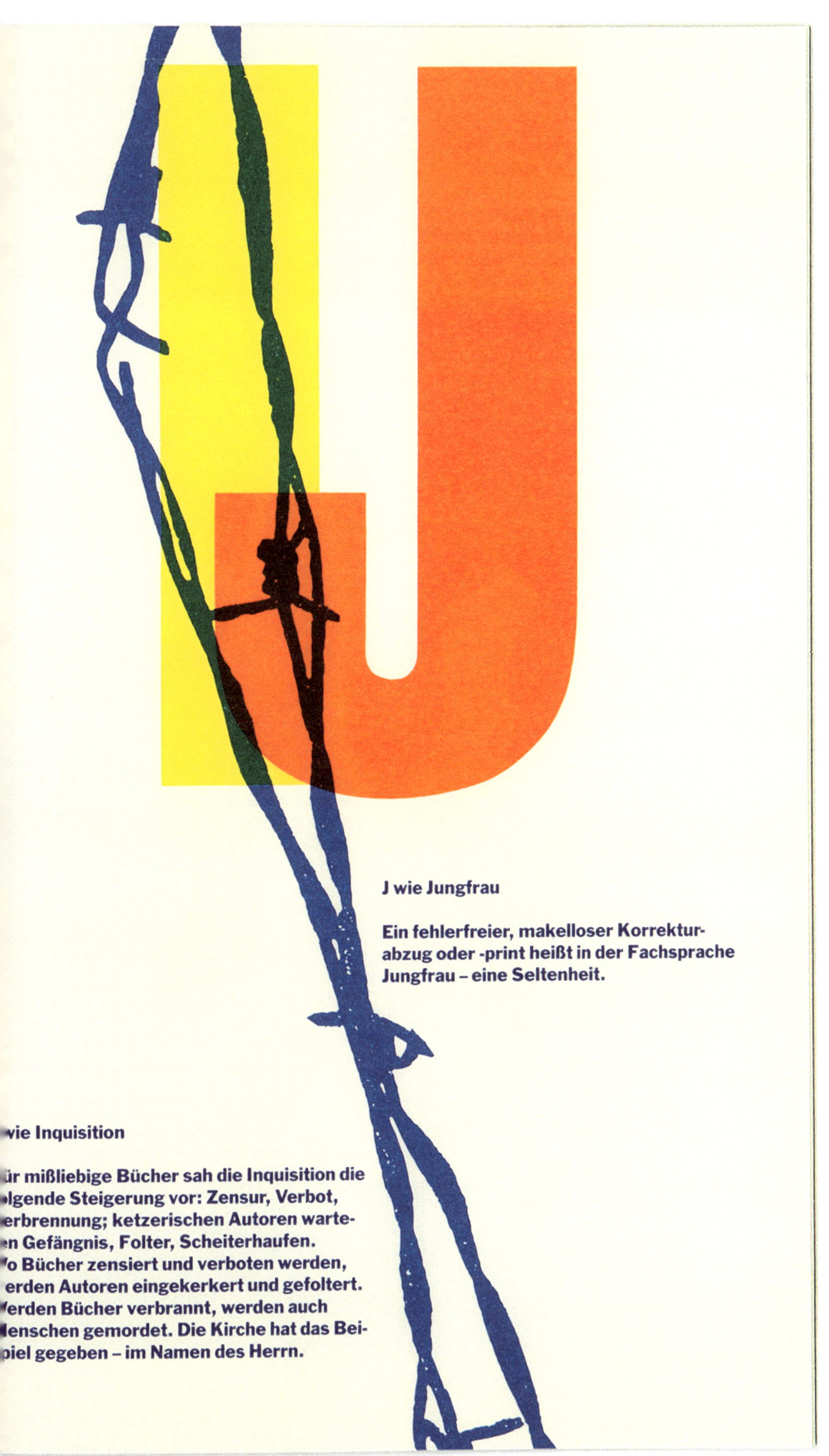

J wie Jungfrau

Ein fehlerfreier, makelloser Korrekturabzug oder -print heißt in der Fachsprache Jungfrau – eine Seltenheit.

vie Inquisition

ür mißliebige Bücher sah die Inquisition die
lgende Steigerung vor: Zensur, Verbot,
erbrennung; ketzerischen Autoren warte-
n Gefängnis, Folter, Scheiterhaufen.
'o Bücher zensiert und verboten werden,
erden Autoren eingekerkert und gefoltert.
'erden Bücher verbrannt, werden auch
lenschen gemordet. Die Kirche hat das Bei-
piel gegeben – im Namen des Herrn.

Q wie Quetsche

Bevor im Jahre 1949 die Limmat ‹ausgeräumt› wurde, konnte man sie in der Nähe der Bahnhofbrücke – flußaufwärts – zu Fuß auch auf dem Mühlensteg überqueren. Dieser verband nicht nur die beiden Ufer, sondern gewährte auch Zugang zu einer etwas heruntergekommenen, aber malerischen Gebäudegruppe mitten im Fluß. In einem dieser Häuser befand sich die Buchdruckerei Aschmann und Scheller. Ihr Renommee muß in den letzten Jahren vo dem Abbruch ziemlich ramponiert gewes sein, denn die Eingeweihten nannten sie nur Aschgrau und Schneller. Setzer, die dort gearbeitet hatten, behaupteten, in d Limmat müßten Tonnen von Blei liegen: ausgedrucktes Satzmaterial würde in die ser Quetsche weder abgelegt noch eingeschmolzen, sondern einfachheitshalbe hinten hinaus ins Wasser geworfen.

captions: see page 93

R

R wie Regel, Rechtschreibreform und Raster

Wer unsicher ist und Sicherheit sucht, hält sich an Regeln. Werden solche geändert, regt sich Widerstand: Das Geheul über die Änderung der deutschen Rechtschreibregeln ist ein deutliches Zeichen.

Wenn Typografinnen und Typografen in einer komplizierten Arbeit Sicherheit suchen, wenden sie in der Regel einen Raster an. Einfallslose Typografen und sture Dogmatiker verwenden diesen selbst dann, wenn jede andere Lösung intelligenter wäre.

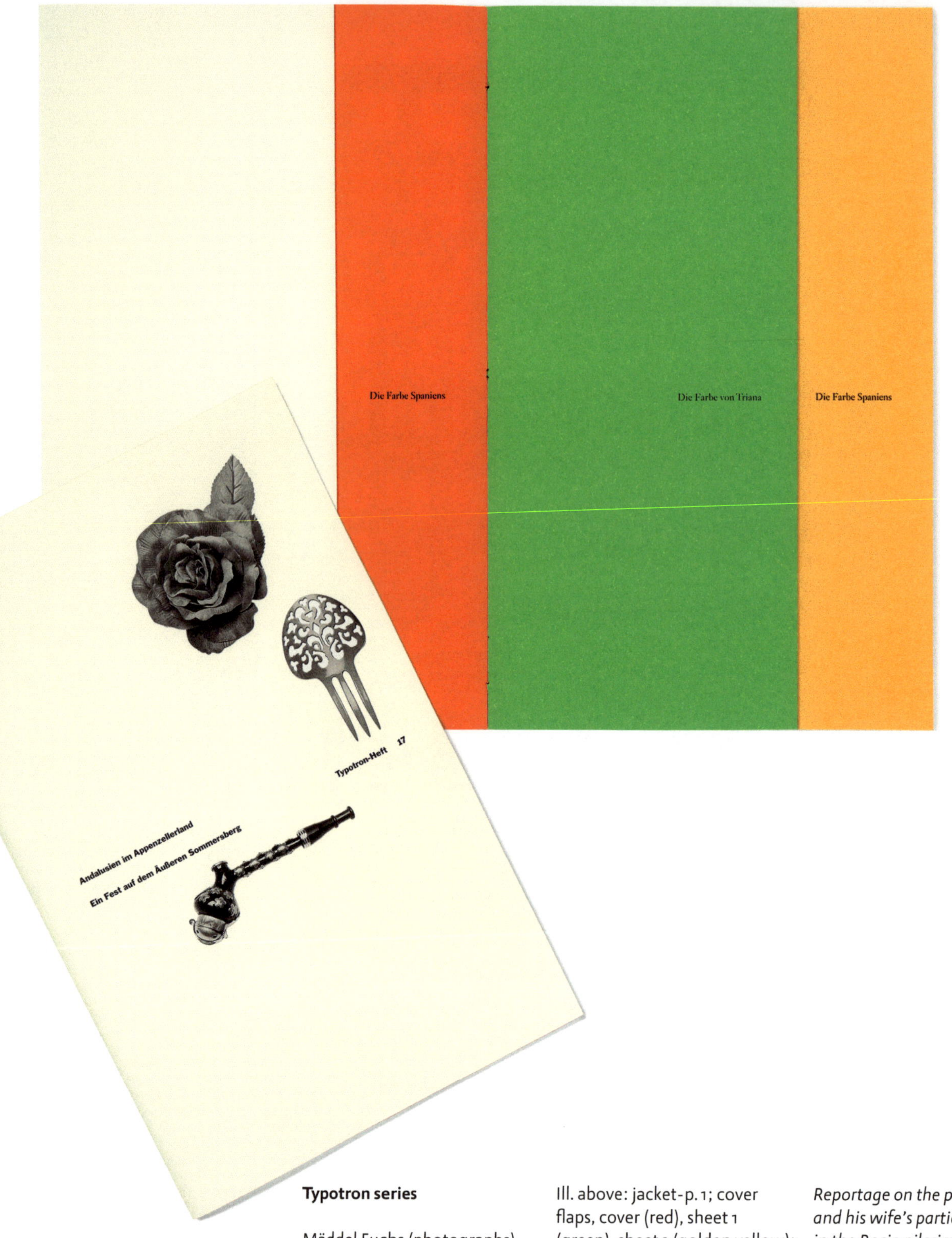

Typotron series

Mäddel Fuchs (photographs), Augustín Artillo et al.: *Andalusien im Appenzellerland / Ein Fest auf dem Äußeren Sommersberg*. St. Gallen: Typotron no. 17, 1998.

Ill. above: jacket-p. 1; cover flaps, cover (red), sheet 1 (green), sheet 2 (golden yellow); double-page title and contents.

Reportage on the photographer and his wife's participation in the Rocio pilgrimage in Andalusia by the Triana Brotherhood of Seville, and the visit by 40 Brethren to the Äusseren Sommersberg in Canton Appenzell Ausserrhoden.

La peina oder *la peineta*, der Auf- oder Einsteckkamm der Andalusierinnen. Sie tragen ihn – einzeln oder paarweise – an der Rocío-Wallfahrt und an anderen Festtagen, zusammen mit (künstlichen) Blumen – oft ist es eine Rose.

Andalusien im Appenzellerland

Ein Fest auf dem Äußeren Sommersberg

Typotron-Heft 17

‹*Lindauerli*, gerade Tabakpfeife aus billigem Holz, schwarz lackiert; der runde Pfeifenkopf ist mit Weißblech ausgeschlagen und mit einem blechernen Deckel versehen. Das einfache L. – Ursprungsort ist Lindau am Bodensee – wird mit dem Pfeifenkopf nach unten geraucht.› *(Schweizer Lexikon)*.

Das Lindauerli – im Dialekt *Lendaue(r)li* – ist traditionell die Pfeife der Appenzeller Bauern und Sennen.

Ein Bericht mit Fotografien von Mäddel Fuchs und Texten von Agustín Artillo und José-María Jiménez, zusammengestellt und eingeleitet von Jost Hochuli

Die große Hitze steht flimmernd über der flach gewellten Landschaft und macht Mensch und Tier vor allem dann zu schaffen, wenn sich der Weg durch knöcheltiefen Sand zieht.

Kniend auf den Fersen aufsitzen und sich am Pilgerstab halten ist eine bewährte Form, sich auszuruhen.

Eine Wallfahrt, ja, aber zugleich ein Fest großer Lebensfreude. Während einer der Pausen tanzen am Rande eines Olivenhaines, auf nicht gerade idealem Boden, zwei Trianeras Sevillanas. Der Tamborilero schlägt mit der Rechten seine Trommel, mit der Linken hält und spielt er zugleich die einfache Flöte.

Jede Bruderschaft hat in der Kapelle ihres Wohnorts ein Abbild des Gnadenbildes von Rocío in der Form einer Standarte: el simpecado. Auf einem von zwei prächtigen Stieren gezogenen, reich verzierten, silberbeschlagenen Karren, der carreta de plata, wird die Standarte an der Wallfahrt mitgeführt – immer an der Spitze des Zuges.

Edition Ostschweiz series

As previously with the 17 Typotron booklets, each Edition Ostschweiz booklet was presented at an opening event. These were always held at different, often unusual locations. They included speeches, sometimes music, always a buffet, and all participants could take a copy of the publication with them. The invitations were A3 mini-posters, folded to A5 for dispatch.

Ill. above: invitation for the launch of Edition Ostschweiz 7: *federleicht und daunenweich*, 2006.
The event was held in the auditorium of the old Naturmuseum St. Gallen, 2006.

Ill. opposite: invitation for the launch of Edition Ostschweiz 17: *Silberfischchen, Lilienhähnchen und andere Insekten*, 2016.
The launch was the first public event held in the auditorium of the new Naturmuseum St. Gallen, 2016.

Einladung

zur Vorstellung der neuesten Publikation der Edition Ostschweiz: *Silberfischchen, Lilienhähnchen und andere Insekten*

auf Freitag, 18. November 2016, 18.30 Uhr im Naturmuseum, Rorschacher Str. 263, Bushaltestelle *Naturmuseum*, Bus Nr. 1

Es sprechen	Dr. Toni Bürgin	Direktor des Naturmuseums
	Doris Überschlag	Präsidentin der VGS Verlagsgenossenschaft St.Gallen
	Jost Hochuli	Herausgeber der Edition Ostschweiz
	André Mégroz	Entomologe, Autor der Publikation
	Rino Frei	CEO der Ostschweiz Druck, Sponsor, bittet zum Apéro

Silberfischchen, Lilienhähnchen und andere Insekten

Der Entomologe André Mégroz führt in einem leicht verständlichen Text in die Welt der Insekten ein. Zahlreiche Fotografien aus seinem Archiv sowie seine bewunderungswürdigen wissenschaftlichen Zeichnungen und Aquarelle machen die neueste Edition Ostschweiz zu einem faszinierenden Bilderbuch.

Wie jedes Jahr, erhalten alle Anwesenden ein Exemplar der 17. Edition Ostschweiz geschenkt.

Für jene, die an der Eröffnung und am Tag der Offenen Tür nicht dabei sein konnten, bietet sich mit dieser Buch-Vernissage die Gelegenheit, das neue Naturmuseum zum ersten Mal auch von innen zu sehen.

Das Bändchen ist ab dem 19. November in den Buchhandlungen erhältlich – ein preiswertes Geschenk für alle naturkundlich Interessierten (Fr. 24.–).

Einladung

zur Vorstellung der neuesten Publikation der Edition Ostschweiz: Silberfischchen, Lilienhähnchen und andere Insekten

auf Freitag, 18. November 2016, 18.30 Uhr im Naturmuseum, Rorschacher Str. 263, Bushaltestelle Naturmuseum, Bus Nr. 1

Es sprechen Dr. Toni Bürgin Direktor des Naturmuseums
Doris Überschlag Präsidentin der VGS Verlagsgenossenschaft St.Gallen
Jost Hochuli Herausgeber der Edition Ostschweiz
André Mégroz Entomologe, Autor der Publikation
Rino Frei CEO der Ostschweiz Druck, Sponsor, bittet zum Apéro

Edition Ostschweiz series

Ill. above: invitation for the launch of Edition Ostschweiz 14: *still und heiter – der Buchbinder Franz Zeier zum Beispiel*, 2013. *The event formed part of 'Týpo St. Gallen', and was held in the auditorium of the Gewerbliche Berufs- und Weiterbildungszentrum GBS, 2013.*

Ill. opposite: invitation for the launche of Edition Ostschweiz 16: *Tschicholds Faszikel*, 2015. *The event formed part of 'Týpo St. Gallen', and was held in the auditorium of the GBS, 2015.*

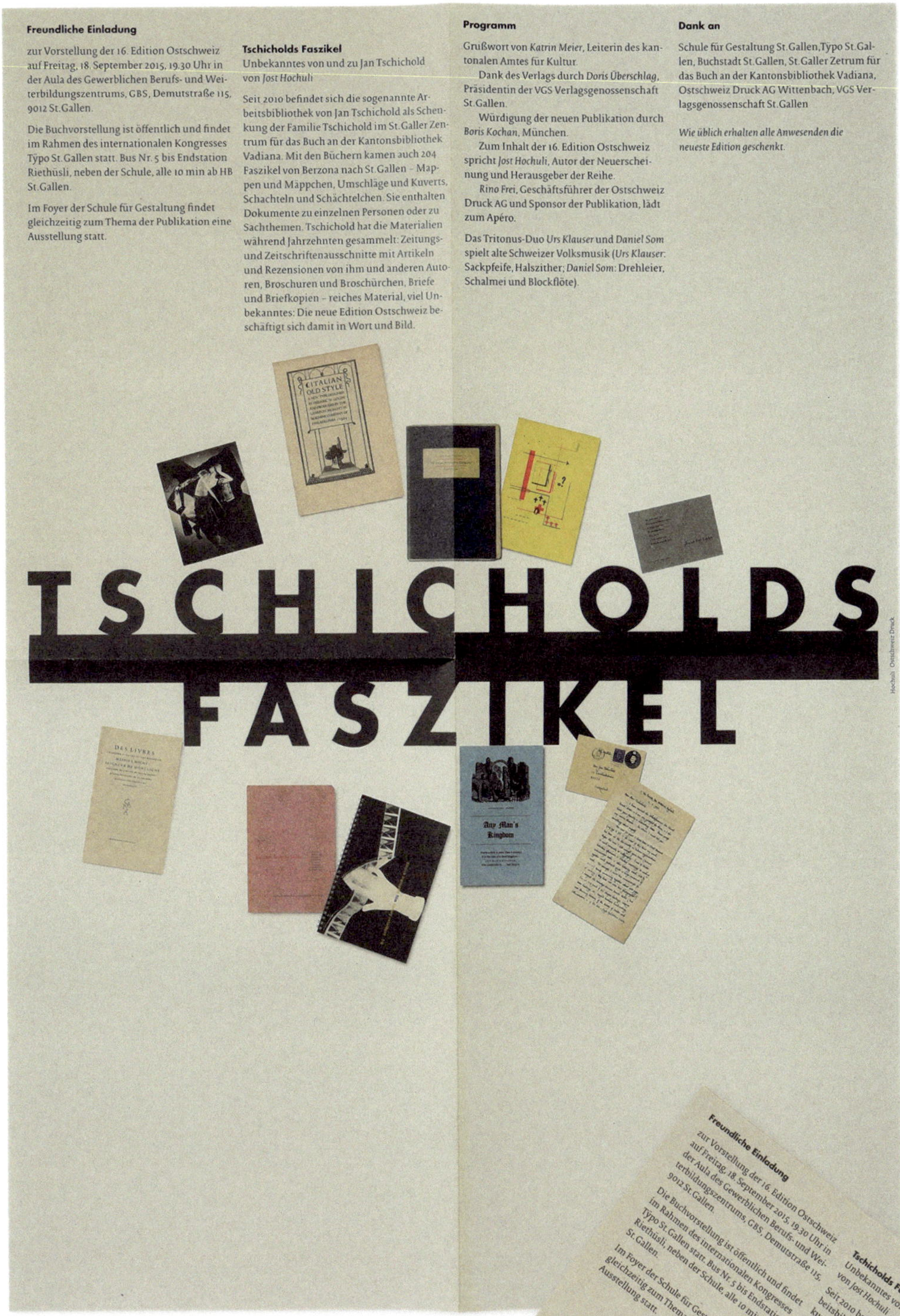

Freundliche Einladung

zur Vorstellung der 16. Edition Ostschweiz auf Freitag, 18. September 2015, 19.30 Uhr in der Aula des Gewerblichen Berufs- und Weiterbildungszentrums, GBS, Demutstraße 115, 9012 St.Gallen.

Die Buchvorstellung ist öffentlich und findet im Rahmen des internationalen Kongresses Typo St.Gallen statt. Bus Nr. 5 bis Endstation Riethüsli, neben der Schule, alle 10 min ab HB St.Gallen.

Im Foyer der Schule für Gestaltung findet gleichzeitig zum Thema der Publikation eine Ausstellung statt.

Tschicholds Faszikel
Unbekanntes von und zu Jan Tschichold
von *Jost Hochuli*

Seit 2010 befindet sich die sogenannte Arbeitsbibliothek von Jan Tschichold als Schenkung der Familie Tschichold im St.Galler Zentrum für das Buch an der Kantonsbibliothek Vadiana. Mit den Büchern kamen auch 204 Faszikel von Berzona nach St.Gallen – Mappen und Mäppchen, Umschläge und Kuverts, Schachteln und Schächtelchen. Sie enthalten Dokumente zu einzelnen Personen oder zu Sachthemen. Tschichold hat die Materialien während Jahrzehnten gesammelt: Zeitungs- und Zeitschriftenausschnitte mit Artikeln und Rezensionen von ihm und anderen Autoren, Broschuren und Broschürchen, Briefe und Briefkopien – reiches Material, viel Unbekanntes: Die neue Edition Ostschweiz beschäftigt sich damit in Wort und Bild.

Programm

Grußwort von *Katrin Meier*, Leiterin des kantonalen Amtes für Kultur.

Dank des Verlags durch *Doris Überschlag*, Präsidentin der VGS Verlagsgenossenschaft St.Gallen.

Würdigung der neuen Publikation durch *Boris Kochan*, München.

Zum Inhalt der 16. Edition Ostschweiz spricht *Jost Hochuli*, Autor der Neuerscheinung und Herausgeber der Reihe.

Rino Frei, Geschäftsführer der Ostschweiz Druck AG und Sponsor der Publikation, lädt zum Apéro.

Das Tritonus-Duo *Urs Klauser* und *Daniel Som* spielt alte Schweizer Volksmusik (*Urs Klauser*: Sackpfeife, Halszither; *Daniel Som*: Drehleier, Schalmei und Blockflöte).

Dank an

Schule für Gestaltung St.Gallen, Typo St.Gallen, Buchstadt St.Gallen, St.Galler Zetrum für das Buch an der Kantonsbibliothek Vadiana, Ostschweiz Druck AG Wittenbach, VGS Verlagsgenossenschaft St.Gallen

Wie üblich erhalten alle Anwesenden die neueste Edition geschenkt.

TSCHICHOLDS FASZIKEL

Hochuli · Ostschweiz Druck

Freundliche Einladung

zur Vorstellung der 16. Edition Ostschweiz auf Freitag, 18. September 2015, 19.30 Uhr in der Aula des Gewerblichen Berufs- und Weiterbildungszentrums, GBS, Demutstraße 115, 9012 St.Gallen.

Die Buchvorstellung ist öffentlich und findet im Rahmen des internationalen Kongresses Typo St.Gallen statt. Bus Nr. 5 bis Endstation Riethüsli, neben der Schule, alle 10 min ab HB St.Gallen.

Im Foyer der Schule für Gestaltung findet gleichzeitig zum Thema der Publikation eine Ausstellung statt.

TSCH

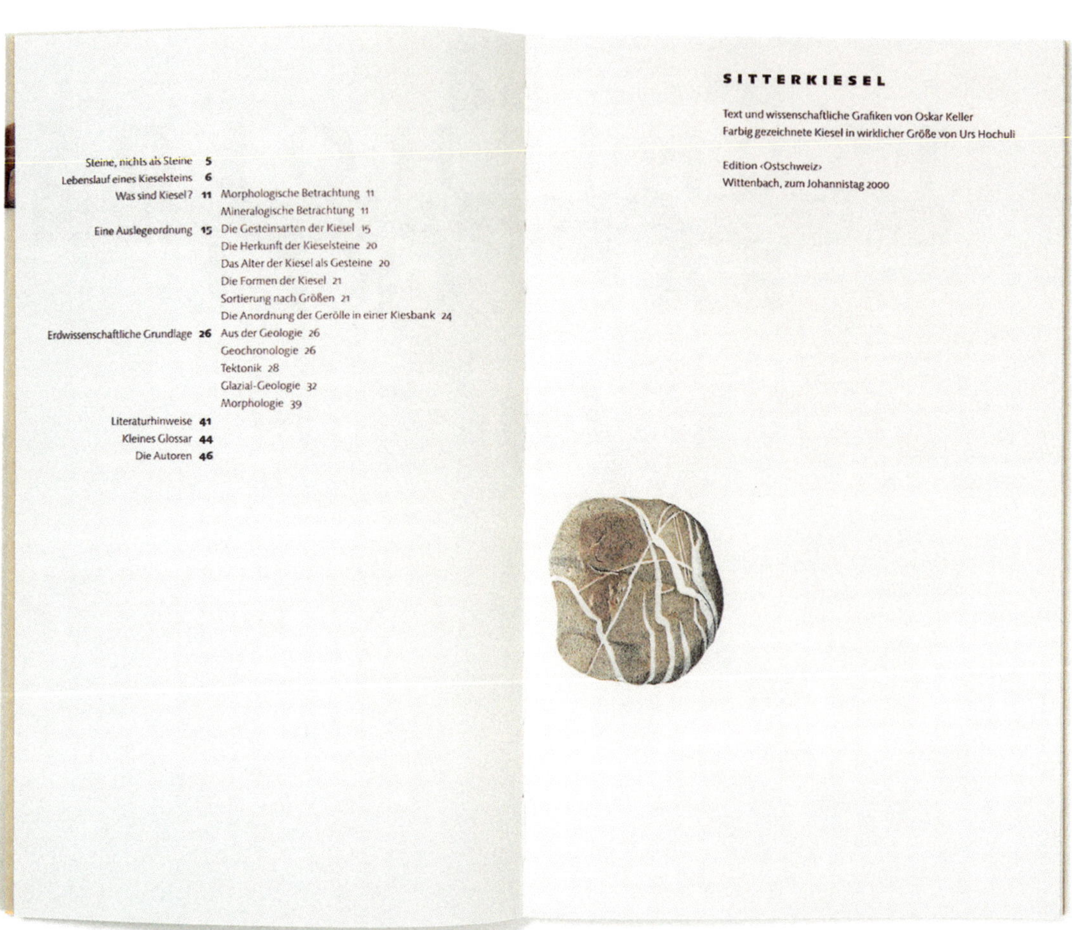

SITTERKIESEL

Text und wissenschaftliche Grafiken von Oskar Keller
Farbig gezeichnete Kiesel in wirklicher Größe von Urs Hochuli

Edition ‹Ostschweiz›
Wittenbach, zum Johannistag 2000

Edition Ostschweiz series

The 17 Edition Ostschweiz booklets were published from 2000 to 2016. They illustrated the cultural commitment of the printers Ostschweiz Druck in Wittenbach and its owner and business manager Urs Kolb. Authors, photographers, editor and designer worked (as with the Typotron booklets) for no fee, but received a larger number of the booklets. The format, 14.7 x 23.5 cm, had the same proportions as the Typotron booklets, but with slightly smaller dimensions. The booklets were sewn brochures with printed jackets of translucent paper. The extent varied between 40 and 84 pages.

Ill. above and opposite: title and contents list on pp. 2 and 3, typical of almost all Edition Ostschweiz publications.

Ill. above: Oscar Keller, Urs Hochuli: *Sitterkiesel*. St. Gallen: VGS (Edition Ostschweiz no. 1), ^{3}2006.

Ill. opposite: Toni Bürgin, Jonas Kuhn: *federleicht und daunenweich*. St. Gallen: VGS (Edition Ostschweiz no. 7), ^{2}2006. André Mégroz: *Silberfischchen, Lilienhähnchen und andere Insekten*. St. Gallen: VGS (Edition Ostschweiz no. 17), 2016.

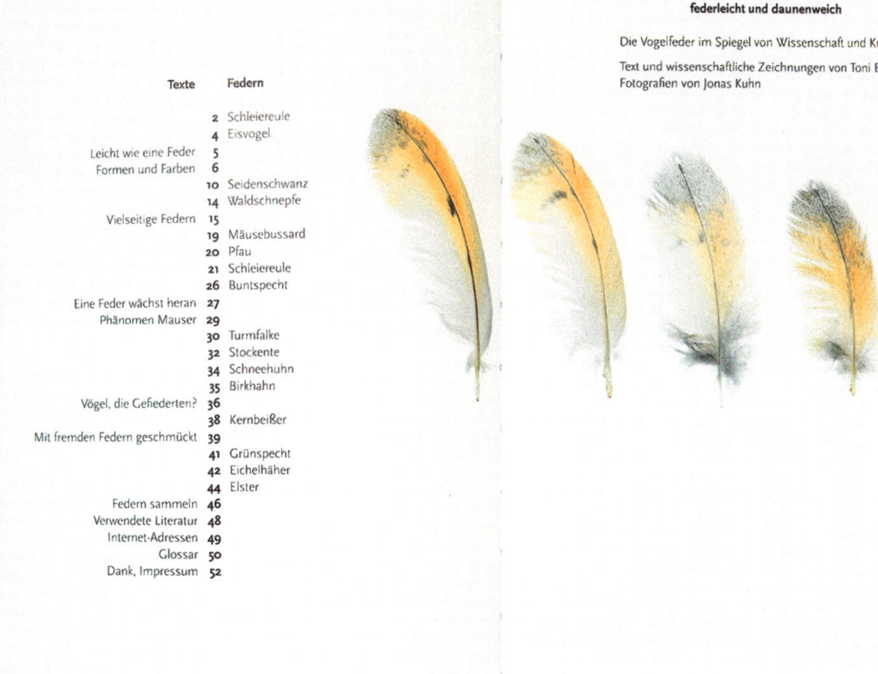

Texte | **Federn**

federleicht und daunenweich

Die Vogelfeder im Spiegel von Wissenschaft und Kultur

Text und wissenschaftliche Zeichnungen von Toni Bürgin
Fotografien von Jonas Kuhn

Siebte Publikation der Edition Ostschweiz 2006

Silberfischchen, Lilienhähnchen und andere Insekten

Texte, Fotografien, Zeichnungen, Aquarelle von André Mégroz
Edtion Ostschweiz 17, Herbst 2016

Wenn nichts anderes erwähnt ist, beziehen sich die Maße auf die Körpergröße (ohne Fühler), bei den Schmetterlingen auf die Flügelspannweite.

Wissenschaftliche Namen sind *kursiv* gesetzt.
sp. bedeutet: nicht näher bestimmte Art der betreffenden Gattung

Zuckmücken, auch Tanz- und Schwarmmücken (*Chironomidae*) genannt, stechen nicht und sind wichtig für die Nahrungskette. Die Larven sind die Hauptnahrung für viele Fische, die Mücken für viele Vögel bei der Aufzucht der Brut. Zur Partnerfindung bilden Zuckmücken große Tanzschwärme.
Männliche Zuckmücke (*Cryptochironomus sp.*), 12 mm.

Edition Ostschweiz series

Oscar Keller, Urs Hochuli: *Sitterkiesel*. St. Gallen: VGS (Edition Ostschweiz no. 1), ³2006.

Ill. above: cover-p. 1; opposite and pp. 108–109: double-pages with scientific illustrations and graphics.

For this publication, it was necessary to redesign nine of the geologist Oskar Keller's scientific graphics so that colours, signs (e. g. arrows) and labelling matched both the scientific illustrations by Urs Hochuli and the typography, while still complying with the requirements of scientific geological graphics. Only one other booklet, the last, required so many hours of work (see p. 140 ff.).

So, denken wir, könnte der Kiesel erzählen:

Lebenslauf eines Kieselsteins

Soeben bin ich auf einer Kiesbank im Sitterlauf beim Erlenholz nahe St.Gallen aufgelesen worden. Warum gerade ich? Wohl weil ich unter all den anderen Steinen durch meine violett-rote Farbe mit weißen und dunkelroten, eckigen Flecken, die als große Gesteinskörner wie Warzen etwas hervortreten, aufgefallen bin. Sonst ist nichts Besonderes an mir. Ich habe ungefähr die Größe einer menschlichen Faust, bin allseitig zugerundet und bestehe zur Hauptsache aus körnigem, rotem Material. Man nennt mich Verrucano, deutsch auch Warzenstein, und ich stamme aus einer Gegend, die heute nicht mehr dort ist, wo sie einmal war. Das klingt unverständlich. Doch, der Reihe nach!

Meine Reise, das will ich betonen, besteht nicht einfach aus einer Ortsveränderung, sondern ist ganz wesentlich auch eine Reise durch die Zeit. Der Anfang liegt unvorstellbar weit zurück. Vor 250 Millionen Jahren dehnte sich während der Permzeit in der Region des heutigen Graubünden eine heiße Sandwüste aus. Aus ihr stammt mein Materialinhalt: Quarzsand und durch Verwitterung entstandene rote Eisen- und Aluminiumoxide. Selten auftretende Regengüsse schwemmten diese meine Hauptbestandteile zusammen mit größeren Quarz- und Feldspatsplittern in ein nahes Becken etwas weiter im Süden. Dieses Gemenge wurde hier sedimentiert, von immer neuen Ablagerungen überdeckt und im Laufe gewaltiger Zeiträume zusammengepresst und verfestigt. Vor 200 Millionen Jahren bin ich damit als Gestein hunderte Meter unter weiterer Sedimentbedeckung entstanden.

Für das Verständnis von Raum und Zeit dieses Lebenslaufs können die Grafiken 1 und 5 hilfreich sein.

Verrucano in roter Varietät mit großen, kantigen hellen und dunklen Splittern.

Es verstrichen dann rund 100 Millionen Jahre – unvorstellbar, eine halbe Ewigkeit –, in der ich tief in der Erdkruste in absoluter Dunkelheit, eingeklemmt und unter ungeheurem Druck aller überlagernder Schichten zum Warten verurteilt war.

Als in der mittleren Kreidezeit vor 100 Millionen Jahren die afrikanische Erdkrustenplatte auf ihrer Nordwanderung mit der europäischen Platte zusammenstieß – die Geologen sagen ‹kollidierte› –, kam Bewegung auch in meine Krustengegend. Die Auftürmung des Alpengebirges setzte schrittweise ein. Schließlich wurde ich als Teil einer mächtigen Gesteinsdecke im Zeitraum vor 70 bis 40 Millionen Jahren in der Oberkreide und im Alttertiär nordwärts verschoben und dabei über den Meeresspiegel emporgehoben.

Jetzt begannen Verwitterung und Erosion mit dem Abtrag aller über mir liegenden Schichten, bis ich im Verband der Verrucano-Gesteine im mittleren Tertiär vor etwa 35 Millionen Jahren als Festgestein freigelegt wurde. Das war der Moment, da ich zum ersten Mal ans Tageslicht trat.

Wo denn genau? Da seither jene Gegend geologisch und morphologisch völlig umgestaltet worden ist, weiß ich das auch nicht sicher, aber es dürfte im Gebiet des heutigen Prättigaus oder Unterengadins gewesen sein.

Die Gebirgsbildung der Alpen nahm ihren Fortgang, ich wurde weiter nach Norden geschoben und in die Höhe gepresst, bis ich vor 30 Millionen Jahren aus einer Verrucano-Felswand herausbrach und als Felsblock in ein Nebental des Urrheins hinunterdonnerte, zerbarst und als metergroßes Felsstück zerschlagen und zersplittert liegen blieb.

Und bald brach, als nächstes Ereignis, ein Hochwasser über mich herein. Die wilden Wogen des Gebirgsflusses erfassten mich und wälzten mich mit Urkraft hinunter zum damaligen Rhein. Dort kam ich viel kleiner und stark abgerundet an und wurde sogleich von den Fluten des Urrheins rollend weiter ins Vorland hinaus verfrachtet. Als ich nur noch Faustgröße hatte – so sehr bin ich durch den ruppigen Transport abgeschliffen worden – und der Fluss seine Kraft im Flachland verloren hatte,

Erdwissenschaftliche Grundlagen

Zum vertieften Verständnis der Entstehung von Kieselsteinen ist es sinnvoll, einige relevante Prozesse und zeitliche Abläufe aus den verschiedenen Geo-Fachbereichen darzulegen und zu erklären.

Aus der Geologie

Gesteine machen so etwas wie einen Lebenslauf durch, sie entstehen und vergehen. Aus ihren Restprodukten bilden sich später wieder Gesteine, die schließlich auch abgebaut und zerstört werden. Der Geologe bezeichnet dies als Kreislauf der Gesteine.

Die Erdoberfläche trennt die Erdkruste, das heißt die aus Gesteinen bestehende Lithosphäre, von den äußeren Erdhüllen der Hydrosphäre (Wasserhülle, vor allem die Ozeane) und der Atmosphäre (Lufthülle).

In der Erdkruste laufen die endogenen (innenbürtigen) gesteinsbildenden Prozesse ab, in denen Druck, Hitze, Schmelzvorgänge und Krustenbewegungen arbeiten. Hier entstehen durch Umkristallisieren die metamorphen oder durch Auskristallisieren aus einer Magmaschmelze die magmatischen Gesteine. Die Krustenbewegungen führen zu Gesteinsversenkungen oder zu Krustenhebungen und zu Gebirgsbildungen.

Von den äußeren Erdhüllen ausgehende Einwirkungen durch Regen, Eis, fließendes Wasser, Wind, Meeresbrandung usw. zerstören Gesteine, verfrachten das Material und sedimentieren es in Becken und auf Meeresböden. Durch Verfestigung dieser Sedimente bilden sich die Sedimentgesteine. Diese an und über der Erdoberfläche ablaufenden Vorgänge sind exogene (außenbürtige) Prozesse.

Bei der Gesteinsentwicklung sind mehrere Kreisläufe möglich, wobei drei Hauptgesteinsarten beteiligt sind: Magmatite, Sedimentite und Metamorphite. In der vorstehenden Auslegeordnung sind zur Vereinfachung magmatische und metamorphe Gesteine zu kristallinen zusammengefasst worden. Unter den Kieseln unserer Geröllbank finden sich Vertreter aller Hauptgesteinsarten.

Geochronologie

Wer sich mit der Geologie auseinander setzt, wird sich bald einmal bewusst, dass geologische Vorgänge völlig andere zeitliche Dimensionen beanspruchen als der menschliche Lebensrhythmus. Rechnet der Mensch aufgrund seiner Lebenserwartung und der Generationenfolge in Jahrzehnten, so sind es für den weltweit tätigen Geologen Einheiten von 100 Millionen

Roter Radiolarit als massiges, aus der Molasse stammendes Geröll mit fortgeschrittener Verwitterung entlang der weißen Adern.

Rotes Berninagranit-Geröll, das aus einer Molasse-Nagelfluhbank herausgelöst worden ist.

Diorit aus dem Vorderrhein-Gebiet. Die teils kantige Form ist ein Hinweis für Gletscher-Transport. Die dunklen Flecken sind Hornblende-Partikel.

Zwei hellgraue Dolomite, der eine mit einem breiten rötlichen Band. Reiner, weißer Dolomit hat die bei der Gebirgsbildung zerrissenen Gesteine wieder verheilt und zusammengekittet.

Gut zugerundeter, massiger Kieselkalk.

Zerbrochener, plattiger Molasse-Sandstein.

Ein Flysch-Sandstein mit einer Bruchfläche (oben) und ein sandiger Flyschkalk hinter einem grauen Gneis-Kiesel (rechts oben). Dieser weist schiefrig eingelagerten weißen Feldspat und dunkleren Quarz auf.

Ein Nagelfluhstein. Er ist aus verschiedenartigen Geröllen zusammengesetzt, verfestigt durch Sandsteinfüllungen in den Zwischenräumen. Seinerseits ist er als Ganzes ebenfalls ein Geröll. Also liegt zweimaliger Fließwasser-Transport vor mit einer dazwischengeschalteten Phase der Gesteinsbildung.

Der Kalk-Kieselstein weist oben und unten die für Nagelfluhgerölle typischen runden Vertiefungen, so genannte Lösungseindrücke auf.

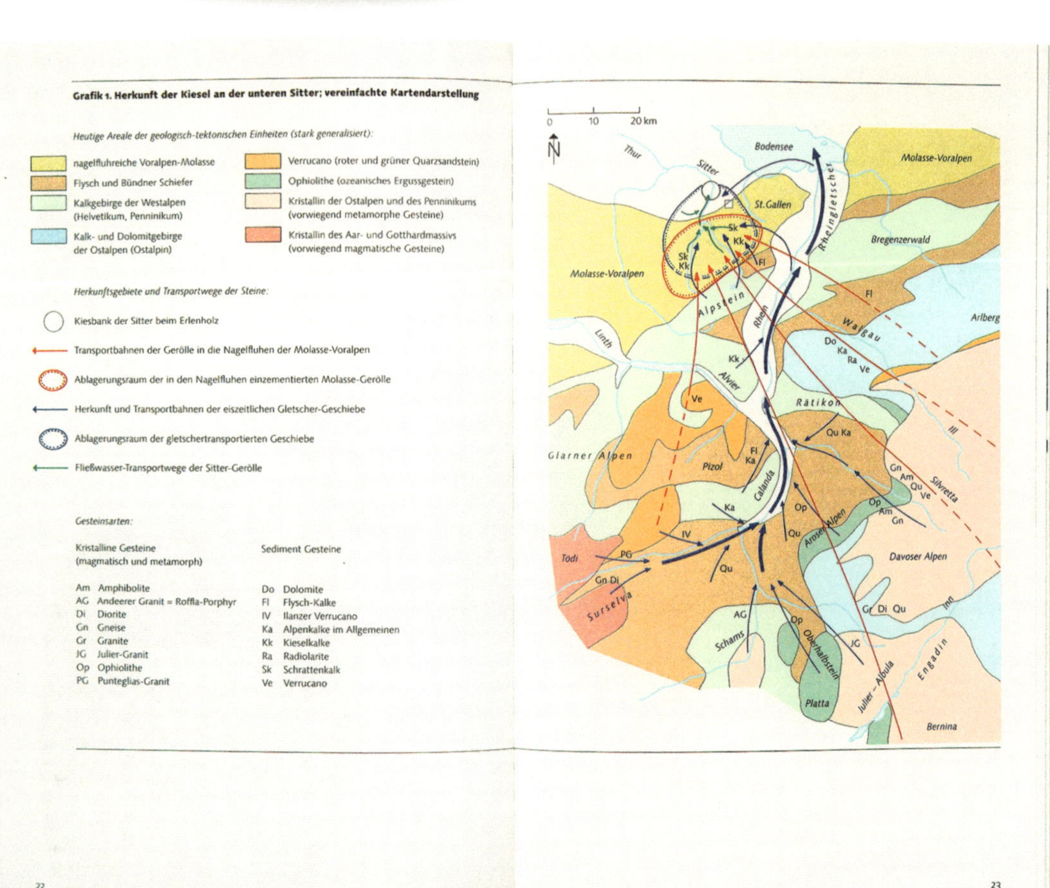

Grafik 1. Herkunft der Kiesel an der unteren Sitter; vereinfachte Kartendarstellung

Heutige Areale der geologisch-tektonischen Einheiten (stark generalisiert):

- nagelfluhreiche Voralpen-Molasse
- Flysch und Bündner Schiefer
- Kalkgebirge der Westalpen (Helvetikum, Penninikum)
- Kalk- und Dolomitgebirge der Ostalpen (Ostalpin)
- Verrucano (roter und grüner Quarzsandstein)
- Ophiolithe (ozeanisches Ergussgestein)
- Kristallin der Ostalpen und des Penninikums (vorwiegend metamorphe Gesteine)
- Kristallin des Aar- und Gotthardmassivs (vorwiegend magmatische Gesteine)

Herkunftsgebiete und Transportwege der Steine:

- Kiesbank der Sitter beim Erlenholz
- Transportbahnen der Gerölle in die Nagelfluhen der Molasse-Voralpen
- Ablagerungsraum der in den Nagelfluhen einzementierten Molasse-Gerölle
- Herkunft und Transportbahnen der eiszeitlichen Gletscher-Geschiebe
- Ablagerungsraum der gletschertransportierten Geschiebe
- Fließwasser-Transportwege der Sitter-Gerölle

Gesteinsarten:

Kristalline Gesteine (magmatisch und metamorph)

Am Amphibolite
AG Andeerer Granit = Roffla-Porphyr
Di Diorite
Gn Gneise
Gr Granite
JG Julier-Granit
Op Ophiolithe
PG Punteglias-Granit

Sediment Gesteine

Do Dolomite
Fl Flysch-Kalke
IV Ilanzer Verrucano
Ka Alpenkalke im Allgemeinen
Kk Kieselkalke
Ra Radiolarite
Sk Schrattenkalk
Ve Verrucano

22

23

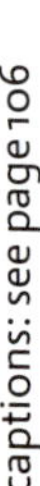

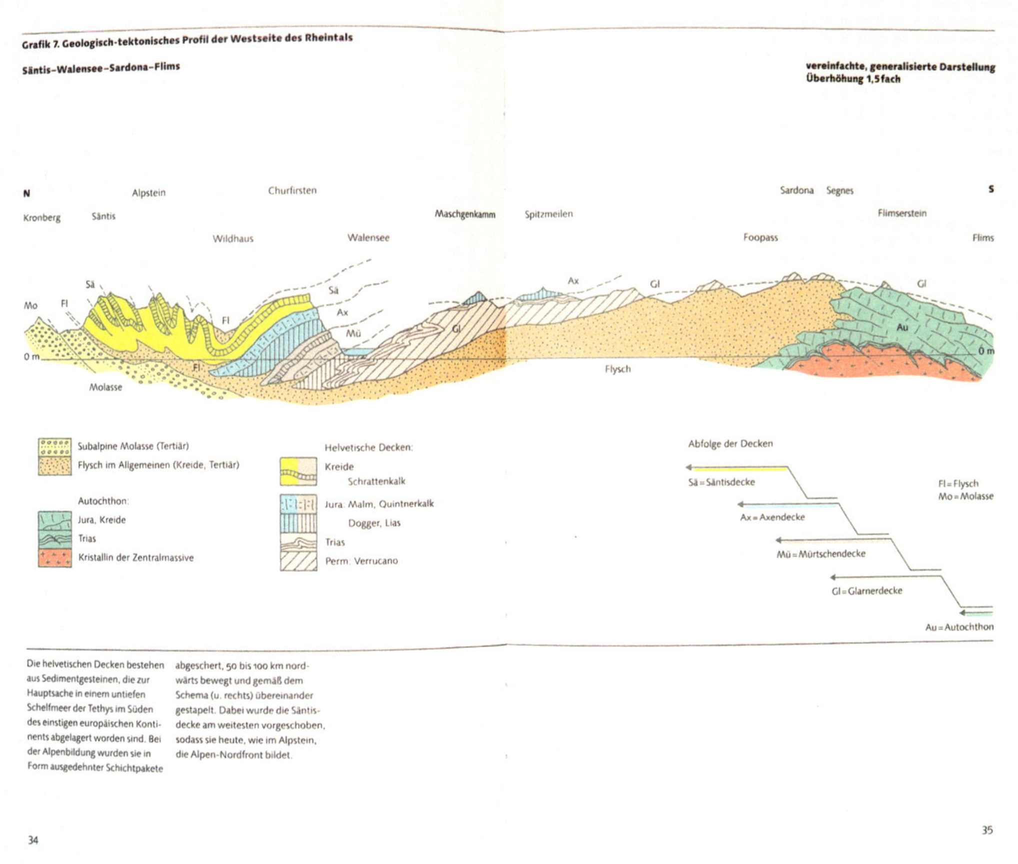

Die helvetischen Decken bestehen aus Sedimentgesteinen, die zur Hauptsache in einem untiefen Schelfmeer der Tethys im Süden des einstigen europäischen Kontinents abgelagert worden sind. Bei der Alpenbildung wurden sie in Form ausgedehnter Schichtpakete abgeschert, 50 bis 100 km nordwärts bewegt und gemäß dem Schema (u. rechts) übereinander gestapelt. Dabei wurde die Säntisdecke am weitesten vorgeschoben, sodass sie heute, wie im Alpstein, die Alpen-Nordfront bildet.

Ein massiger Ophiolith, der aus einem untermeerischen Magmaerguss herzuleiten ist. Die grüne Farbe deutet auf die Minerale Hornblende und Chlorit hin.

Gruppenbild von Kieseln aus verschiedensten Gesteinen. In der oberen Gruppe von unten nach oben: Alpenkalk, Quarzit, Juliergranit, Radiolarit und Dolomit.

Rechts drei charakteristische Kieselformen: oben ein nur wenig zugerundetes Kalkgeschiebe, in der Mitte ein schichtiger, sandiger und demzufolge plattiger Flyschkalk und unten ein massiger und daher kugelförmiger Quarzit.

Edition Ostschweiz series

Richard Butz et al.: *Mülenen.* St. Gallen: VGS (Edition Ostschweiz no. 2), ^{3}2010.

Ill. opposite: A3 layout sheet. Above: cover-pp. 1 and 4. Pp. 112–113: double-page title and contents list, further double-pages of content.

Mülenen gorge, a largely untouched 'feature' of St. Gallen, is where, in 612, the story of the monastery and town of St. Gallen began. The brochure was conceived in black and white, and had to contain a large amount of text and illustrations in relatively few pages. To bring a bit of colour and lightness to the pages, leaves from the bushes and trees of the gorge 'flutter' across them.

Mülenen

Fotografien von Michael Rast

Textbeiträge von Théo Buff, Fredy Brunner, Richard Butz, Cornel Dora, Christine Fischer, Philipp Hostettler, Elisabeth Keller-Schweizer, Hans Peter Knapp, Edgar Krayss, Fred Kurer, Marcel Mayer, Theodor Nef und Hanspeter Schumacher

zusammengestellt von Richard Butz und Liv Sonderegger

Eine St.Galler ‹Spezialität› und teilweise noch ursprünglich – die Mülenenschlucht. Hier begann im Jahr 612 die Geschichte von Kloster und Stadt St.Gallen.

Edition ‹Ostschweiz›, Wittenbach 2010

8 Brücken, 1 Steg, 1 Viadukt

Die Topografie der Mülenen bringt es mit sich, dass die Erschließung nur mit Stegen und Brücken möglich ist. Schon früh bestanden in der Schlucht einfache Stege zur Verbindung beider Talseiten. Zur Müllertor-Anlage, im 15. Jahrhundert als Teil der Stadtbefestigung erbaut und 1836 abgebrochen, gehörte auch eine Brücke über die Steinach. Ihr erhalten gebliebenes, gemauertes Gewölbe hat eine Spannweite von 7 Metern und lässt den Durchfluss von großen Wassermassen zu. Im Jahre 1903 wurde die Steinach auch unterhalb des Müllertors eingedeckt. Das gewölbte Portal des halbkreisförmigen Kanals, über dem die St.Georgen-Straße liegt, ist neben der Talstation der Mühleggbahn sichtbar. Eine weitere Brücke bei Mühlegg schließt das Tobel gegen das obere Südende ab. Dazwischen überqueren sechs Brücken und ein Steg Tobel und Steinach: die Brücke der Mühleggbahn, ein Steg oberhalb ihrer Talstation, die untere Brücke zum Schluchtweg, die kleine Brücke zum Zivilschutzstollen, die Felsenbrücke und die Brücke am oberen Ende des Schluchtwegs. Gleich unterhalb von ihr wölbt sich die unpassierbare Naturbrücke, eine geologische Spezialität, über die Brückenkenner Werner Stadelmann, Verfasser des Standardwerkes ‹St.Galler Brücken›, mutmaßt: ‹Derartige Naturgebilde gaben vielleicht unseren Vorfahren Anregungen für erste Versuche im Brückenbau.› Heute nicht mehr ganz leicht erkennbar und keine eigentliche Brücke ist der Lehnenviadukt Gottfried-Keller-Straße. Diese Straße, die zwischen 1907 und 1908 erbaut wurde, brachte St.Georgen die Verbindung zu den westlichen Stadtteilen. Stadelmann berichtet von erheblichen Schwierigkeiten bei der Ausführung im Bereich der steil zur Steinach abfallenden westlichen Nagelfluhwand. Sie wurde schließlich durch einen 67 Meter langen Lehnenviadukt mit elf je 5 Meter weiten Gewölben überwunden. Als Baumaterial wurden dauerhafte Natursteine von Hohenems verwendet. Die Idee eines kurzen Tunnels als Portal am nördlichen Brückenkopf ließ die Bauleitung wegen drohender Steinschlaggefahr fallen. Die Brücke der 1893 eröffneten Mühleggbahn, ein Fachwerkbau, musste 1954 aufgrund von Verrostung durch eine neue Brücke ersetzt werden. Das neue Bauwerk mit V-förmigem Querschnitt wird getragen durch vier Vorspannkabel mit je 80 Tonnen Spannkraft und war damals die erste in der Schweiz für eine Bahn erstellte Vorspannkonstruktion.

Ein besonderes brückenbauliches Schmuckstück ist die Felsenbrücke, die

Die Felsenbrücke und der Steg oberhalb der Talstation der Mühleggbahn.

Hochbrücke über der Mülenenschlucht. Sie verlängert die Felsenstraße und verbindet die Wohngebiete auf beiden Seiten des Tobels. Die Felsenbrücke ist ein Werk des Ingenieurs und genialen Brückenbauers Robert Maillart (1872–1940). Er erstellte die 36,37 Meter lange Brücke zwischen August 1902 und September 1903. Die totalen Baukosten beliefen sich auf 45 919 Franken. Stadelmann gibt folgende technische Details: ‹Das Bauwerk wird durch zwei 29,7 Meter weit gespannte, übereinander liegende Gewölbe getragen. Der untere Bogen besteht aus vorfabrizierten Quadern aus Portlandzement, Mischung 1:8, der obere dagegen aus Gussbeton. Senkrecht zur Bogenachse eingelegte Steckeisen verbessern die Verbindung beider Gewölbeschichten. (…) Der in kleine Bogen aufgelöste Überbau trägt die Lasten der 5 Meter breiten Fahrbahn und beider Trottoirs.›

Die schön geformten, geschmiedeten Geländer im Jugendstil sind zwischen kräftige Stahlpfosten eingehängt, jedes Feld ist 130 Kilo schwer und kostete damals 70 Franken. Von Robert Maillart stammt übrigens noch eine weitere, jedoch viel einfachere Brücke über die Steinach: die Brücke Gellertstraße, 1904 geplant und 1905 fertig gestellt. RICHARD BUTZ

Der 1907/08 erbaute Lehnenviadukt der Gottfried-Keller-Straße über dem Schluchtwäldchen.

Die oberhalb der Naturbrücke gelegene Brücke, über die der Schluchtweg in die Galerie des Hauses Obere Mühlentreppe 2 führt.

captions: see page 111

Eine Bahn wird zum Schräglift

1897 eröffnete die St.Galler Trambahn ihren Betrieb. Zwei Jahre später sahen die St.Galler und St.Gallerinnen das erste Auto. Am Anfang des innerstädtischen öffentlichen Verkehrs stand jedoch die Mühleggbahn, die am 14. Dezember 1893 eröffnet wurde. Der Anstoß zum Bau des ‹Bähnli›, im Volksmund trotz allen Veränderungen immer noch ‹'s Trotzelbähnli› genannt, kam von Baron Gottfried von Süßkind (1842–1902). Er besaß damals in St.Georgen die 1823 von Michael Weniger gegründete Maschinen-Werkstatt und wollte seinen Arbeitern den Weg aus der Stadt erleichtern. Die Geschichte der Bahn ist in drei Abschnitte unterteilt.

Die Drahtseilbahn, die bis 1950 in Betrieb war, bestand aus zwei Wagen, die sich mit Wasserballast abwechselnd gegenseitig hochzogen. Die gesamte Betriebslänge betrug anfänglich 308,2 Meter, die genaue Höhendifferenz 66,2 Meter und die mittlere Steigung 21,6 Prozent (maximal sogar 22,8 Prozent). In der Mitte des 287 Meter langen Tunnels befand sich eine Ausweichstelle. Die Spurbreite betrug 1,2 Meter, was zwischen Zahnstange und Schiene mehr Platz für Seil und Tragrollen ergab. Für die Zahnstange kam das System von Niklaus Riggenbach, einem berühmt gewordenen Bahnbaupionier, zur Anwendung. Das Wasser für die Drahtseilbahn lieferten – über eine spezielle Leitung zur Bergstation geführt – Brand- und Bädlibach, die in den ehemaligen Spinnereiweiher, den heutigen Brandweiher südlich der Kirche St.Georgen, münden. Als Ingenieur wirkte Adolf Naeff (1809–1899), der 1896 auch die der Drahtseilbahn St.Gallen–Mühlegg ähnliche Anlage Rheineck–Walzenhausen erstellte. Ein Petrollicht sorgte für die Beleuchtung, während sich vier Kondukteure um Fahrbetrieb und Passagiere kümmerten. Am 5. November 1950 abends ging dieses Kapitel der Mühleggbahn zu Ende. Bis dahin hatten rund 19 Millionen Passagiere die Bahn benützt.

Eine Zahnradbahn mit nur einem Triebwagen ersetzte am 15. November 1950 die klapprig gewordene Drahtseilbahn. Damit konnte der Personalbestand von insgesamt sechs auf drei Personen gesenkt werden, ebenso fiel der Wasserzins weg. Für den einspurigen Betrieb musste die Ausweiche in der Tunnelmitte entfernt werden, weiters konnten, weil das Umlenkrad wegfiel, Haltestelle und Gleis um etwa 15 Meter bergwärts verlegt werden. Den Strom für die neu erstellte Fahrleitung lieferte das städtische Elektrizitätswerk über einen Zugangsstollen in Tunnelmitte. Der neue Triebwagen erhielt nur einen Führerstand talwärts. Mit verschiedenen technischen Einrichtungen wurde einem Versagen des Wagenführers oder anderen möglichen technischen Störungen vorgebeugt. Eine neue Bergstation ersetzte drei Jahre nach Betriebseröffnung das alte Stationsgebäude. Zwölf Jahre nach Eröffnung wurde die Gleisanlage, 1969 die Konzession erneuert.

Anfänglich war die Zahnradbahn ein voller Erfolg. Im Zehn-Minuten-Takt beförderte der Triebwagen maximal 50 Personen in zwei Minuten nach Mühlegg. Im Rekordjahr 1958 benutzten rund 570 000 Fahrgäste die Bahn, 1972 war diese Zahl auf rund 254 000 geschrumpft. Ein Konkurs drohte. Die Existenz der Bahn war gefährdet, nicht zuletzt weil sich die Stadt weigerte, sie zu übernehmen oder sich an den Betriebskosten zu beteiligen. Eine Volksinitiative zur ‹Rettung der Mühleggbahn› kam innert kurzer Zeit zustande. Zur Abstimmung kam es aber nicht, weil die Gebrüder Heinz und Ruedi Labhardt zusammen mit dem Seilbahnunternehmer Willy Habegger in Thun mit dem Vorschlag zur Errichtung eines automatischen Schrägliftes in die Diskussion eingriffen. Am 1. April 1975 stellte die Zahnradbahn nach 25 Jahren und nach rund 11 Millionen beförderten Personen ihren Betrieb ein. Kondukteur Rütschi soll sich nach 29 Dienstjahren so verabschiedet haben: ‹Es gnüeget mer.› Der Schräglift, eröffnet am 7. Mai 1975, heißt offiziell Winden-Standseilbahn, ist 319 Meter lang und überwindet eine Höhendifferenz von 69 Metern. Die Fahrzeit beträgt im Schnitt 90 Sekunden und die längste Wartezeit vier Minuten. Bei der umgestalteten, umweltfreundlichen Mühleggbahn handelt es sich um die erste konzessionierte vollautomatische Bahn der Schweiz.

RICHARD BUTZ

Die Talstation und die Brücke der seit 1893 bestehenden Mühleggbahn.

Die Talstation und der Tunneleingang der Mühleggbahn. An der Talstation erinnert eine Tafel an das nordostirische Kloster Bangor, von dem aus Columban und nach bisheriger Tradition auch Gallus zu ihrer lebenslangen Wallfahrt aufgebrochen waren. Die Tafel wurde 1997 von Michèle Thaler angebracht, sie gehörte zu einer Ausstellung rund um die Mühleggbahn, an der sieben Kunstschaffende teilnahmen.

‹Die hängenden Gärten der Mülenenschlucht›: die Betonstützmauer als künstlicher Nagelfluhfels – Standort pflanzlicher Spezialisten.

rasch aus. Dies schafft Lebensraum für Spezialisten der Magerwiesen wie Mittlerer Wegerich, Fieder-Zwenke, Wiesenknopf. Nährstoffarmut und zeitweiser Wassermangel halten diesen sonnenhungrigen Arten die konkurrenzkräftigeren Pflanzen der Fettwiese fern.

Die teils besonnten Nagelfluhfelsen sind der Lebensraum der Niedlichen Glockenblume, des Weißen Mauerpfeffers, des Mauerlattichs und der Vogelfuß-Segge. Weil Wasseraustritte fehlen, wächst hier der Safrangelbe Steinbrech nicht. Der lichte Wald mit Gehölzen unterschiedlichen Alters bietet Raum für eine reiche Strauch- und Krautschicht. Verschiedene wärmeliebende Gehölze wie Liguster, Berberitze, oder Wolliger Schneeball sind deshalb nur an diesem Standort anzutreffen.

HANSPETER SCHUMACHER und HANS PETER KNAPP

Efeu, zäh und genügsam.

Brutvögel in der Mülenen

Im Bereich der Mühleggbahn bis hinauf zum Mühleggweiher wurden die Brutvögel von 1990 bis zum Frühjahr 2000 jeweils während der Brutzeit beobachtet. Feinde der Jungvögel sind vor allem Rabenkrähe und Eichhorn, aber auch die frei laufende Hauskatze und vereinzelt Buntspecht und Steinmarder, die gelegentlich ein Gelege ausräumen. Folgende Brutvogelarten wurden festgestellt:

Amsel	Mönchsgrasmücke
Bachstelze	Rotkehlchen
Bergstelze	Star
Blaumeise	Sumpfmeise
Buchfink	Tannenmeise
Grauschnäpper	Wasseramsel
Hausrotschwanz	Zaunkönig
Kleiber	Zilpzalp
Kohlmeise	

1998 überleben aus fünf Eiern der Bergstelze zwei Jungvögel. Am 14. Mai 1999 führt die Wasseramsel ihre vier Jungvögel zur Nahrungsaufnahme bis zur renaturierten Stelle der Steinach zwischen Gellert- und Bitzistraße. Um wieder zur offenen Wasserfläche zu gelangen, hüpft sie entweder durch den Wasser führenden Tunnel oder überfliegt die verkehrsreiche St.Georgen-Straße in 50 bis 80 cm Höhe.

THEODOR NEF

captions: see following page 116

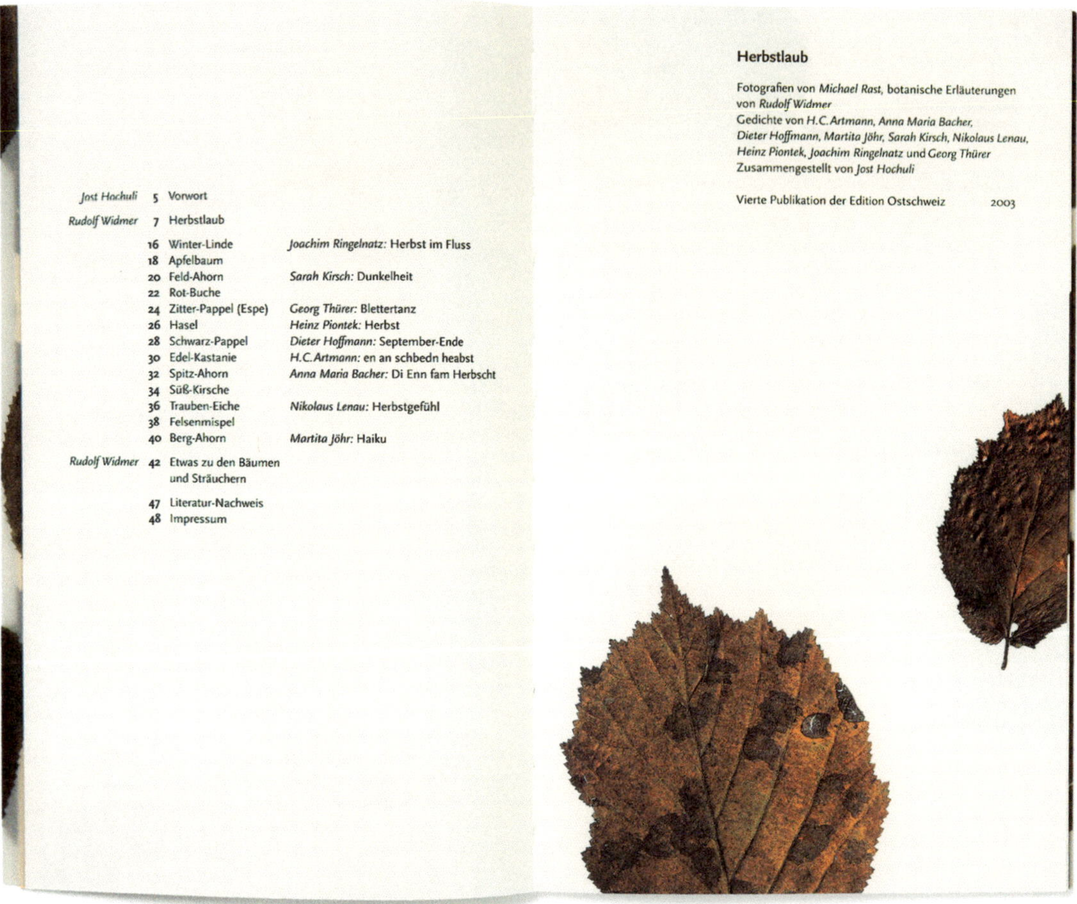

Jost Hochuli 5 Vorwort
Rudolf Widmer 7 Herbstlaub
16 Winter-Linde — *Joachim Ringelnatz:* Herbst im Fluss
18 Apfelbaum
20 Feld-Ahorn — *Sarah Kirsch:* Dunkelheit
22 Rot-Buche
24 Zitter-Pappel (Espe) — *Georg Thürer:* Blettertanz
26 Hasel — *Heinz Piontek:* Herbst
28 Schwarz-Pappel — *Dieter Hoffmann:* September-Ende
30 Edel-Kastanie — *H.C.Artmann:* en an schbedn heabst
32 Spitz-Ahorn — *Anna Maria Bacher:* Di Enn fam Herbscht
34 Süß-Kirsche
36 Trauben-Eiche — *Nikolaus Lenau:* Herbstgefühl
38 Felsenmispel
40 Berg-Ahorn — *Martita Jöhr:* Haiku
Rudolf Widmer 42 Etwas zu den Bäumen und Sträuchern
47 Literatur-Nachweis
48 Impressum

Herbstlaub

Fotografien von *Michael Rast*, botanische Erläuterungen von *Rudolf Widmer*
Gedichte von *H.C.Artmann, Anna Maria Bacher, Dieter Hoffmann, Martita Jöhr, Sarah Kirsch, Nikolaus Lenau, Heinz Piontek, Joachim Ringelnatz* und *Georg Thürer*
Zusammengestellt von *Jost Hochuli*

Vierte Publikation der Edition Ostschweiz 2003

Edition Ostschweiz series

Rudolf Widmer, Michael Rast: *Herbstlaub*. St. Gallen: VGS (Edition Ostschweiz no. 4), ^{3}2010.

Ill. pp. 114–115: cover-pp. 1 and 4, and sketchbook with designs for *Herbstlaub*, both full size.

Above: double-page title and contents list. Opposite and pp. 118–119: double-pages.

The botanist Rudolf Widmer explains, in easily comprehensible text, the mystery of leaf discolouration in trees and bushes. The photographer Michael Rast used lighting skilfully to capture the colourful splendour of the leaves, which are all reproduced full-size. Poems by various authors about autumn and falling leaves enrich the booklet.

Beim Herbstlaub kommt zur Form die Farbe, die je spezielle Farbe, denn kein Blatt reagiert gleich wie das andere, der Rückzug der Chlorophylle erfolgt individuell. Wer an Herbstfarben denkt, denkt zuerst an die leuchtenden, die auffälligen – an das Goldgelb des Feld-Ahorns, das Gold und Rot von Felsenmispel und Spitz-Ahorn. Aber welch ein Reichtum daneben, man muss nur einmal hinsehen. Wie Edelsteine mit seltenen Einschlüssen wirken die Blätter des Apfelbaums, vor allem, wenn man den Blättern etwas Durchlicht gibt – man hat sie nie angeschaut, unansehnlich dunkelbraun oder schwarz, wie sie einem erschienen. Oder das Herbstlaub des Haselstrauchs, von undefinierbarer Farbe – bis man eines Tages einige Blätter aufhebt, sie trocknet und etwas genauer betrachtet: wie seltene Nachtfalter seien sie, befand die Schwester des Fotografen.

Die Blätter, die wir von der Zitter-Pappel, der Espe, zeigen, sind allerdings keine Herbstblätter mehr. Auf ihnen hat wochenlang Schnee gelegen, bevor sie im Februar des folgenden Jahres aufgelesen wurden; das Orange des Herbstes ist einem Grau gewichen, die Zersetzung ist weit fortgeschritten. Wie schön aber sind diese warmen Grautöne, von unsäglicher Vornehmheit in ihrem Verfall.

Kaum ein Blatt, das im Herbst vom Baum zu Boden fällt, ist unversehrt. Wind, Regen, Hagel, Insektenfraß, Pilzbefall haben ihre Spuren hinterlassen, die Blätter zusätzlich und wiederum individuell gezeichnet – gerissen, gestaucht, angefressen, perforiert. Sie tragen nicht nur ihre eigenen Formen und Farben, sondern auch die Zeichen ihres gelebten Lebens. *J. H.*

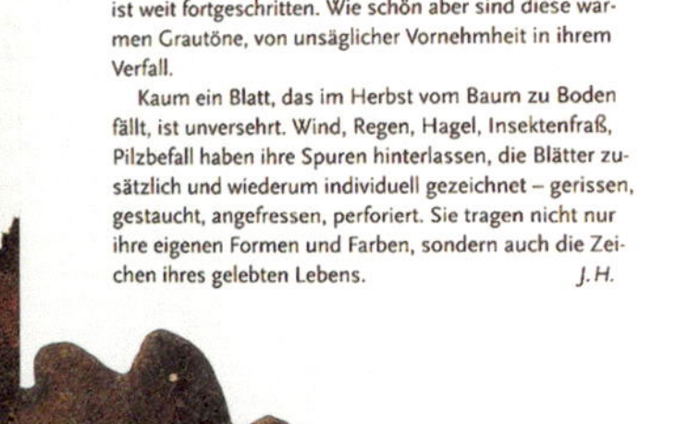

Herbstlaub

‹Im Herbst verfärbt sich das Laub unserer Bäume und Sträucher. Die grünen Farbstoffe Chlorophyll a und b, die im Frühjahr und Sommer die Farbe des Laubs bestimmt haben, werden chemisch abgebaut. Wieder verwendbare Substanzen, vor allem Magnesium, wandern in den Stamm zurück. In den Blättern bleiben braune Abbauprodukte der Chlorophylle und weitere gelbe und rote Blattfarbstoffe, deren Farbe bisher durch die grünen Chlorophylle überdeckt wurde. Diese Farbstoffe sind vor allem Carotinoide, wie zum Beispiel das Beta-Carotin. Je nach Zusammensetzung bewirken die zurückbleibenden Farbstoffe die unterschiedliche Herbstfärbung desLaubs.› (Aus: *Biologie heute S II*. Hannover: Schroedel, 1996.)

Diesen Sätzen entnehmen wir:
- In Laubblättern finden sich zwei Chlorophyll-Arten, a und b genannt;
- ein Laubblatt ist nicht nur grün, doch sieht man die anderen Farben nicht, da sie optisch überdeckt sind;
- die Chlorophylle bauen sich nach der Vegetationszeit chemisch um und ab;
- einzelne Abbauprodukte fließen mit andern wieder verwendbaren Substanzen des lebenden Blattes in den Stamm zurück, andere fallen mit dem Laub zu Boden.

Die sachliche Erklärung des Laubfalles verschweigt, dass die Herbstverfärbung eine der schönsten Erscheinungen des Waldes ist: Bunt nebeneinander stehen das Rotgelb der Buche, das Blutrot der wilden Kirsche, das Feuerrot der Vogelbeere, das Hellgelb der Birke, das Orange der Zitterpappel und das Braun der Eiche, gemischt mit dem Grün von Fichte und Weißtanne. Und Hartriegel, Pfaffenhütchen, Weißdorn, Schneeball und andere umzäunen den Herbstwald mit warmen Rottönen. Einige dieser Erscheinungen wollen wir aus biologischer Sicht zu beantworten versuchen.

Weshalb die meisten Laubblätter grün sind

Die Antwort lautet: Wegen des Chlorophylls, oder genauer gesagt, weil die Chlorophylle die roten und blauen Spektralfarben des Lichtes stärker absorbieren als die gelben und grünen, die reflektiert oder ‹durchgelassen› werden.

In einem Laubblatt liegen viele Stoffe unterschiedlicher Farbe nebeneinander. Die grünen Chlorophylle dominieren aber derart stark, dass sie in den meisten Fällen die andern Farben überdecken. Immerhin bewirken die

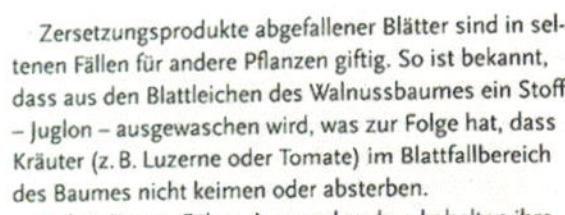

Zersetzungsprodukte abgefallener Blätter sind in seltenen Fällen für andere Pflanzen giftig. So ist bekannt, dass aus den Blattleichen des Walnussbaumes ein Stoff – Juglon – ausgewaschen wird, was zur Folge hat, dass Kräuter (z. B. Luzerne oder Tomate) im Blattfallbereich des Baumes nicht keimen oder absterben.

Fichte, Tanne, Föhre, Arve und andere behalten ihre Nadeln – dies sind auch Blätter – über den Winter. Einzig die Lärche handelt wie die meisten Laubhölzer. Die Nadelhölzer wechseln ihre winterharten Nadeln zwar auch aus, aber in einem anderen Rhythmus als dem der Jahreszeiten. Je nach Art lösen sich die ältesten Nadeln nach wenigen oder einigen Jahren. Nie lösen sich alle Nadeln gleichzeitig, weshalb der Baum immergrün wirkt. Luftverschmutzung beschleunigt das Absterben der Nadeln. Trotz ihres grünen Winterkleides stellen die Nadelhölzer ihre Assimilationstätigkeit während der kalten Jahreszeit ebenfalls ein.

Ähnlich wie die Nadeln verhalten sich die Blätter unserer wenigen einheimischen immergrünen Holzpflanzen, wie Efeu, Buchs oder Stechpalme. Sie sind derber als die Laubblätter anderer Pflanzen und mit einer vor Wasserverlust schützenden Wachsschicht überzogen. Dennoch kommt es gelegentlich vor, dass diese ‹winterharten› Blätter einer extremen Kälteperiode zum Opfer fallen.

Auslöser der Herbstverfärbung und des Laubfalles

Kürzere Tage und damit geringere Lichtmengen sowie tiefere Temperaturen sind in unseren Breitengraden entscheidende Auslöser der Veränderungen. Nicht jeder Baum reagiert aber auf die äußeren Bedingungen gleich; die Vogelbeeren verfärben sich meist früher als die Rot-Buchen. Untersuchungen zeigen, dass nicht ein einzelner Faktor als Auslöser wirkt, sondern eine Kombination mehrerer Umstände. Bei sonst gleichen Einflüssen können Trockenheit und das Baumalter mit eine Rolle spielen. Genetische Unterschiede innerhalb einer Pflanzenart sind früher oft wenig gewichtet worden. Die jahresperiodischen Vorgänge sind auch Ausdruck einer ‹inneren Uhr›, einer genetisch festgelegten Rhythmik. Verpflanzt man eine europäische Eiche in die immerfeuchten Tropen mit gleich bleibendem Klima und fehlenden Jahreszeiten, so geht der Rhythmus zwischen Belaubung und Laubfall zwar weiter, zeigt jedoch nach einiger Zeit keine Beziehung mehr zum ursprünglichen Jahresrhythmus; die Außenreize als Zeitgeber zum ‹Nachstellen der Uhr› fehlen.

Wer löst im Blatt den Chlorophyllabbau aus? Natürlich Hormone und Enzyme. Die Sensoren, die diese Wirkstoffe starten lassen, sind nicht alle bekannt.

Nach dem Abbau des Chlorophylls und dem Rückzug der verwertbaren Stoffe bildet sich an der Basis des Blattstiels ein Trenngewebe. Jetzt kann das Blatt abfallen, verursacht durch seine Schwerkraft oder durch den Wind. Sturm, Frost oder Schneelast beschleunigen den Blattfall oder lösen letzte Blattleichen. Nach einer Frostnacht wurden an einem Berg-Ahorn während einer Stunde 33 000 gefallene Blätter gezählt, neun Blätter pro Sekunde.

Die ganz hartnäckigen Blätter werden erst beim Austrieb der neuen abgeworfen. Der aufsteigende Saftstrom im Frühling stößt sie ab. So kann man im Mai gelegentlich Hagebuchen oder Eichen beobachten, wie sie altes und neues Laub nebeneinander tragen.

Laubbeobachtungen von Kurt Aulich (1908–1997)

Der legendäre Biologieprofessor an der Kantonsschule St. Gallen und an der Sekundarlehramtsschule (heute Pädagogische Hochschule, PHS) beobachtete neben seiner engagierten Unterrichtstätigkeit und seinen Arbeiten als Präsident der Naturwissenschaftlichen Gesellschaft, der Freunde des Botanischen Gartens und anderer Organisationen während vieler Jahre Bäume und Sträucher im In- und Ausland. Mehrere tausend Notizen und Tabellen sollten ihm helfen, Geheimnisse um die Laubblätter, besonders jene der Buchen, *Fagus sylvatica*, zu lüften und deren Wunder zu verstehen. Leider hat der Unermüdliche nie die Zeit gefunden, aus den Bergen von Heften jene Beobachtungen und Messresultate zu ordnen und zu vernetzen, die seine gewonnenen Vermutungen zu bewiesenen neuen Erkenntnissen erhoben hätten.

Aus den für uns zum Teil schwer lesbaren Notizen und Skizzen in Feldbüchern, Heften und auf Karteiblättern sind zwei Beobachtungen aus dem Jahr 1965 herausgegriffen. Sie zeigen beispielhaft, wie vielfältig Laubuntersuchungen sein können.

Entfernt man im Sommer einem vitalen Laubblatt die Spreite, sodass nur noch der Stiel stehen bleibt, so wird dieser nach einigen Tagen abgestoßen. Am Zweig einer Blut-Johannisbeere, *Ribes sanguineum*, in seinem Garten an der Tannenstraße in St. Gallen nummerierte Aulich die 22 Blätter von unten nach oben und entfernte dann alle Blattspreiten. (Er nannte dies ‹operieren›.) Er stellte fest, dass der erste Stiel (Nr. 12) nach acht Tagen und der letzte (Nr. 21) 77 Tage später abgestoßen waren. Die unteren Stiele lösten sich vor den oberen, aber mit Ausnahmen.

Feld-Ahorn *Acer campestre* 21

Dunkelheit

Und wenn sich die Stimmen Schwester es
brennt der Wildgänse nachts überschneiden
Geh ich von Fenster zu Fenster höre die
Sturmgeschüttelten Bäume
Anklopfen um abgefallene Blätter.

Sarah Kirsch

Blettertanz

's isch neimetwo e Chilby gsy.
Di letscht im ganze Tal.
O gfäschtet händs mit süeßem Wy
Und bödelet im Saal!

Gäll, eimal chunt bi jedem Tanz
E letschte Gygetuu.
I d Schybe gits e bleiche Glanz,
Und d Lüt gühnd still dervu.

Der Gyger güflet ufe Huet
E Bändel vun're Frau
Und gaht dur ds Wirte Büchelguet
Heizue im Morgedtau.

Eerscht zmittst im Wald, da staht er still
Und spillt e lüpfigs Lied.
Weiß nüd, e wem er spile will:
Em Häärz? Em Laub? Em Riet?

Nu d Bletter gspüreds fryli schuu.
Das wirblet durenand!
Si tanzed nach em Gygetuu
E Wuche wild dur ds Land.

Georg Thürer

Zitter-Pappel (Espe) *Populus tremula* 25

captions: see page 116

Etwas zu den Bäumen und Sträuchern

in der Reihenfolge, wie sie in diesem Büchlein erscheinen

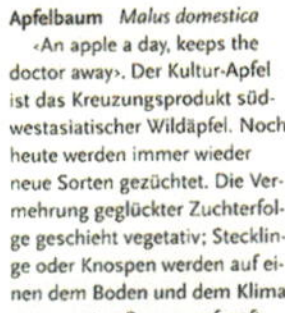

Winter-Linde *Tilia cordata*

Die Unterscheidung von Winter- und Sommer-Linde ist oft nicht einfach, weil häufig Bastarde vorkommen. Relativ sichere Merkmale sind die rostfarbenen Bärtchen in den Nervenwinkeln der Winter-Linde (statt weiß bei der andern Art) sowie der reichblütigere Blütenstand. Die Blätter der Winter-Linde sind steifer als jene der Sommer-Linde und am Grunde herzförmig *(cordata)*. Beide Arten liefern gleichwertigen Lindenblüten-Tee.

‹Am Brunnen vor dem Tore, da steht ein Lindenbaum›. Nicht nur am Brunnen, auch auf vielen Plätzen und Kuppen, manchmal als Schattenspender, hat man Linden gepflanzt. Sie galten früher als Sinnbild der Gerechtigkeit; unter ihnen wurde gefeiert oder Gericht gehalten. Ihr Holz dient noch heute zu Schnitzereien, Lindenbast zum ‹Basteln›; Lindenkohle jedoch wird kaum mehr für die Herstellung von Schießpulver gebraucht. Stadt-St.Galler finden das Wort Linde in den Bezeichnungen Dreilinden, Schillerlinde, Kinderfestlinde und andern Begriffen. Fast jede Ortschaft kennt ihr Gasthaus zur Linde.

Die kultivierte Silber-Linde sollte man meiden. Ihr Nektar ist für Bienen und Hummeln nicht bekömmlich oder sogar tödlich.

Apfelbaum *Malus domestica*

‹An apple a day, keeps the doctor away›. Der Kultur-Apfel ist das Kreuzungsprodukt südwestasiatischer Wildäpfel. Noch heute werden immer wieder neue Sorten gezüchtet. Die Vermehrung geglückter Zuchterfolge geschieht vegetativ; Stecklinge oder Knospen werden auf einen dem Boden und dem Klima angepassten Baum gepfropft.

Der Apfel im Paradies, dem Eva nicht widerstehen konnte, war kein Kultur-Apfel, sondern einfach eine Frucht. Als Reichsapfel war er Symbol uneingeschränkter Herrschaft.

Apfelblüten sind nicht bloß Motivation zu ‹Blustbummeln›, sondern auch eine ausgezeichnete Bienenweide; ihr Nektar ist sehr zuckerreich. Die Blätter des Kultur-Apfelbaumes sind am Grunde meist dicht filzig. Kultur-Äpfel verwildern gelegentlich. Die Samen überstehen die Verdauung bei Mensch und Tier und werden darum leicht verbreitet. Solche Wildlinge sind manchmal vom Holz- oder Wild-Apfel, *Malus sylvestris*, nur schwer zu unterscheiden. Echte Holz-Äpfel wachsen bei uns nur noch selten. Sie galten früher in Forstkreisen als Waldunkraut. Kenntlich sind sie an den kleinen herben Früchten und den Sprossdornen. Am Bodensee fand man Reste von Holz-Äpfeln in Pfahlbausiedlungen.

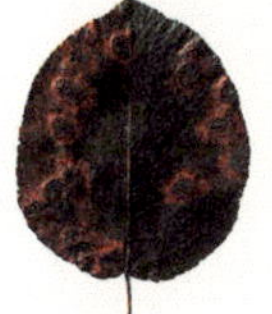

Feld-Ahorn *Acer campestre*

Der Feld-Ahorn – auch Maßholder genannt – ist der kleinste unter den einheimischen Ahornarten. Oft entwickelt er sich zu einem dicht verzweigten Strauch. Er liebt warme und trockene Standorte und ist deshalb im Raum St.Gallen wenig verbreitet. Man findet ihn fast nur an südexponierten Nagelfluhhängen unterhalb 900 m. Wartmann und Schlatter schrieben 1888: ‹Hohe Bäume sind sehr selten, so zwischen Engelburg und Erlenholz unweit St.Gallen …› und ‹Wird in der Ebene immer mehr gegen die Waldsäume zurückgedrängt, scheint in einzelnen Gegenden sogar dem Verschwinden entgegen zu gehen›.

Gerne pflanzt und hegt man ihn in Gärten und freut sich an den grüngelben aufrechten Blütenständen im Frühjahr, den karminroten bis gelben Flügelfrüchten und den relativ kleinen goldgelb-roten Blättern im Herbst. Die Früchte sind denen der andern Ahorn-Arten ähnlich, aber filzig behaart, und die Teilfrüchte stehen spagatartig gespreizt ab oder sind sogar leicht zurückgebogen.

Die Blätter sollen früher nicht nur verfüttert, sondern nach einem Gärvorgang sogar gegessen worden sein. Das oft schön gemaserte Holz ist für Drechslerarbeiten geschätzt.

Rot-Buche oder **Buche** *Fagus sylvatica*

Die Buche ist in unserer Gegend der weitaus häufigste Waldbaum. Er begleitet sowohl die Tannen als auch die meist angepflanzten Fichten. Weshalb sie Rot-Buche und nicht einfach Buche heißt, ist schwer verständlich, denn die Hagebuche (oder Weißbuche, Heckenbuche) ist keine Buche, sondern ein Birkengewächs. Der Begriff Rot bezieht sich auf die rötliche Farbe des Holzes. Die Blätter der Buche sind flach und fast ganzrandig. Die mutierten Buchen mit dem roten Laub sind Blutbuchen. Die vielen Buchen in unsern Mischwäldern strahlen in der Novembersonne ihr warmes Braun weit herum.

Die Generation jener Buben und Mädchen, die während des Zweiten Weltkrieges zur Schule gingen, erinnern sich lebhaft an das klassenweise Einsammeln von ‹Buchnüssli› und wissen von ihrem Lehrer, dass diese in der Schriftsprache Bucheckern heißen und dass nur etwa alle vier Jahre ein gutes Bucheckernjahr ist. Diese Nüsse enthalten viel fettes Öl, weshalb sie sich zum Auspressen eigneten. In den Hosentaschen fanden nicht wenige Bucheckern heim zu Mutter, die damit reichhaltigere Weihnachtsguetsli backen konnte. Die Schmerzen unter den Fingernägeln vom Öffnen der Nüsschen sind nicht vergessen.

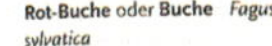

Zitter-Pappel oder **Espe** *Populus tremula*

Pappeln tragen – wie ihre verwandten Weiden – entweder nur männliche oder nur weibliche Blüten; sie sind zweihäusig. Die Blüten beider Geschlechter sind zu Kätzchen vereinigt. Diese sind bei den Weiden steif und stehen meist aufrecht, während sie bei den Pappeln locker hängen. Bei der Zitter-Pappel erkennt man weibliche Blüten leicht an den roten Narben. Die Kätzchen erscheinen vor den Laubblättern. Die Zitter-Pappel ist ein Lichtbaum, der gerne in lichten Waldgesellschaften und Gebüschen, aber auch auf Steinschutthalden wächst. Nach der letzten Eiszeit hatte sich die Espe sehr rasch ausgebreitet; vielleicht konnte sie sogar die Kaltzeit in Mitteleuropa überdauern.

Nach einer Legende müssen die lang gestielten Espenblätter deswegen immer zittern, weil der Baum unbeweglich blieb und sich nicht neigte, als Christus am Kreuze starb. Die Redensart ‹zittern wie Espenlaub› findet sich auch bei Martin Luther in der Form ‹pampeln und schweben wie Espenlaub›.

Hasel *Corylus avellana*

Der bis etwa fünf Meter hohe Haselstrauch wächst an Waldrändern, in Hecken und Gebüschen. Seine Ruten wurden als Spazier- und Skistöcke verwendet oder dienten, wie Weiden, als Faschinen, Korbbügel oder Teppichklopfstäbe.

Die männlichen Kätzchen entwickeln sich bereits im Herbst und strecken sich im Frühling zu bis zu 10 cm langen, gelben ‹Würstchen›, aus denen der Wind die vielen tausend Pollenkörner ausbläst. Die weiblichen Blüten scheinen wie in einer Knospe versteckt zu sein; einzig ihre leuchtend roten Narben gucken heraus.

Dr. Bernhard Wartmann und Theodor Schlatter berichten in ihrem Buch *Kritische Übersicht über die Gefäßpflanzen der Kantone St.Gallen und Appenzell* aus dem Jahr 1888 von einem mächtigen Exemplar eines Hasels: ‹Herr Kantonsrath Cunz hat das betreffende Exemplar in seinem Garten in Oberhelfentswil aus einer im Jahr 1834 gesteckten Frucht gezogen. Es war Land auf Land ab berühmt, lieferte in einzelnen Sommern über 3 Sester Nüsse [1 Sester = Hohlmaß von 15 Litern] und besaß schon Anfangs der siebziger Jahre eine Höhe von 9 und einen Kronenumfang von 21 Metern; leider hat auch ihm der gewaltige Schneefall vom 28.–29. September 1885 gewaltig geschadet.›

30

Schwäne, Taucher oder Kraniche werfen jedes oder jedes zweite Jahr alle ihre Schwungfedern gleichzeitig ab (Simultanmauser). Das verkürzt die Mauserzeit enorm, hat aber eine längere Flugunfähigkeit zur Folge. (Abb. 14)

Abb. 14. Ein Kolkrabe – *Corvus corax* in der Mauser. Deutlich erkennbar sind die so genannten Mauserlücken bei den Schwungfedern. Die Mauser der Kolkraben findet gestaffelt während der Brutzeit statt, sodass die Flugfähigkeit nicht eingeschränkt wird.

Bei großer Gefahr können viele Vogelarten einzelne Gefiederpartien schlagartig abstoßen und dadurch ihre Fressfeinde verwirren. Man spricht von einer Schreckmauser.

Das Männchen besitzt im Gegen-
atz zum Weibchen ein graues
pf- und Schwanzgefieder.

31

Die graue Steuerfeder (links) hebt sich deutlich von den weißschwarzen Handschwingen (rechts) ab. Rechts unten ist das kleine Remicle zu sehen, dessen genaue Funktion auch heute noch eingehend diskutiert wird.

Edition Ostschweiz series

Toni Bürgin, Jonas Kuhn: *federleicht und daunenweich.* St. Gallen: VGS (Edition Ostschweiz no. 7), [2]2006.

Ill. above: cover-p. 1 and double-page. Opposite: further double-pages.

Toni Bürgin's texts are every bit as comprehensible as his precise, sensitive scientific drawings. They are placed, with their captions, exactly where they are referred to in the main text. They are supplemented by feathers photographed by Jonas Kuhn and reproduced full-size.

Federn sind *das* charakteristische Merkmal der Vögel und eines der erstaunlichsten Hautgebilde, welches die Natur hervorgebracht hat. Sieht man sich die Vielfalt der heutigen Vogelwelt mit ihren weltweit rund 10000 bekannten Arten an, so erstaunt es nicht, dass sich auch im Bau der Federn zum Teil erhebliche Unterschiede finden. Um Ordnung in diese Vielfalt zu bringen, können wir Federn grob in zwei Gruppen einteilen: in die Unterfedern (Dunen) und in die Deckfedern. Zu den Unterfedern zählen die einfach gebauten Nest- und Pelzdunen. Dem typischen Bild mit Kiel und Fahne hingegen entsprechen die Deck- oder Konturfedern, die sich wieder in Großgefieder mit Schwung- und Steuerfedern und in Kleingefieder mit den Körperkonturfedern gruppieren lassen. Zwischen diesen beiden Großgruppen finden sich die so genannten Halbdunen, welche eine Mittelstellung einnehmen. Zudem kennt man noch vier weitere Typen mit speziellem Bau: die Fadenfedern, Borstenfedern, Pinselfedern und Puderdunen.

Federformen

Schauen wir uns die einzelnen Federtypen etwas genauer an. Den einfachsten Bau besitzen, wie bereits erwähnt, die Daunenfedern, welche oft auch einfach als Dunen oder Flaumfedern bezeichnet werden. Aus ihnen besteht das erste Federkleid der meisten Vogelarten. Sie sind häufig nur der oberste Teil einer später nachwachsenden Feder und bilden so die Vorläufer von Pelzdunen oder Konturfedern. Viele Singvögel weisen als Nesthocker nur noch wenige Nestdunen auf. Bei Spechten und Eisvögeln fehlen sie sogar ganz. Eine Besonderheit sind die Zwischendunen der Eulen; sie entwickeln sich als eigene Federgeneration zwischen Nestkleid und Jugendkleid. Die Pelzdunen der erwachsenen Vögel sitzen zumeist unter den formgebenden Konturfedern. (Abb. 1)

Abb. 1. Nestdunen (links) verfügen über einzelne Federäste, welche direkt der Spule entspringen. Die Pelzdunen (Mitte) besitzen einen weichen Schaft und eine lockere Fahne. Bei den Halbdunen (rechts) sind Schaft und Fahne gut entwickelt, es fehlen aber Haken- und Bogenstrahlen.

Konturfedern geben den Vögeln ihre äußere Gestalt. Will man eine Feder in ihrem typischen Aufbau verstehen, so nimmt man am besten sie als Beispiel. Die flexible Federfahne wird getragen von einem festen Federkiel. Der in der Fahne befindliche Teil des Kiels wird als Federschaft und der freie Teil als Federspule bezeichnet. Die inwändig hohle Federspule endet an ihrer Spitze in einem Nabel und beim Übergang zum Federschaft sitzt ein Grübchen. Vielfach entspringt an der Basis der Federfahne ein so genannter Nebenschaft (Afterfeder), und die untersten Federäste sind häufig dunenartig ausgebildet. Die Federfahne wird aus vom Schaft abzweigenden Federästen und daran ansetzenden Federstrahlen gebildet. Die zur Federspitze weisenden Strahlen werden als Hakenstrahlen bezeichnet, da sie an ihrer Unterseite stark gekrümmte Haken tragen. Diese krallen sich in den gewölbten Kanten der gegenüber an den Federästen entspringenden Bogenstrahlen fest. Das Ineinandergreifen von Haken- und Bogenstrahlen erzeugt die flexible, nahezu windundurchlässige Federfahne. Diese klettverschlussähnliche Verzahnung nimmt gegen die Außenkante der Feder ab. (Abb. 2)

Abb. 2. Das Ineinandergreifen von Haken- und Bogenstrahlen (Detail rechts unten) erzeugt die flexible, nahezu windundurchlässige Fahne der Konturfedern. Diese klettverschlussähnliche Verzahnung nimmt gegen die Außenkanten der Feder ab.

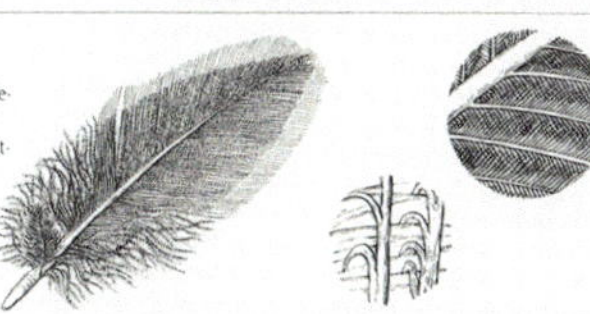

Die Flug- und Steuerfedern sind gewöhnlich die größten Federn. Zu ihren besonderen Merkmalen zählen die lange, schmale Form sowie die stark verhakte Federfahne. Der dunige Fahnenabschnitt an der Basis und der Nebenschaft fehlen meist. Bei vielen Arten finden sich auf den überlappenden Flächen zusätzliche Häkchen, welche die Federn im Flug zusammenhalten. Während das mittlere Steuerfederpaar symmetrisch ist, zeigen insbesondere die äußeren Schwungfedern, die Handschwingen, einen stark asymmetrischen Bau: Sie besitzen eine schmalere und steifere Außenfahne und eine breitere und weichere Innenfahne. Weniger ausgeprägt ist dies bei den zum Rumpf folgenden Armschwingen. Deutlich kleiner sind die Fe-

besonderes Verhalten bei der Gefiederpflege ist das so genannte Einemsen. Dabei wird zwischen aktivem und passivem Einemsen unterschieden: Beim ersteren packt der Vogel, zum Beispiel eine Drossel, mit dem Schnabel eine Ameise und reibt sie durchs Gefieder. Bei letzterem setzt sich der Vogel, zum Beispiel ein Eichelhäher, mit ausgebreiteten Flügeln in einen Ameisenhaufen. In beiden Fällen spritzen die aufgebrachten Insekten Ameisensäure auf die Federn und töten so Gefiederparasiten ab.

Die Federn der Waldschnepfe – *Scolopax rusticola* sind einzeln gefunden auffällig gefärbt. Eingefügt im Gefieder bilden sie aber eine hervorragende Tarnung für einen Vogel, der sich häufig am Waldboden aufhält.

Vielseitige Federn

Federn gehören zum Vogel, wie die Haare zum Säugetier, obwohl es bei letzteren doch ein paar Ausnahmen gibt, denn Wale und Delfine sind haarlos! Federn dienen aber dem Vogel längst nicht nur zum Fliegen, sondern übernehmen eine erstaunliche Fülle von Funktionen.

Mehr als ein Dutzend verschiedene Aufgaben konnten bis heute unterschieden werden. Zu den wichtigsten zählen dabei der Wärmeschutz, das Fliegen, das Auffallen und das Tarnen.

Wärmeisolation

Vögel sind wie die Säugetiere eigenwarme Tiere, was bedeutet, dass ihre Körpertemperatur größtenteils unabhängig von der Umgebungstemperatur ist. Mit 40 bis 41°C liegt diese bei ihnen um einiges höher als bei den Säugern; bei uns würde mit dieser Temperatur bereits hochgradiges Fieber diagnostiziert! Die hohe Körpertemperatur hängt mit einem entsprechend aktiven Stoffwechsel zusammen, der im Hinblick auf das energieaufwändige Fliegen eine Grundvoraussetzung ist. Der Nachteil der hohen Körpertemperatur ist, dass der Körper diese Wärme ohne gute Isolation rasch an die Umgebung verlieren würde. Hier liegt denn auch eine der Hauptfunktionen des Gefieders: Ein dichtes Kleid aus flauschigen Daunenfedern und konturgebenden Deckfedern schützt vor dem Auskühlen. Wo dieses gleich nach dem Schlüpfen nicht vorhanden ist, etwa bei Tauben und vielen Singvögeln, übernehmen die Eltern diese Funktion und verstecken die noch nackten Jungvögel unter ihrem schützenden Gefieder.

Auch bei den erwachsenen Vögeln sind es in erster Linie Daunenfedern, die für eine gut isolierende Luftschicht zwischen Haut und Deckfedern sorgen. Bei gewissen Arten, wie etwa den Schneehühnern – *Lagopus* sp., sind zudem Teile der Füße mit kleinen Federchen vor Kälte geschützt. Das extremste Beispiel sind die Kaiserpinguine in der Antarktis, welche Temperaturen von –70°C nicht nur trotzen können, sondern im bissig kalten Winter sogar brüten und ihren Nachwuchs aufziehen. Beim Nestbau werden Federn häufig als Isoliermaterial verwendet, was viele Entenvögel meisterhaft beherrschen. Speziell hierbei zu erwähnen sind die Nester der Eiderenten, welche nahezu ausschließlich aus besonders feinen Daunenfedern gebaut werden. (Abb. 7)

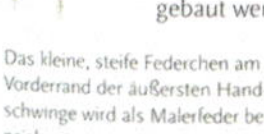

Das kleine, steife Federchen am Vorderrand der äußersten Handschwinge wird als Malerfeder bezeichnet.

Edition Ostschweiz series

Jost Kirchgraber, E. W.-M., Michael Rast: *Puppenleben.* St. Gallen: VGS (Edition Ostschweiz no. 8), 2007.

Ill. above: cover-pp. 1 and 4. Opposite above: double-page title and contents list; below and pp. 124–125: further double-pages.
'Dolls are not simply objects. Objects remain relaxed and unmistakeable within what they are and what they do. A glass for instance. Above all, the lifelessness of an object is entirely natural. Not so with a doll. Its being is more complex. A doll always looks as if it is waiting for something, as if it is always wanting to be spoken to, picked up, played with.' From the foreword by Jost Kirchgraber.

Puppenleben

Puppen, Puppenläden, eine Puppenstube,
eine Puppenküche und viel Puppenspielzeug
aus der Sammlung von E.W.-M.
Fotos von Michael Rast

Biedermeierpuppen aus glasiertem Porzellan, mit gemalten Augen und mit Stoff- oder Lederkörper, um 1860.

Meine Puppen

Als kleines Mädchen besaß ich viele Spielsachen und vor allem viele Puppen. Meine Eltern waren Geschäftsleute und hatten nur wenig Zeit für mich, ihre jüngste Tochter. So ergab es sich, dass ich mich hauptsächlich mit mir selbst beschäftigen musste, denn meine Geschwister waren viele Jahre älter als ich. Zu meiner Entzückung brachten mir meine Mutter und mein Vater von ihren Reisen jedesmal Puppen und Spielzeuge mit und weckten dadurch früh meine Liebe zu Puppen. Daraus entwickelte sich viele Jahre später, als meine vier Kinder bereits erwachsen waren und ich beruflich wieder tätig war, eine richtige Sammelleidenschaft. Ich entdeckte eines Tages auf einem Flohmarkt ein Eisenbettchen mit zwei alten Porzellanpuppen darin, die vollständig verschmutzt und verwahrlost waren. Dieser Fund, Anfang der Fünfzigerjahre, erinnerte mich an meine Kindheit. In diesem Moment flammte meine alte Puppenliebe auf. Und ich suchte von nun an alle Schaufenster von Antiquitätenläden nach alten Puppen und Spielsachen ab. In der Nähe meines Büros befand sich ein Brockenhaus und ein Antiquitätengeschäft. Täglich hielt ich dort Ausschau nach antiken Puppen. Meine Verwandten, meine Freundinnen und Bekannten erfuhren bald von meiner Leidenschaft und schenkten mir zu meiner großen Freude Puppen und Spielsachen aus ihrer Kinderzeit. Eine Bekannte in London besorgte mir Puppenraritäten aus verschiedenen Ländern. Meine Tochter Gisela und ich flogen später mehrmals nach England und suchten dort nach seltenen Puppen und kostbaren Spielzeugen.

Puppen gab es zu allen Zeiten. Die Puppe war und ist stets ein Abbild des Menschen. Es gibt Schriften und Darstellungen aus der Zeit um 200 v. Chr., die beweisen, dass die Mädchen in Griechenland mit Puppen aus Ton, ja sogar mit tönernen Gelenkpuppen gespielt haben. Auch römische Mädchen spielten damit. Meine Sammlung umfasst den Zeitraum vom 18. bis ins 20. Jahrhundert, also etwa die letzten 300 Jahre. Die Formen der Puppen, ihre Größe, ihr Ausdruck, die Ansprechgruppen und damit ihr Zweck, aber auch die Art der Herstellung und die Materialien haben sich in dieser Zeitspanne gewandelt und entwickelt.

Wachspuppe der Firma Pierotti, London, um 1880.

Wachspuppe von Lucy Peck, London, mit Augendrahtmechanismus, Körper aus Stoff, um 1900.

Parianpuppe aus unglasiertem Porzellan mit eingesetzten Glasaugen und anmodellierten Haaren, um 1870.

Die über die ganze Broschüre verteilten Puppenspielzeuge stammen zur Hauptsache aus Deutschland und Frankreich, zeitlich aus dem letzten Viertel des 19. und dem ersten Viertel des 20. Jahrhunderts.

Puppe der Firma Léon Casimir Bru, Paris. Heller Bisquit-Kurbelkopf, geschlossener Mund, Paperweight-Augen, schön geformte Unterarme und Hände, in Originalbekleidung, um 1890.

Puppe des Belton-Typs, Paris, um 1885.

‹Gretchen› der Firma Kämmer & Reinhardt, Waltershausen, Thüringen, ab 1909.

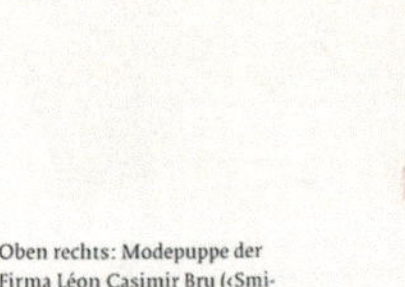

Oben links: Modepuppe von Mme Rohmer, Paris, 1860.

Oben rechts: Modepuppe der Firma Léon Casimir Bru (‹Smiling Bru›), Paris, um 1890.

captions: see page 122

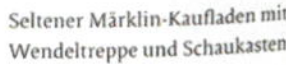

Seltener Märklin-Kaufladen mit Wendeltreppe und Schaukasten.

Puppenautomat, Ende 19. Jahrhundert.

Puppenautomat mit Cembalo, das die Melodie ‹La vie en rose› spielt; aufwendige originale Bekleidung.

Deutscher Puppenautomat, um 1890.

Edition Ostschweiz series

Hans Oettli, Toni Bürgin, Rudolf Widmer: *Im Freudenbergwald*. St. Gallen: VGS (Edition Ostschweiz no. 10), 2011.

Ill. above: cover-p. 1; double-page title and contents list. Opposite and p. 129: double-pages. P. 128: layout sheets for typography and arrangement of illustrations.

The text block and the size of the illustrations reflect the register of the text, but the upper and lower limits of the text do not accord with the limits on the size of the illustrations or the grid. Further, the concept is an attempt to integrate planned exceptions into a typographic grid, to make the arrangement appear not overly rigid (see p. 128, right page of lower ill.). Printed on 100% recycled paper.

Das Herzstück, in dem Hans Oettli arbeitet, ist der Wiesenwald. Er liegt am Ostrand des Freudenbergs, ist ein Teil des gleichnamigen Waldes und ein relativ stilles Areal. Sorge bereiten leider zu oft jagende Hunde, deren Besitzer das Leinengebot vergessen oder missachten.

Das Waldstück ist durchzogen von kleinen Bächen. Es fußt auf Meeresmolasse und im unteren Teil auf Moränenschutt. Kalkreicher Boden bestimmt die Vegetation.

Fichten, Weiß-Tannen und *Buchen* herrschen vor. An feuchten Stellen entwickeln sich Esche und Berg-Ahorn. Vereinzelt stehen noch Lärchen, Föhren, Stiel-Eichen und Eiben. Die Zahl der Ulmen ist wegen des Ulmensterbens gering geworden. Die heutige Baumzusammensetzung nähert sich immer mehr der für diese Lage natürlichen Vegetation. Einzig die Fichte ist noch zu stark vertreten.

Das *Unterholz* beherbergt schöne Stechpalmen, einzeln oder in Gruppen, sowie Holunder, Himbeeren und kriechenden und kletternden Efeu. Der Boden ist weitgehend von Brombeeren überwachsen, einem idealen Versteck für viele Tiere. An schneefreien Tagen im Winter ist der ganze Wald von gefallenem Buchenlaub bedeckt. Dieses ist mit seinen braunroten Farben nicht nur schön, es lädt zum ‹Rascheln› ein und düngt die Erde auf natürliche Weise.

Viel *Alt- oder Totholz*, stehendes und liegendes, erinnert fast an einen kleinen Urwald. Die frühere Tugend, den Wald ‹sauber› zu halten, gilt nicht mehr. Altholz ist ein guter Bodenschutz und wertvoller Lebensraum.

Blumen stehen im Wald weniger dicht beisammen als auf einer Wiese. Dafür springen sie uns schneller in die Augen. Mitglieder des ‹Botanischen Zirkels› haben vor Jahren alle Pflanzenarten im Wald gezählt und notiert. Die Liste umfasst fast 160 Arten. Die Polster des Sauerklees, das Ruprechtskraut, das Weidenröschen und andere mehr bereiten uns Freude. Botaniker staunen, dass an der Nagelfluhwand das Felsen-Kugelschötchen wächst. Dieser Standort war schon im vorletzten Jahrhundert bekannt.

Gefäß-Sporenpflanzen (Bärlappe, Schachtelhalme und Farne) sind außer den Farnen rar. Neben den üblichen Waldfarnen dürfen aber Hirschzunge, an einem einzigen Standort, und drei Streifenfarnarten an einer Nagelfluhwand nicht vergessen werden. Keinen einzigen Bärlapp entdeckt man hier. Wenige Schachtelhalme wachsen an feuchten Stellen. Moose sind zahlreich, aber kaum inventarisiert. Wissenswertes zu den Pilzen findet sich im Kapitel ‹Leben in Gemeinschaft›.

Abgesägte Baumstrünke, Brunnenstuben und einige eingeschleppte oder verwilderte Pflanzen sind Spuren menschlicher Eingriffe.

Vor ein paar tausend Jahren muss der Hang oberhalb des Scheitlinsbüchels einmal oder mehrmals abgerutscht sein. Bei Erdarbeiten 1943 und 1949 sind gut erhaltene Wurzeln, Äste, ganze Baumstämme – einer sogar mit Ansätzen der Mistel – und viel Pollen entdeckt und untersucht worden. Dies lässt Rückschlüsse auf die *einstige Vegetation* zu. Zahlreich waren Fichten, Tannen, Eschen. Spuren von Buchen, Ahornen, Ulmen und Eiben fand man eher wenige. Die Lärche fehlte. Der damalige Wald unterschied sich also nur wenig vom heutigen.

Im Mittelalter wurde der Wiesenwald gerodet, er wurde zu Wiese und Ackerland. 1857 forstete man das Areal wieder auf. Der große Sturm von 1919 legte ihn erneut um.

Wald-Frauenfarn, Naturselbstdruck.

Die Nestwurz. Diese Orchidee ist nie grün, sie besitzt kein Chlorophyll. An den Wurzeln, einem Nest ähnlich, versorgt ein Pilz die Pflanze mit anorganischen Nährstoffen und mit Assimilaten. Die Hyphen dringen auch ins Innere der Wurzel ein, wo sie verdaut werden. Die Nestwurz ist ein Vollschmarotzer.

17

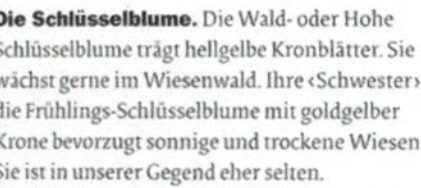

Die Schlüsselblume. Die Wald- oder Hohe Schlüsselblume trägt hellgelbe Kronblätter. Sie wächst gerne im Wiesenwald. Ihre ‹Schwester›, die Frühlings-Schlüsselblume mit goldgelber Krone bevorzugt sonnige und trockene Wiesen. Sie ist in unserer Gegend eher selten.

18

17 Nestwurz.
18 Wald- oder Hohe Schlüsselblume.

19

Die Einbeere. Sie wird etwa 20 cm hoch, hat oben einen Quirl mit meist vier Blättern und darauf eine grüne kurz gestielte Blüte, die später zu einer blauen Beere ausreift, der Einbeere. Eltern warnen ihre Kinder vor dem Verzehr dieser anmächeligen Beere. Sie sei enorm giftig und man könne daran sterben. Diese Gefahr ist aber nicht sehr groß. Einerseits sind die Beeren weniger giftig als etwa die der Tollkirsche oder die Hüte der Knollenblätterpilze, anderseits kommen Einbeeren selten in großen Gruppen vor.

In der botanischen Systematik ist die Einbeere ein Kuriosum. Sie zählt zwar zur Familie der Lilien, weicht aber in zwei Merkmalen stark ab: Die Blätter sind netz- statt parallelnervig und die Blütenblätter vier- statt dreizählig. Manch ein Mittelschüler ist deshalb bei Bestimmungsübungen über die Klammerbemerkung ‹Ausnahme Paris› gestolpert. *Paris quadrifolia* ist der wissenschaftliche Name dieser Pflanze.

19 Einbeere.

20

Der Sauer- oder Kuckucksklee. Er ist kein Klee, hat keine Schmetterlingsblüte, sondern Blumen mit fünf weißen Kronblättern. Diese überragen die kleeblattähnlichen wintergrünen Blätter. Es ist die schattenverträglichste heimische Blütenpflanze. Sie benötigt die Hilfe von Wurzelpilzen. Die Blüten öffnen sich nur mittags bei Sonne. Die reifen Fruchtkapseln sind Schleuderorgane; bei Berührung werden die Samen mit hohem Druck herausgequetscht und bis über zwei Meter weit weggeschleudert. Ameisen verbreiten sie weiter.

Die Vorstellung vieler Kinder, man könne die Blätter in Notzeiten essen, ist irrig. Wegen des hohen Gehaltes an Oxalsäure und Kleesalz sind sie schwach giftig. Doch dürfen die Kinder weiterhin den sauren Geschmack prüfen. In kleinen Mengen schadet das nicht.

20 Sauerklee.

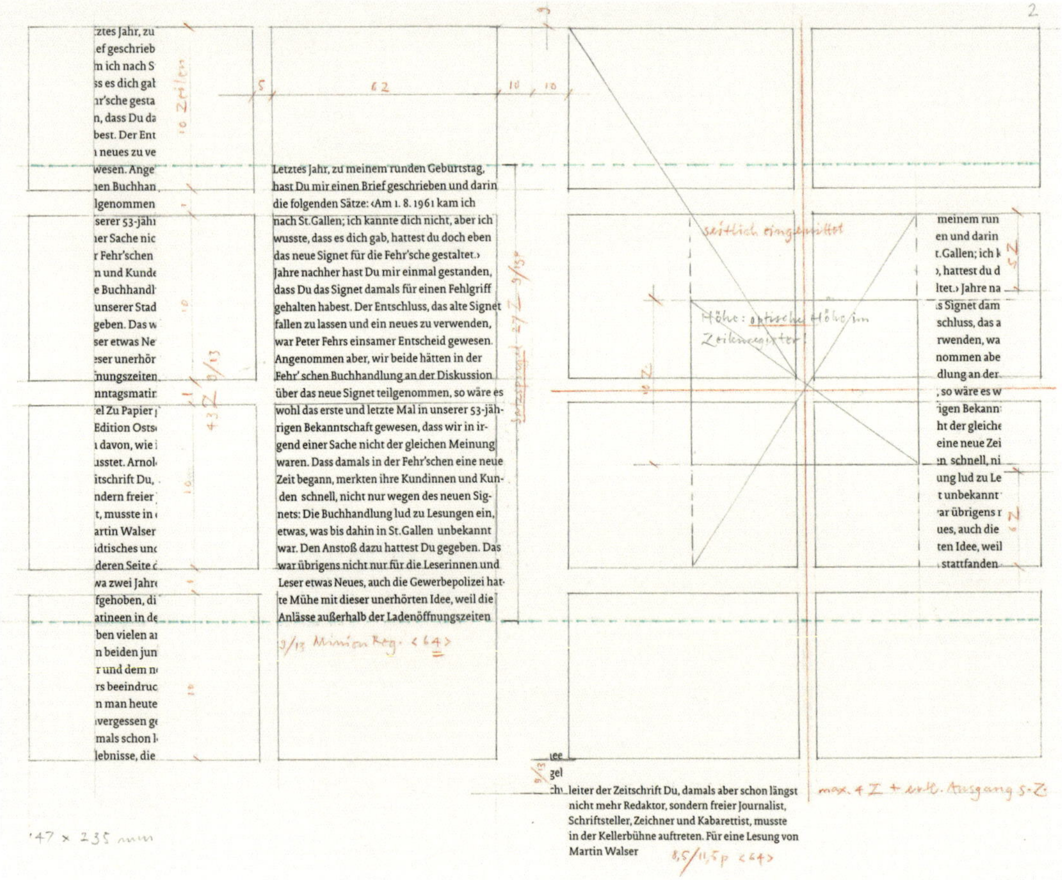

2

10 Zeilen

5 62 10 10

Letztes Jahr, zu meinem runden Geburtstag, hast Du mir einen Brief geschrieben und darin die folgenden Sätze: ‹Am 1. 8. 1961 kam ich nach St. Gallen; ich kannte dich nicht, aber ich wusste, dass es dich gab, hattest du doch eben das neue Signet für die Fehr'sche gestaltet.› Jahre nachher hast Du mir einmal gestanden, dass Du das Signet damals für einen Fehlgriff gehalten habest. Der Entschluss, das alte Signet fallen zu lassen und ein neues zu verwenden, war Peter Fehrs einsamer Entscheid gewesen. Angenommen aber, wir beide hätten in der Fehr' schen Buchhandlung an der Diskussion über das neue Signet teilgenommen, so wäre es wohl das erste und letzte Mal in unserer 53-jährigen Bekanntschaft gewesen, dass wir in irgend einer Sache nicht der gleichen Meinung waren. Dass damals in der Fehr'schen eine neue Zeit begann, merkten ihre Kundinnen und Kunden schnell, nicht nur wegen des neuen Signets: Die Buchhandlung lud zu Lesungen ein, etwas, was bis dahin in St. Gallen unbekannt war. Den Anstoß dazu hattest Du gegeben. Das war übrigens nicht nur für die Leserinnen und Leser etwas Neues, auch die Gewerbepolizei hatte Mühe mit dieser unerhörten Idee, weil die Anlässe außerhalb der Ladenöffnungszeiten

9/13 Minion Reg. ‹64›

Satzspiegel 27 Z 9/13

43 Z 9/13

seitlich eingemittet

Höhe: optische Höhe im Zeilenregister!

leiter der Zeitschrift Du, damals aber schon längst nicht mehr Redaktor, sondern freier Journalist, Schriftsteller, Zeichner und Kabarettist, musste in der Kellerbühne auftreten. Für eine Lesung von Martin Walser

8,5/11,5 p ‹64›

max. 4 Z + evtl. Ausgang 5. Z.

147 × 235 mm

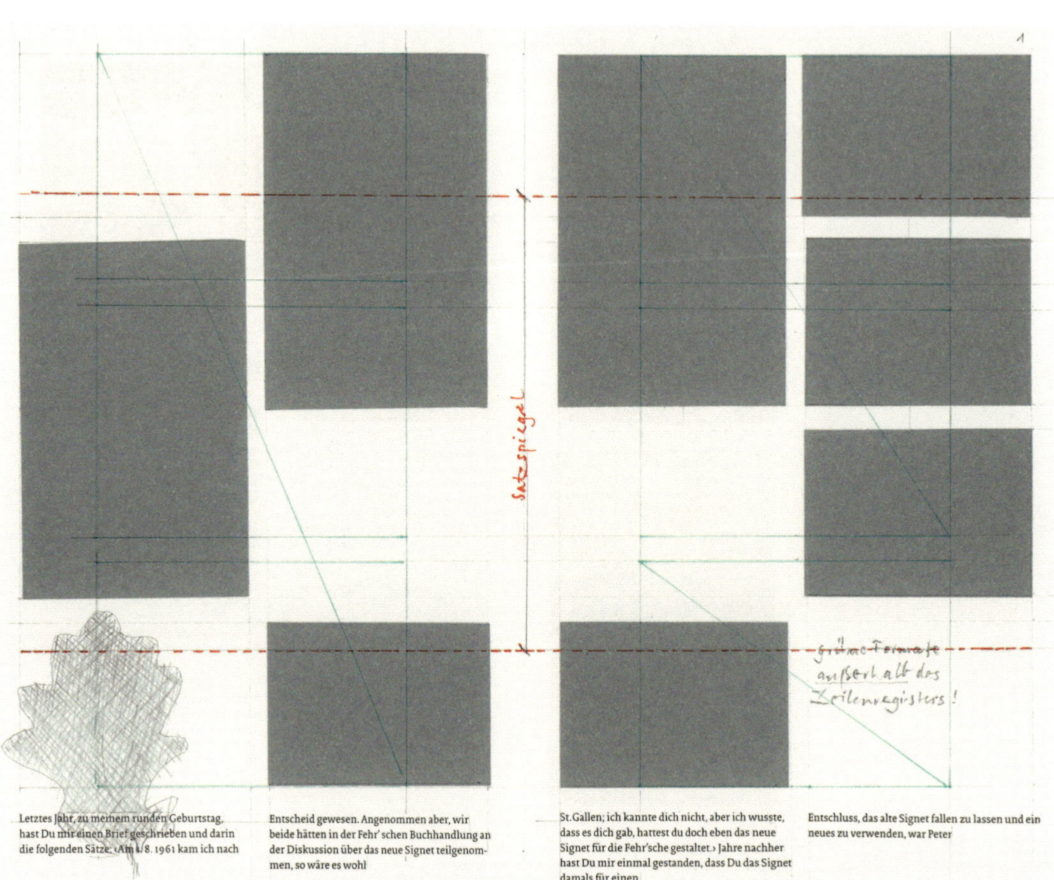

1
Satzspiegel
grüne Formate außerhalb des Zeilenregisters!
Letztes Jahr, zu meinem runden Geburtstag, hast Du mir einen Brief geschrieben und darin die folgenden Sätze: ‹Am 1. 8. 1961 kam ich nach
Entscheid gewesen. Angenommen aber, wir beide hätten in der Fehr' schen Buchhandlung an der Diskussion über das neue Signet teilgenommen, so wäre es wohl
St. Gallen; ich kannte dich nicht, aber ich wusste, dass es dich gab, hattest du doch eben das neue Signet für die Fehr'sche gestaltet.› Jahre nachher hast Du mir einmal gestanden, dass Du das Signet damals für einen
Entschluss, das alte Signet fallen zu lassen und ein neues zu verwenden, war Peter

captions: see page 126

49

50

49 Leuchtend orangerot ist in der Laichzeit der Bauch des Bergmolch-Männchens, im Gegensatz zum Braun und Grau der Oberseite. Das eine dient der Signalisation, das andere der Tarnung im Moospolster (siehe auch Abb. 83, letzte Seite).

50 Fadenmolche sind eher seltene Amphibien. Ihre Haut ist mit kleinen, dunklen Punkten übersät. Den Namen haben sie von der fadenförmigen Verlängerung des Schwanzes erhalten, die aber bei den meisten Tieren nach kurzer Zeit abreißt.

Zwischen zwei Welten

Schon früh im Jahr, kaum dass die winterliche Kälte nachgelassen hat, machen sich Grasfrosch und Erdkröte auf den Weg zu ihren Laichgewässern. Den Winter über haben sie gut versteckt im Wald verbracht. Nun suchen sie wieder das wässrige Element, ihre zweite Heimat, den Ort, wo ihr Lebenszyklus begann und nun eine neue Generation das Licht der Welt erblicken soll.

Der wissenschaftliche Name Amphibien macht auf das Leben in zwei Welten aufmerksam: Diese Tiere sind sowohl im Wasser wie auch an Land zu Hause. Ihre Jugendentwicklung verbringen sie im Wasser. Hier legen die Weibchen die befruchteten Eier. Geschützt von einer Gallerthülle wachsen die jungen Larven schnell heran. Dabei wirkt die durchsichtige Hülle wie ein Brennglas, das die Sonnenstrahlen verstärkt und die Reifung beschleunigt. Schon bald strampeln sie sich frei und beginnen ihr Leben als Kaulquappen. Zuerst noch ohne Gliedmaßen, bewegen sie sich in Fischmanier mit schlängelnden Bewegungen ihres abgeflachten Schwanzes fort. Feine Hornzähnchen erlauben ihnen das Knabbern an Wasserpflanzen. Im Laufe der Metamorphose passieren un-

51

51 Sie hat wohl die schönsten Augen unter unseren Lurchen, die Erdkröte. Tief schwarz glänzt die herzförmige Pupille, umgeben von einer goldglänzenden Iris. Es lohnt sich, ihr näher in die Augen zu schauen, wenn sie denn ruhig bleibt.

52 Die Laichschnüre der Erdkröte werden in einem Strang um die Blätter von Wasserpflanzen geschlungen. Wie schwarze Perlen aufgereiht, liegen die befruchteten Eier in einem Schlauch aus Gallerte.

satz zu Insekten und Spinnen eine äußere Wachsschicht fehlt, sind sie, damit sie nicht austrocknen, auf hohe Luftfeuchtigkeit angewiesen. Sie leben unter der losen Borke von Baumstümpfen oder in der Laubstreu und ernähren sich von zerfallenden Pflanzenteilen und Pilzgeflechten. *TB*

71

72

70 Der Gemeine Steinläufer gehört zu den Hundertfüßern. Er besitzt 15 Beinpaare, lange Fühler und zangenförmige Kieferfüße, die mit Giftdrüsen ausgerüstet sind. Zu seiner Beute zählen in erster Linie Insekten und andere Kleintiere.

71 Der Gemeine Erdläufer besitzt einen langgestreckten und wurmförmigen Körper und verfügt über 49 bis 57 Beinpaare.

72 Asseln sind an Land lebende, auf hohe Luftfeuchtigkeit angewiesene höhere Krebstiere.

73

74

75

73 & 74 Schnurfüßer besitzen an jedem der 32 bis maximal 65 Körperringe zwei Beinpaare und sind damit typische Vertreter der Doppelfüßer. Bei Gefahr rollen sie sich mit dem Kopf nach innen ein und können dabei ein giftiges Sekret absondern.

75 Auch die Saftkugler gehören zu den Doppelfüssern. Sie weisen aber nur 12 Rumpfsegmente auf. Bei Gefahr rollen sie sich komplett ein. Ihren Namen verdanken sie der Tatsache, dass sie einen durchsichtigen Wehrstoff absondern.

Edition Ostschweiz series

Jost Hochuli: *Metamorphose. Holzbuchstaben im Dienste von Sprache und Botschaft werden zu Zeichen in Ursulas farbigen Bildern*. St. Gallen: VGS (Edition Ostschweiz no. 15), 2014.

Ill. right and above: cover p. 1 and double-page title. Opposite: two double-pages; pp. 132–135: two double-pages 1:1.

Once, wood type was used to print posters. Now, Ursula Hochuli-Gamma imprints it on collages with paper she has coloured herself.

»Während mein Vater mit dem Druckereibesitzer verhandelte, gab mir ein Setzer einen großen hölzernen Buchstaben zum Spielen. Meine Händchen konnten ihn kaum halten und waren nachher ganz schwarz.« *Ruari McLean*

Plakate gehören zu den frühesten Werbedrucksachen: Zirkusplakate, Plakate für Jahrmärkte, Viehmärkte, Stierkämpfe. Die Schriften jedoch, mit denen man um 1800 herum in der Tradition Gutenbergs Bücher und Zeitungen druckte, waren dafür viel zu klein, zu wenig auffällig. Die Lithografie, der Steindruck, 1798 von Senefelder in München erfunden, war der alten Technik gegenüber im Vorteil, weil auf dem Stein jede Art von Schrift in beliebiger Größe gezeichnet und dann gedruckt werden konnte. Die ersten Werbedrucksachen von einiger Größe wurden zu Beginn des 19. Jahrhunderts deshalb lithografiert. Die Buchdrucker, aufgeschreckt durch die Konkurrenz, verlangten nun von den Schriftgießereien nicht nur fettere und formal ausgefallene Lettern, sondern auch größere Grade. Da diese ab einer bestimmten Größe im Blei zu schwer wurden, fertigte man sie in Holz (später auch in Kunstharz). Diese Holzschriften waren teilweise von beträchtlicher Größe – in der Sammlung des Department of Typography and Graphic Communication der Universität Reading (GB) gibt es Holzschriften mit einer Versalhöhe von 54 cm. Die Holzschriften auf den folgenden Seiten waren in der St.Galler Druckerei Ostschweiz noch im Gebrauch, als alle anderen Drucksachen bereits bleilos gesetzt und im Offset-Flachdruckverfahren hergstellt wurden. Wie in vielen anderen Druckereien stand nämlich auch hier in einer Ecke des Maschinensaales eine alte Hochdruckmaschine, auf der – in meist kleinen Auflagen – ab Holzbuchstaben Plakate für lokale Veranstaltungen gedruckt wurden. 1993 entschloss sich die Geschäftsleitung, im Stammhaus an der Hinteren Poststraße 2 nur noch die Tageszeitung *Die Ostschweiz* zu drucken, den Akzidenzbereich (Bücher, Prospekte, Broschüren usw.) aber in das neue Domizil nach Wittenbach zu verlegen. Vom Hochdruck wollte man sich nun endgültig verabschieden, die Plakatbuchstaben aus Holz hatten ausgedient. Was anfangen mit dem noch vorhandenen Restbestand? »Dem Buchgestalter verkaufen«, dachte sich der zukünftige Geschäftsführer des Wittenbacher Betriebs und spätere Eigentümer der Druckerei Ostschweiz, »dem ist zuzutrauen, dass er die alten Schröppen erwirbt.« Obwohl dieser sofort realisierte, dass kein einziger der neun vorhandenen Alphabetsätze auch nur halbwegs vollständig war, kaufte er die Schriften – zweitens, weil er Freude daran hatte und das typografische Kulturgut retten wollte, erstens aber, weil er wusste, dass seine Frau Ursula damit etwas würde anfangen können, dass sie mit diesen Buchstaben Bilder komponieren würde, die weitab liegen von der einst gedachten Verwendung: Die Buchstaben stehen nicht mehr im Dienste von Sprache und Botschaft; sie leben ein neues Leben, werden Teil eines ungeschriebenen Märchens.

5

Es sind keine handwerklichen Kostbarkeiten, diese Holzschriften, weder ihre Druckstöcke noch die Buchstabenbilder, die damit gedruckt wurden. Aber sie faszinieren in der simplen Direktheit ihres Ausdrucks. Die nachfolgenden Seiten beweisen es. (Kein Vergleich mit den raffinierten Details, wenn die gleichen Charaktere für Mengensatz gezeichnet und digitalisiert werden.)

Die Holzbuchstaben auf den Seiten 4, 6 und 7 sind in wirklicher Größe abgebildet.

6

»Mit Lieferung solcher Schriften beschäftigen sich eigne Fabriken. Das dazu verwendete Holz, zumeist weißes oder rotes Birnbaum-, wildes Apfelbaum-, Ahorn- oder Pflaumenbaumholz muss tadellos [und] gut getrocknet [sein].«

Aus: Alexander Waldow (Hrsg.): *Illustrierte Encyklopädie der Graphischen Künste und der verwandten Zweige*. Leipzig 1884.

Die folgenden Seiten zeigen Buchstaben aus neun verschiedenen Alphabeten:

1: S. 8/9, 10/11
2: S. 12/13
3: S. 14/15
4: S. 16/17
5: S. 18
6: S. 19
7: S. 20/21
8: S. 22
9: S. 23

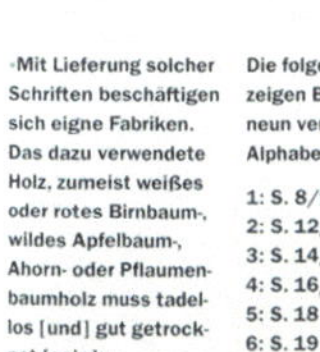

7

Schmalfette Serifenbetonte Versalhöhe, Oberlängen, Ziffern 176 mm

10

captions: see page 130

11

28

captions: see page 130

29

still und heiter

der Buchbinder Franz Zeier zum Beispiel

Mit Texten von Franz Zeier zu Buch und Bucheinband
und einem Beitrag von Laurenz Winkler zu Fraßbildern an Laubblättern,
zusammengestellt und eingeführt von Jost Hochuli

Fotografien von Michael Rast

VGS Verlagsgenossenschaft St. Gallen 2013
Edition Ostschweiz 14

Edition Ostschweiz series

Jost Hochuli (ed.): *still und heiter – der Buchbinder Franz Zeier zum Beispiel*. St. Gallen: VGS (Edition Ostschweiz no. 14), 2013.

Ill.: cover-p. 1 and double-page title/contents list. Pp. 137–139: double-pages with designs, work carried out by the book-binder Franz Zeier and examples from his collections.

Einführung. ‹Richtig möchte der Buchbinder Franz Zeier seine Bücher kleiden – richtig: dem Inhalt entsprechend, angenehm anzufassen, möglichst leicht im Gewicht und mühelos zu blättern. Falsch scheint ihm jede Schwere, jeglicher Prunk; falsch das Bemühen jener Buchbinder, die ihr handwerkliches Können auf dem Einband zelebrieren und zur Kunst erheben.

Neben der Arbeit und über Jahre hinweg hat er seine Gedanken notiert. In dieser Publikation sind einige davon versammelt. Der Leser merkt: Handwerk, so wie es Franz Zeier versteht, ist nicht nur Fingerfertigkeit, es bedeutet auch Nachdenken. Nachdenken über die Zusammenhänge, über das Buch als Ganzes, über die Stellung des Buches in Zeit und Gesellschaft.

Selbstbeschränkung auf das Einfache heißt nicht, fantasielos zu sein, ist nicht dogmatische Enge. Zeier ist abwechslungsreich in der Wahl seiner Materialien, in seinen Farbkombinationen, in Gestaltung und Platzierung der Schildchen. Freilich drängt sich solches nicht auf; erst das eingehende Betrachten offenbart den Ideenreichtum. Was sofort auffällt: die Heiterkeit, die von seinen Büchern ausgeht. Sie nimmt den Betrachter gefangen und wirkt über das unmittelbare Erlebnis nach, denn sie ist mehr als nur oberflächlich wohlgefällig.›

Diese Worte stellte der Herausgeber im Jahr 1990 dem Typotron-Heft Nr. 8, *Richtigkeit und Heiterkeit*, voran.

Anfang Oktober 2011 ist Franz Zeier gestorben. Die vorliegende Publikation erinnert an ihn – den Buchbinder vor allem, denn diese Tätigkeit scheint im Rückblick doch seine wesentlichste Leistung zu sein, auch wenn er in den letzten zehn Jahren seines Lebens kaum mehr Bücher eingebunden hat – er beschäftigte sich in diesem Lebensabschnitt mehr mit Zeichnen und Malen. Daneben aber darf der Fotograf nicht vergessen werden, der Verfasser von Lehrbüchern, der kluge, erfinderische Handwerker, der die zauberhaften Windräder entwarf und die delikaten farbigen Papiere schuf. Das Büchlein erinnert auch an Franz Zeier den Sammler, der alte Buchbinder-, Bibliotheks- und Buchhändler-Etiketten sowie Assignaten zusammentrug, der über Jahre in der Schönen Literatur nach kleineren und größeren Texten zum Thema Papier suchte, bis er aus ihnen ein eigenes Buch zusammenstellen konnte. Und sie erinnert schließlich an den aufmerksamen Beobachter, der auf seinen Waldspaziergängen Blätter mit Insektenfraßbildern aufhob und sie, gepresst und getrocknet, zu einer erstaunlich reichen Sammlung zusammentrug.

Auch wenn es nur im Blick auf seine Bucheinbände und seine diesbezüglichen Texte geschrieben worden ist, hat das Vorwort von 1990 seine Gültigkeit bewahrt. Denn allen übrigen Tätigkeiten liegt die gleiche aufmerksame Hinwendung zugrunde. Und über allen liegt die gleiche stille Heiterkeit und der Wille, es ‹richtig› zu machen.

Alte Vorsatzpapiere. Beim Zerlegen von Büchern, die einen neuen Einband erhalten sollen, können die alten Vorsatzpapiere nicht mehr verwendet werden. Statt fortzuwerfen hat Franz Zeier sie zu einer kleinen Sammlung zusammengetragen. Sie scheinen vorwiegend aus dem 19. Jahrhundert zu stammen. Besonders reizvoll sind die einfachen Modeldruckpapiere, von denen hier fünf Beispiele gezeigt werden.

Zeichnungen und farbige Abbildungen zu Zeiers Werkbuch *Schachtel, Mappe, Bucheinband.* Dieses Buch ist wohl eines der ganz wenigen seiner Art, das die verschiedenen Arbeitsvorgänge exakt und bis ins letzte Detail beschreibt, so dass man, genau den Anweisungen folgend, zuverlässig zum gewünschten Ergebnis gelangt. Doch die Zeichnungen und die Farbseiten ‹wollen, über die von ihnen erwartete Information hinaus, etwas von der Auffassung, die der Autor von buchbinderischen Gegenständen hat, vermitteln›. Die nicht im Buch verwendeten Zeichnungen auf dieser Doppelseite sowie die farbigen Abbildungen auf den nächsten Seiten lassen in ihrer formalen und farbigen Subtilität etwas von der Freude des Handwerkers an seiner Tätigkeit erahnen. Und wenn sich Zeier gegen die Verwendung schreiender Farben wendet, so heißt das nicht, dass er nur mit Pastelltönen gearbeitet hat. Seine Farben sind immer frisch und oft kräftig – aber eben nicht schreiend.

Links: Mappe mit Zugbändern und zwei eingelegten Broschuren. Oben: Loseblätterbuch mit Mappe.

20

21

Drei ‹mit Gewebe oder Papier überzogene Einbände. Der Farbschnitt ist nicht unentbehrlich; wenn aber die Farbe der Decke nach einer Ergänzung verlangt, ist er ein Mittel, die Erscheinung des Buches abzurunden. Dasselbe lässt sich vom Kapitalband sagen›.

22

23

captions: see page 136

Assignaten Jacques Necker (Genf 1732–Coppet 1804), Finanzminister unter König Ludwig XVI., ermöglicht durch die Ausgabe von Assignaten (Staatsanweisungen) die Finanzierung von Frankreichs Teilnahme am amerikanischen Unabhängigkeitskampf. Nach der Revolution wurde 1789 nach einem Beschluss der Verfassunggebenden Nationalversammlung auf die enteigneten königlichen und geistlichen Güter Assignaten als Geldscheine in Umlauf gebracht. Die Ausgabe war aber viel zu hoch und deshalb die Assignaten ungenügend gedeckt, sodass sie 1797 für ungültig erklärt wurden. Das brachte viele Leute um einen erheblichen Teil ihres Vermögens; manche verloren alles. Das daraus entstandene ‹schreckliche Unheil›, erwähnte Goethe in seiner *Campagne in Frankreich*.

Der Rahmen des ‹Billet Patriotique de Pezenas› ist aus einem Pflanzenornament zusammengesetzt, das im zweiten Band des *Manuel Typographique* von Pierre-Simon Fournier le jeune aus dem Jahre 1766 auf Seite 116 als Nr. 309 abgebildet ist, dort allerdings in einem leicht geänderten Schnitt; die Vorlage ist dieselbe.

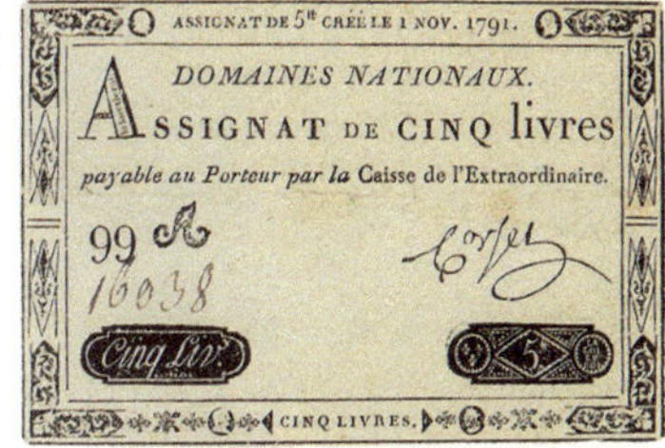

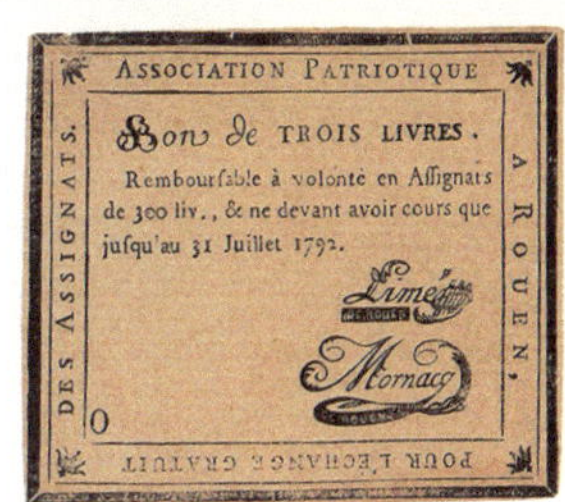

ASSOCIATION PATRIOTIQUE
Bon de TROIS LIVRES.
Remboursable à volonté en Assignats de 300 liv., & ne devant avoir cours que jusqu'au 31 Juillet 1792.
DES ASSIGNATS.
A ROUEN.
POUR L'ECHANGE GRATUIT

Die Einbände stehen im Zentrum von Franz Zeiers Schaffen, auch wenn er in seinen letzten Jahren kein einziges Buch mehr gebunden hat. Um das Buch und um dessen Kleid kreisten seine Gedanken während Jahrzehnten. Er selbst war ein leidenschaftlicher Leser, und in der Sammlung, welche er der Zentralbibliothek in Zürich vermacht hat, gibt es wohl kein von ihm gebundenes Buch, das er nicht gelesen hat. Seine zahlreichen Aufsätze nehmen immer wieder Bezug auf Gelesenes, und das Spektrum ist breit. Alle seine übrigen Tätigkeiten als Zeichner und Maler, als Papierplastiker, als Fotograf und als Sammler gruppieren sich um dieses Zentrum.

Oben: Papierband, Überzug in Kleister-Abziehtechnik. Rückentitel in Handdruck auf Papier.

Rechts: Fünf Papierbände, Überzüge in Kleister-Abziehtechnik, Rückentitel in Handdruck auf Papier.

S. 34/35: Oben und unten Ganzgewebeband, Chintz, Rücken- sowie Deckeltitel mit Prägepresse gedruckt.

Mitte: Ganzgewebeband, Ballongewebe, Rückentitel in Handdruck auf Papier.

Schmetterlinge sind die Lieblinge unter den Insekten. In der Antike waren sie Sinnbild der Wiedergeburt und Unsterblichkeit; in der christlichen Kunst sind sie Symbol der Auferstehung.
Oben: Segelfalter (*Iphiclides podalirius*), 60–80 mm.
Unten: Schwalbenschwanz (*Papilio machaon*), 50–75 mm.

4

Vorwort des Herausgebers

Insekten. Unangenehmes, kleines, schwirrendes sirrendes Zeug: die Mücke, die einen nachts nicht schlafen lässt, die Fliege, die beim Essen stört, die Bremse, die man erst wahrnimmt, wenn sie gestochen hat – und all die anderen Biester, die uns bei einem sommerlichen Gang dem Waldrand entlang um den Kopf fliegen, die wir mit unseren Schritten aus dem Gras scheuchen; wir kennen sie nicht, aber wir ahnen: es müssen ungezählte sein und unzählbar verschiedene.

Auch Ameisen sind Insekten, auch Bienen. Ihnen gegenüber sind unsere Gefühle freundlicher, sofern sich keine Ameisenstraße in unsere Küche erstreckt und wir nicht grade von einem Bienchen gestochen worden sind. Wir sind fasziniert von einem Ameisenhaufen, und wir wissen, dass wir ohne die Bestäubung durch die Bienen weder Früchte noch Beeren ernten könnten.

Wir freuen uns an der Schönheit und Eleganz der Libellen, wir freuen uns an den Schmetterlingen – am Tagpfauenaug, am
Schwalbenschwanz, am Dist
re Verwandten, die Nachtfal
ferglucke, die Nonne, der To
an Zeichnung in allen Schatt
muss nur einmal genauer hi

Es kommen uns andere I
fer, der Maikäfer, der Rosenk
beterin. Jedes Insekt eine an
unvorstellbarer Reichtum.

Einen Ausschnitt nur au
Edition Ostschweiz vorstell
hat, zusammen mit den Te
tos dem Herausgeber und C
Verfügung gestellt; dazu ein
wissenschaftlichen Zeichnur
diesem immer noch reichen
Teil gezeigt werden, mit Absi
mische Arten.

Die nächtliche Mücke wi
mit einer Wespe werden wir
den können. Aber dass die
Büchlein in die Welt der In
nieren vermögen und uns ei
Wunder der Schöpfung – das

J. H.

Großlibellen (*Anisoptera*) sind wahre Flugakrobaten und können beide Flügelpaare unabhängig voneinander bewegen, die Flugrichtung unvermittelt ändern, rückwärts fliegen, in der Luft stehen bleiben und Spitzengeschwindigkeiten von bis zu 50 km/h erreichen. Sie jagen Insekten und fangen diese im Flug.

Ganz oben: Männlicher Spitzenfleck. Im Gegensatz zu den blauen Männchen sind die Weibchen orangebraun gefärbt.
Spitzenfleck (*Libellula fulva*), 60–80 mm.

Kleinlibellen (*Zygoptera*) sind meist bunt und ihr Flug ist langsam, unregelmäßig und flatternd.

Von oben nach unten:
Blauflügel-Prachtlibelle (*Calopteryx virgo*), Weibchen, 65–70 mm.
Bronzene Prachtlibelle (*Calopteryx haemorrhoidalis*), Weibchen, 31–43 mm.
Hufeisen-Azurjungfer (*Coenagrion puella*), 35–40 mm, seitlich und von vorne.

6

Erfolgsgeschicht

Uralte Erdbewohner

Vor 480 Millionen Jahren
in den Meeren ab. Der Überle
räuberischen Verfolgern gefr
dem Druck zu entfliehen, gin
artige Gliederfüßer (*Arthropo*
die ersten landlebenden Tiere
anfänglich von Mikroorganisr
wesen, hauptsächlich Einzell
schen Substanzen (*Detritus*).
gefolgt von Gefäßpflanzen und
immer wieder, sich neuen Bed
ausstülpungen bildeten sich Flügel, und so konnten sie ständig neue Lebensräume besiedeln. Durch Auffächerung in verschiedene Arten (*adaptive Radiation*) spezialisierten sie sich und sicherten sich so ihre beherrschende Stellung. Diese Aufspaltung und Spezialisierung ging und geht immer weiter. Mit dem Aufkommen der Blütenpflanzen entwickelten sich unter anderem Schmetterlinge und Bienen. Heute sind Insekten allgegenwärtig: im Hochgebirge, in den Tropen, in Wüsten, in Polarregionen, in Süßwasser, in Schnee und Eis und in tiefen Höhlen. Sie lebten lange vor den Dinosauriern, überstanden alle großen Naturkatastrophen, und sie werden auch uns Menschen überleben. Nur die Weltmeere, von wo ihre Urahnen herkamen und die über 70 % der Erde umfassen, sind von ihnen nicht besiedelt.

In Überzahl

Über 1 000 000 unterschiedliche Insektenarten sind bis heute beschrieben, darunter mehr als 400 000 Käfer.

Weit mehr als die Hälfte aller Lebewesen weltweit sind Insekten. Und es werden immer mehr. Die Wissenschafter gehen sogar davon aus, dass ein Großteil der Insekten noch gar nicht entdeckt wurde, denn jährlich werden Hunderte von neuen Arten beschrieben. Aufgrund von Experimenten, wie z.B. Untersuchungen von Baumkronen in den Tropen und Hochrechnungen, wird das Total der unterschiedlichen Insektenarten von Forschern z.T. auf bis über 50 Millionen geschätzt.

10 Trillionen Insekten (eine Eins mit 19 Nullen!) – so wurde berechnet – leben vermutlich auf unserer Erde. Eine unvorstellbare, schwindelerregende Individuenzahl. Im Verhältnis zur aktuellen Weltbevölkerung bedeutet dies, dass auf jeden Erdenbürger mehr als 1,3 Milliarden Insekten kämen. Auch wenn die-

Oben: Doppelschwanz (*Diplura*), 2–5 mm.
Unten: Beintastler (*Protura*), 0,5–2,5 mm.

Springschwänze, Doppelschwänze und Beintastler zählen zu den ursprünglichsten Insekten und beleben unseren Planeten seit rund 400 Millionen Jahren. Sie sind ungeflügelt, leben meist unterirdisch und sind deshalb farblos. Oberirdisch lebende Tiere sind bräunlich bis dunkel gefärbt.

7

captions: see following page 142

Funktional, genial

Insekten sind Anpassungs- und Überlebenskünstler. Die Gründe liegen hauptsächlich in bestimmen Merkmalen und deren Kombination (siehe gegenüberliegende Seite, oben).

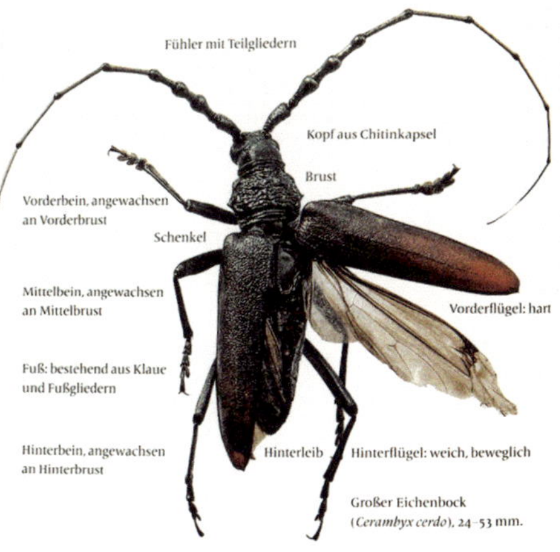

Großer Eichenbock (*Cerambyx cerdo*), 24–53 mm.

Das oberflächliche Erscheinungsbild von Insekten kann sehr unterschiedlich sein. So sind sie normalerweise zwischen 1 mm und 20 mm groß. Es gibt jedoch einen parasitierenden Hautflügler, eine Zwergwespe, die in den Eiern von anderen Insekten lebt und deren Männchen nur 0,15 mm groß sind. Andererseits wurde 2009 auf Borneo eine Stabschrecke entdeckt, die 56,7 cm lang ist. Insekten haben aber auch einige untrügliche Gemeinsamkeiten (siehe gegenüberliegende Seite, unten).

Die Verwandlung

Die meisten Insekten leben allein und der Kontakt zu Artgenossen beschränkt sich normalerweise auf die Paarung. Wohl gibt es Zusammenschlüsse bei einzelnen Insekten, denken

Merkmal	Auswirkung
Flugfähigkeit	Besiedlung neuer Ökosysteme; Flucht vor Feinden; großflächige Nutzung von Nahrungsquellen
Schnelle Generationenfolge	Rasche Anpassung an veränderte Umweltbedingungen
Außenskelett (Kutikula)	Außenhülle (hart, wasserabweisend) schützt vor Austrocknung und Feinden
Geringe Größe	Kleinstlebensräume können besiedelt werden (unter Baumrinde, Steinen, Moos, Laub)
Isoliertes Strickleiter-nervensystem	Effektivere nervöse Steuerung möglich
Metamorphose	Insekten leben in unterschiedlichen Stadien (Ei, Larve, Puppe, erwachsenes Tier) und Ökosystemen (Erde, Pflanzen, Wasser), was die Überlebenschancen erhöht.

Kennzeichen	Bemerkungen
6 Beine	Hauptmerkmal von Insekten (Spinnen haben 8 Beine und sind somit keine Insekten)
Körper dreiteilig, nämlich Kopf	Gewisse Käfer können den Kopf einziehen, sodass er nicht immer sofort erkannt wird (z. B. Schildkäfer). Der Kopf dient zur Nahrungsaufnahme, zur Orientierung und als Schaltzentrale.
Brust	Die Brust (*Thorax*) besteht hauptsächlich aus Muskeln, womit die Flügel und Beine bewegt werden.
Hinterleib	Der Hinterleib dient der Nahrungsverarbeitung und der Vermehrung.
Fühlerpaar	Die Fühler können sehr kurz sein oder werden z. T. eng an den Körper gelegt und sind deshalb nicht gut sichtbar.
Flügel	Flügelträger sind immer Insekten. Es gibt jedoch einige wenige Ausnahmen, die keine Flügel haben (z. B. einige Schmetterlings- und Käferweibchen) oder diese abwerfen (Ameisen, Termiten usw.). Nicht zu sehen sind sie bei Kurzflügelkäfern oder Ohrwürmern.

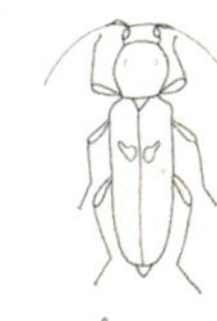

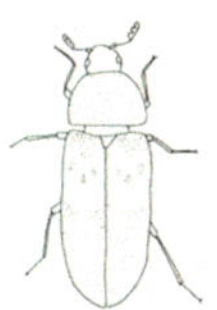

Von oben nach unten:

Silberfischchen (*Lepisma saccharina*), 7–11 mm.
Dörrobstmotte (*Plodia interpunctella*), 4–10 mm.
Hausbock (*Hylotrupes bajulus*), 8–26 mm.
Von Speckkäfern (*Dermestidae*) gibt es etwa 70 Arten in Mitteleuropa. Häufig ist bei uns der Gemeine Speckkäfer (*Dermestes lardarius*), 7–10 mm.

Silberfischchen (*Lepisma saccharina*) und Staubläuse (*Psocoptera*) lieben alle eine gewisse Feuchtigkeit. Sie sind also ‹Feuchtigkeitszeiger› und schaden, sofern sie nicht in großer Zahl vorhanden sind, grundsätzlich nicht. Bei Trockenheit werden sie verschwinden. Hat es jedoch z. B. sehr viele Kellerasseln (keine Insekten, sie haben mehr als 6 Beine), so könnte dies ein Hinweis auf feuchtes Mauerwerk oder vermodernde Bretter und Balken sein. Asseln ernähren sich von abgestorbenen organischen Substanzen (*Detritus*) und können sich von zersetzendem Holz ernähren.

Völlig harmlos sind die im Herbst oft in Wohnungen eindringenden Insekten wie Marienkäfer, Amerikanische Kiefernwanzen, Waldschaben usw. Maßnahmen drängen sich nicht auf. Wirken diese Insekten störend, kann man sie einfangen und ins Freie befördern.

Weniger harmlos sind u. a.

- Brotkäfer (bevorzugt vor allem zu lange gelagerte Teigwaren, Zwieback, Brot, Hundewürfel usw.);
- Speckkäfer (eine Art Gesundheitspolizist, der an Vogelfedern, trockenem Fleisch, Fellen usw. nagt);
- Dörrobstmotten (speziell an Trockenfrüchten, Nüssen, Getreideflocken; erkennbar an Gespinsten in den Nahrungsmitteln, die durch die Raupen verursacht werden);
- Kleidermotten (Fraßschäden der Raupen an Federn, Haaren, Wolle und Stoffen);
- Hausbockkäfer (befällt nur Nadelholz, spez. trockene, alte Dachkonstruktionen);
- Holzwürmer (bevorzugen junges Holz mit einem hohen Feuchtigkeitsgehalt);
- Deutsche Schaben (Hygieneschädlinge, die sich in Häusern rasch über Lüftungsschächte usw. ausbreiten).

Gegen diese Insekten empfiehlt es sich, vorbeugend zu handeln (Lebensmittel hermetisch abschließen; geeignete Holzwahl mit evtl. Oberflächenbehandlung; Textilien regelmäßig kontrollieren und Lavendelblüten, evtl. chem. Schutzmittel beigeben; wertvolle Textilien und Pelze in Kühlräumen aufbewahren). Bei Befall – vor allem bei der Deutschen Schabe und allenfalls bei Holzschädlingen – ist es empfehlenswert, die Verwaltung zu informieren und die Störenfriede mit professioneller Unterstützung zu bekämpfen.

Im Garten pendelt sich das Gleichgewicht zwischen – aus menschlicher Sicht – Nützlingen und Schädlingen meist von selbst ein. Sobald Läuse in großer Zahl eindringen, kommen auch schon ihre Verfolger wie Florfliegen (*Chrysopidae*), Mari-

Marienkäfer (*Coccinellidae*) sind beliebt, weil sie nicht nur bunt sind, sondern auch als Nützlinge gelten. Es gibt allerdings auch Marienkäfer, die sich von Mehltau, Schimmelpilzen oder von Pflanzen ernähren.

Von oben nach unten:

2004 wurde der Asiatische Marienkäfer (*Harmonia axyridis*), 6–8 mm, erstmals in der Schweiz festgestellt. Inzwischen ist er bei uns der verbreitetste Marienkäfer.
Der Vierundzwanzigpunkt-Marienkäfer (*Subcoccinella vigintiquatuorpunctata*), 3–4 mm, ernährt sich von Nelken- und Kleepflanzen. Er ist fein behaart und seine Punkte sind nicht immer sichtbar.
Der Melonen-Marienkäfer (*Henosepilachna elaterii*), 7–9 mm, besucht vor allem Melonen, Spinat, Auberginen usw.
Der Vierzehnpunkt-Marienkäfer (*Propylea quatuordecimpunctata*), 3,5–4,5 mm, frisst Blattläuse.
Der Zweiundzwanzigpunkt-Marienkäfer oder Pilz-Marienkäfer (*Psyllobora vigintiduopunctata*), 3,5–4,5 mm, ernährt sich von Echtem Mehltau.

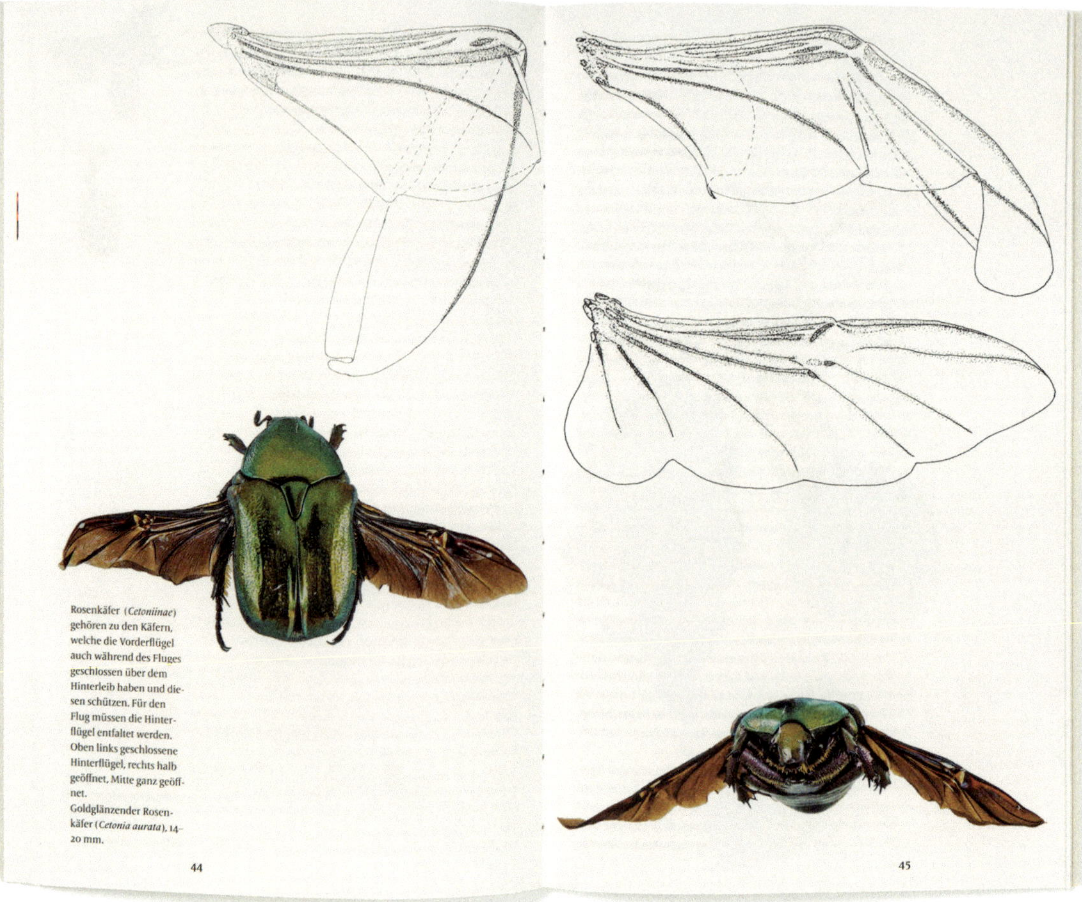

Rosenkäfer (*Cetoniinae*) gehören zu den Käfern, welche die Vorderflügel auch während des Fluges geschlossen über dem Hinterleib haben und diesen schützen. Für den Flug müssen die Hinterflügel entfaltet werden. Oben links geschlossene Hinterflügel, rechts halb geöffnet, Mitte ganz geöffnet.
Goldglänzender Rosenkäfer (*Cetonia aurata*), 14–20 mm.

44

45

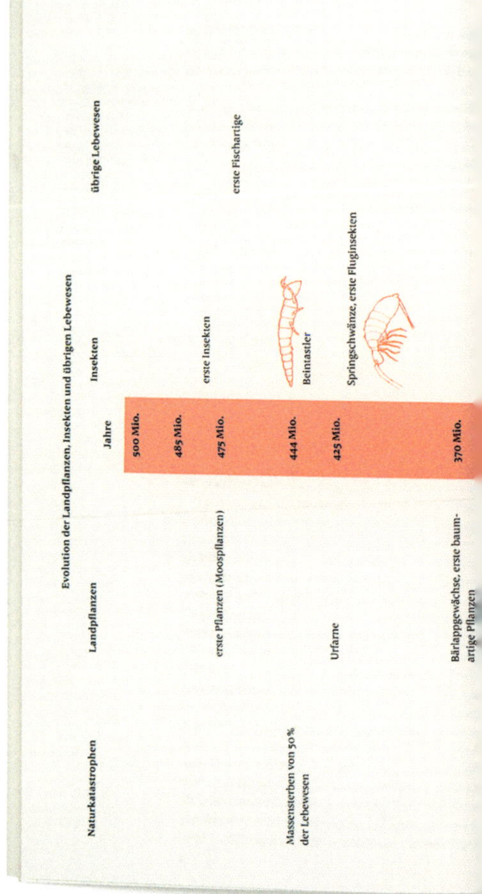

Edition Ostschweiz series

André Mégroz: *Silberfischchen, Lilienhänchen und andere Insekten*. St. Gallen: VGS (Edition Ostschweiz no. 17), 2016.

Ill. pp. 140–141: cover-p. 1 and four double-pages. Above and opposite: double-pages. Right: fold-out leaf.

On account of the many tables and graphics, the design of this last booklet of the Edition Ostschweiz series was no less time-consuming than that of the first, Sitterkiesel.

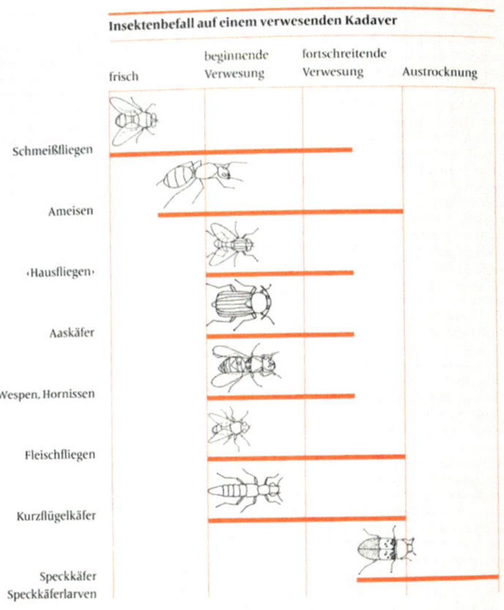

nidae). Wenn die Leiche austrocknet, werden vor allem Käsefliegen angezogen und zuletzt folgen die Schinken-, Pelz- und Speckkäfer (*Dermestidae*). Schließlich ist die Leiche bis aufs Skelett abgenagt oder mumifiziert – die Speckkäfer nagen jedoch weiter, da sie Enzyme besitzen, welche die Haare verdauen können. Es können auch noch weitere Gliedertiere hinzukommen (Asseln, Hundertfüßer, Milben und sehr früh auch Wespen, Hornissen usw.). Bei der Berechnung des Todeszeitpunktes spielen zusätzliche Faktoren wie Temperatur, Feuchtigkeit, Ort usw. eine Rolle. Insekten speichern oft Gifte, die sie beim Befall von Leichen aufnehmen. Die Analysen zeigen dann, ob als Todesursache Schlafmittel, Gifte, Rauschgift oder Krankheit (Krankheitskeime) in Frage kommen.

52

Nützlinge	Einsatz gegen	Leistung/Tag
Schwebfliegenlarven	Blattläuse	20–50 Blattläuse
Raubwanzen	Größere Insekten, Larven	5
Gemeiner Ohrwurm	Blattläuse und -eier	40 je Tag
Blumenwanzen	Blattläuse, Spinnmilben, Weiße Fliege	30 Spinnmilben
Schlupfwespen	Schmetterlings- und Käferlarven; Kartoffelblattlaus; Minierfliegen	Erfolgsrate beim Parasitieren 50–80 %
Erzwespen	Weiße Fliege	
Gallmücken	Blattläuse	
Marienkäfer/-larven	Blattläuse	10–50 Blattläuse
Florfliegen/-larven	Blattläuse	30–60 Blattläuse

Insekten gegen Insekten

Ungefähr ein Viertel aller Insekten lebt räuberisch oder parasitoid, d. h. sie legen ihre Eier z. B. in die Larven anderer Insekten. Dies können wir nutzen, damit wir möglichst wenig Insektizide einsetzen müssen und sich das Gleichgewicht einpendelt.

Marienkäfer, Erzwespen, Schlupfwespen, Florfliegenlarven, Gallmücken können, nebst Nematoden, Pilzen und Raubmilben, im Handel gekauft und im Garten gesetzt werden.

Artensterben

‹… denn alles was entsteht, ist wert, dass es zugrunde geht›. Das sagt Mephisto in Goethes *Faust*. Und so ist denn auch das Artensterben ein wesentlicher Teil der Evolution. Seit der Besiedlung der Erde durch die Insekten kennen wir fünf große Katastrophen – plötzliche Klimaveränderungen, Asteroideneinschläge, Vulkanausbrüche, kosmische Strahlung und Meeresspiegelschwankungen – die zu Massenaussterben geführt haben, wobei jeweils 50 % bis über 90 % der Arten vernichtet wurden. Ohne diese großen Aussterbewellen hätte sich das Leben ganz anders entwickelt. So hat erst das Aussterben der Dinosaurier die Entwicklung der Säugetiere und damit des Menschen ermöglicht, denn mit dem Verschwinden von Arten werden bisher besetzte ökologische Nischen wieder frei. Das heutige massive Artensterben unterscheidet sich jedoch von den fünf großen Katastrophen. Der Mensch beschleunigt

53

315 Mio. – erste Reptilien

Libellen

252 Mio. – Käfer, Staubläuse, Fischchen, Schnabelkerfe, – Massensterben von 95 % der meeresbewohnenden und 66 % der landbewohnenden Lebewesen

237 Mio. – Großflügler, Schlammfliegen, Netzflügler – erste Amphibien

Eintagsfliegen

200 Mio. – Steinfliegen, Schaben, Köcherfliegen, Felsenspringer, Heuschrecken, Hautflügler, – erste Säugetiere – Massensterben von 80 % der Lebewesen (Magmafreisetzung, dadurch Vergiftung der Seen und Randmeere)

150 Mio. – Schmetterlinge, Zweiflügler, Termiten, Fransenflügler, Fächerflügler, Skorpionsfliegen – erste Vögel (Urvogel Archeopteryx) – Blütenpflanzen, damit Interaktion mit Insekten

100 Mio. – Kamelhalsfliegen, Flöhe, Ohrwürmer, Gottesanbeterinnen

66 Mio. – Massensterben von 50 % der Lebewesen, mit ihnen die Dinosaurier (Meteoriteneinschlag auf der Halbinsel Yucatán und Ausbruch eines Plumes in Vorderindien)

Grillenschaben

2,5 Mio. – Beginn der menschlichen Entwicklung

0,2 Mio. Homo sapiens

Dinosaurier

SOBER, JOYFUL, USEABLE

In one of his essays, the bookbinder Franz Zeier (1924–2011) exhorted himself: 'To do nothing in my work to enhance a culture of ostentation. To create something that is sober, joyful, useable.'[1]

In his youth, Franz Zeier bound books in leather. Later, he created paper bindings, with covers of paste and marbled paper that he made himself; and then finally, only paper or cloth bindings without any patterning. The structure of the material alone should speak for itself with its colours or shades of grey, the coloured edge of the book block, the title, printed or blocked on the front board or the spine, and the occasional headband. Reducing things to the absolute essential had to suffice, and so it did. Every book is individual, unmistakable, for each has its own dimensions, its own bulk, its own weight. The individual characteristics are not spectacular – there is nothing precious – but the combinations are finely coordinated, the impression solid.

Sober, joyful, useable: a book that meets these criteria lies comfortably in the hand, is not larger or heavier than it needs to be, is attractive to the eye and the hand, opens readily and is easy to browse through. When open, the typography enables a rapid survey of the content and the unhindered reading of the text.

Zeier looked to traditional book production and typography for inspiration. But other approaches are possible, so long as they ensure a similar reduction of means – the possibilities, both for the exterior and the interior, are endless, especially for books for bibliophiles, whereas for 'utilitarian' books the emphasis is on functionality. In judging 'bibliophile' books we are therefore a little more generous. When originality tips over into absurdity, however– for example when bibliophile 'treasures' can only be handled with plastic gloves because the materials used are too delicate to be touched by bare hands – then we can allow ourselves to laugh heartily.

Or in the following case: in 1993 the jury for the 'Schönste Schweizer Bücher' of the previous year, in an attack of wild avant-gardism, selected in the bibliophile category an object that consisted of a box that contained three drawers of printed sheets. Eleven years later, on the 60th anniversary of the competition, a selection of all the award-winning books was put together for an exhibition and a catalogue. The object in question did not make it even to the longlist. For indeed, a box with three drawers is not a book – not even a bibliophile book – but a box with three drawers.

'Bibliophilia' often manifests itself in overloaded bindings that can hardly be held in the hand – produced with excessive use of materials. Such is the case with highly 'contemporary' all-metal bindings: with screws, hinges and eyelets that often display astonishing refinement but are a horror from a design perspective and unpleasant to hold. Such is 'fine binding', where, over time, the binding has separated from the content and become an independent entity. It is regarded as a given and not questioned. But as such bindings rarely contain adequate content, in terms of either text or typography, the object as a whole is generally embarrassing. Interior and exterior should stand in a reasonable relationship to one another.

Materials can be used to impress, but so can the size of a book; for example, a volume of photographs measuring 30.8 x 40 cm (over 62 cm wide when open). It cannot be looked at while sitting down, and even tall people cannot take in a double-page spread at a glance when standing. By contrast, Robert Frank's *The Americans*, one of the most important photography-books of the 20th century, measures a modest 20.9 x 18.4 cm in width – measurements, incidentally, that were determined in cooperation with the photographer[2].

But what of those splendid volumes in which the individual elements really are coordinated with one another, those famous examples of bookmaking that are presented as outstanding in every book on the subject? The Kelmscott Press *Chaucer*[3] for example, or *Zarathustra*[4] and *Ecce Homo*[5] by Van der Velde? With compelling content, they have received the greatest care in their composition, illustration and printing, and have been printed and bound using the finest materials. They are the pride of every wealthy bibliophile. But do people really read them? Do they look at them more than once? They are owned, they stand in a library, and their market value is known, but are they anything more than fetishes? Robin Kinross calls such books 'splendid and useless'[6].

Books, including bibliophile books, need not look exactly like Franz Zeier's books. But the three qualities he requires – sober, joyful, useable – may serve us as a yardstick when judging one: do the individual elements relate appropriately to one another, or is renown sought through excessive expenditure, precious materials and exaggerated dimensions? Is it still sober – sober, not miserly? Is it joyful?

Above all, is the book useful, or is it part of a culture of ostentation?

Jost Hochuli

This essay was first published in: *Bibliophilie – 33 Essays über die Faszination Buch* for the Schweizerische Bibliophilen-Gesellschaft on its centenary (1921–2021), edited by Wolfram Schneider-Lastin. Zurich 2021 (*Librarium* 2021, No. 112).

1 Franz Zeier: *Richtigkeit und Heiterkeit*. St. Gallen: VGS, 1990.
2 Robert Frank: *The Americans*. Göttingen: Steidl, [12]2020.
3 Geoffrey Chaucer: *The Works*. Hammersmith: Kelmscott Press, 1896.
4 Friedrich Nietzsche: *Also sprach Zarathustra*. Leipzig: Insel, 1908.
5 Friedrich Nietzsche: *Ecce Homo*. Leipzig: Insel, 1908.
6 Robin Kinross: *Modern typography*. London: Hyphen, [2]2004, p. 98. (The description 'splendid and useless' refers to *Zarathustra and Ecce Homo*.)

Roland Steffan, Michael Rast: *Die Welt am Gürtel. Japanische Netsuke und Inrô aus der St.Galler Sammlung für Völkerkunde.* St. Gallen: privately printed 1999. Single-section brochure in jacket with flaps, sewn, 15 x 24 cm.

Ill. left: jacket-p. 1. Above: jacket flap (beige), cover (black) and first, unnumbered leaf (blue). Pp. 147–149: double-page title/contents list and double pages of content.

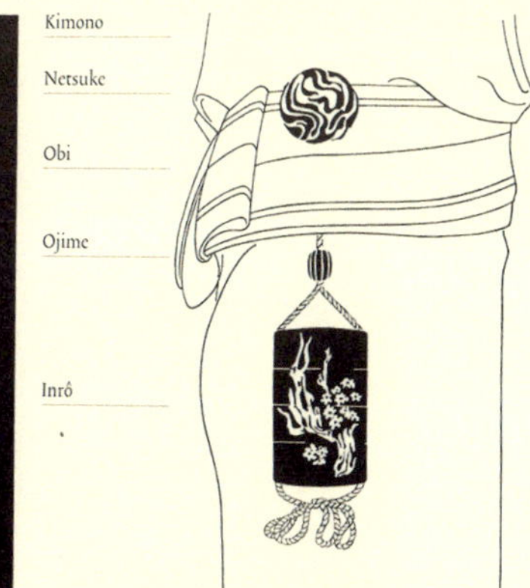

DIE WELT AM GÜRTEL

Japanische Netsuke und Inrô aus der St.Galler Sammlung für Völkerkunde
vorgestellt und beschrieben von Konservator *Roland Steffan*,
mit über 70 farbigen Aufnahmen von *Michael Rast*

Erstes Heft der Reihe Rotary, herausgegeben vom Rotary Club St.Gallen im Spätherbst 1999

In hohem Relief liegt auf der Schauseite des Inrô ein reifer, aufgesprungener Granatapfel mit freigelegten Kernen. Dieser vielen Samen wegen gilt er als Symbol der Fruchtbarkeit und vor allem einer zahlreichen Nachkommenschaft. Die Rückseite zeigt eine kleine Frucht im Blattwerk.

Dreiteiliges Inrô, signiert ‹Kokuta Yoshitsura›: verschiedene Lacktechniken mit Amethysteinlagen; 19. Jahrhundert. *Netsuke* in Form eines Bambusknotens als Symbol der Kraft: Elfenbein getönt; 19. Jahrhundert. *Achteckiges Ojime*: Achat; wohl 19. Jahrhundert.

VORWORT

Neben den einzigartigen Leistungen in Baukunst, Landschaftsgestaltung, Plastik, Malerei und Dichtung vermögen uns vor allem die kunsthandwerklichen Fähigkeiten und Erfindungen der Japaner zu fesseln. Die Verbindung von intellektueller und ästhetischer Bildung bekundet sich in der Wahl der Schmuckmotive und deren feinsinniger Umsetzung in das angemessene Material. Dies überrascht und entzückt unser Auge als zur Vollendung gebrachte Textilkunst, Graphik, Keramik, Schnitzerei und Lackarbeit. Die beiden letzteren begegnen uns beispielhaft in Form von Gürtelknöpfen (jap. Netsuke) und Gürtelanhängern (jap. *Inrô*).

Die Anzahl japanischer Netsuke (sprich: Netske) und Inrô in der St.Galler Sammlung für Völkerkunde ist nicht sehr groß. Die beiden Gattungen sind aber jeweils in so vielen Varianten und Ausführungen vertreten, dass sie sehr gut aufzuzeigen vermögen, worauf es bei diesen Erzeugnissen des Kunsthandwerks und der Kleinkunst ankommt. Sie bezaubern durch ihren ungemeinen Reichtum trefflicher Gedanken und Einfälle wie auch durch eine unerhörte Virtuosität der Ausführung. Die meisten Stücke sind signiert und stammen aus dem 18. und 19. Jahrhundert, also der Zeit, in der sie

Mit dem Netsuke kann das Inrô mühelos hinter und über dem Gürtel des Kimono befestigt werden. Bei diesem Beispiel ist das Netsuke ein aus schwarzem Horn geschnitztes ruhendes Pferd. Das fünfteilige Inrô zeigt in Gold- auf Schwarzlack eine Pferdeherde unter Kiefern. Das Ojime aus Porzellan, das die seidene Tragschnur reguliert, trägt in unterglasurblauer Malerei ebenfalls eine Pferdedarstellung. Viele Japaner liebten das gleiche Motiv auf allen drei Teilen des ‹Hängedinge›-Ensembles, das in diesem Fall aus dem 18. Jahrhundert stammt.

Bei den Besitzern von ‹Hängedingen› waren auch Ensembles beliebt, deren Teile aus dem gleichen Material angefertigt und mit den gleichen Ziertechniken geschmückt waren. Diese Gruppe aus dem 18./19. Jahrhundert entstammt der Werkstatt der Somada-Familie. In den Schwarzlack des dreiteiligen Inrô, des Netsuke und Ojime ist mit Gold und irisierenden Perlmuttstückchen (jap. *Aogai*) ein Dekor aus Tempelkostbarkeiten (jap. *Takaramono*) eingelegt.

Die Schauseite des Inrô trägt das Porträt des Ichikawa Danjûrô VII. aus der berühmten Schauspieler-Dynastie der Ichikawa in dem Einakter ‹Shibaraku› (jap. für ‹Haltet ein!›) aus dem Kabuki-Theater. Seit 1697 wurde die alljährliche Spielsaison in Edo (Tôkyô) mit diesem Heldenstück eröffnet.

Fünfteiliges Inrô: verschiedene Lacktechniken mit Glaseinlage; 1. Hälfte 19. Jahrhundert. *Ojime*: Koralle; 19. Jahrhundert.

Das traditionelle, seit Jahrhunderten fast unveränderte Obergewand japanischer Männer und Frauen – weltweit als ‹Kimono› bekannt – wird nicht geknöpft, sondern bei beiden Geschlechtern nach rechts übereinander geschlagen und von einem Stoffgürtel (jap. *Obi*) zusammengehalten. Da dieses Kleidungsstück keine nach außen führenden Taschen besitzt, mussten andere Möglichkeiten erfunden werden, um die kleinen Dinge des täglichen Gebrauchs bei sich tragen zu können. Frauen steckten Täschchen und andere Kleinigkeiten in den etwa 35 cm breiten Brokat-Obi. Männer mussten ihre ‹Hängedinge› (jap. *Sagemono*) an ihrem schmaleren Gürtel befestigen. Dazu gehörten Geldbeutel, Schreibzeug, Siegelbehälter, Pfeifenfutteral mit Tabaksbeutel und die mehrteilige Medikamentendose (jap. *Inrô*). Man zog deren seidene Tragkordel hinter der Leibbinde nach oben durch. Um ein Herausgleiten dieser Schnur zu verhindern, bedurfte sie eines Knebels, der sie am oberen Gürtelrand arretierte. Dieser Knopf ist das Netsuke, dessen Herkunft man bei den Reitervölkern Innerasiens vermutet. ‹Ne› heißt ‹Wurzelholz›, ‹tsuke› bedeutet ‹zum Aufhängen, Befestigen›. Ein Netsuke besitzt auf der Unter- oder Rückseite meist zwei miteinander

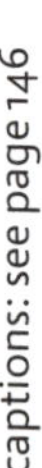
captions: see page 146

verbundene Löcher (jap. *Himotôshi*), wobei das etwas größere zum Versenken des Kordelknotens dient. In der Feudalgesellschaft der Edo-Periode (1615–1868) durften Japaner unter dem Rang eines Samurai außer einem Netsuke und den Sagemono – eigentlichen Gebrauchsgegenständen – keine Schmuckstücke tragen. So ist es erklärlich, dass seit dem 17., dann aber besonders im 18. und 19. Jahrhundert aus den Gürtelknebeln unter der Hand berühmter Schnitzer wahre Miniaturkunstwerke entstanden. In dieser Zeit entfalteten sich in den Städten Ôsaka, Kyôto, Edo – heute Tôkyô – und Nagoya die angesehenen Schnitzschulen mit ihren Meistern.

Wie bereits erwähnt, bildete ein Netsuke das Gegenstück zum Inrô und anderen ‹Hängedingen›, für deren Herstellung hauptsächlich der federleichte und glänzende Lack Verwendung fand. Diese älteste Plastikmasse der Welt ist der gehärtete Saft des in Süd- und Ostasien beheimateten Lackbaumes (Rhus vernificera). Schon vor Beginn unserer Zeitrechnung wussten die Chinesen um die Eigenschaft dieser Flüssigkeit, nur an der feuchten Luft zu polymerisieren und eine harte, widerstandsfähige Masse zu bilden. Farbeffekte lassen sich durch Beimischung verschiedener Substanzen erzielen. Ab

Ein Rezitator (jap. *Jôruri*) aus dem volkstümlichen Kabuki-Theater sitzt in formeller Tracht auf der Bühne. Sein Requisit, der Faltfächer, liegt zusammengeklappt im Schoß, die Linke ist im weiten Ärmel in die Hüfte gestemmt. Auf dem durch den Gebrauch geglätteten Rücken des Figürchens sind die beiden Löcher des Himotôshi, durch welche die Tragkordel läuft, gut zu erkennen.
Katabori-Netsuke: Buchsbaum; 18. Jahrhundert.

Ein Sänger begleitet sich auf dem Saiteninstrument ‹Shamisen›. Das geöffnete Gesangbuch mit deutlich lesbarem Text liegt auf seinem Schoß.
Katabori-Netsuke, signiert ‹Shôgetsu›: Elfenbein; 19. Jahrhundert.

dem 3. Jahrhundert n. Chr. sollen diese Kenntnisse nach Japan gelangt sein. Es ist hier nicht möglich, die aufwändigen Arbeitsgänge und die Namen der schier zahllosen Lackarten aufzuzählen. In der Edo-Zeit (1615–1868) erlebte die Lackkunst ihre technische Vervollkommnung und eine stilistische Vielfalt. Seit der Einführung des Inrô – ursprünglich ein Siegelbehälter – als Teil der Kleidung boten sich neue Möglichkeiten der Lackgestaltung. Das Inrô ist eine mehrteilige, flache Dose zum Verstauen von Siegeln, Medikamenten und sonstigen Kleinigkeiten. Die genau ineinander gepassten Fächer werden durch die doppelte Schnurführung zusammengehalten, die oben durch die verschiebbare Verschlussperle (jap. *Ojime*) läuft. Ebenso wie das Netsuke ist das Ojime ein kunstvoll gearbeiteter Ziergegenstand von hohem Liebhaberwert. In die Gestaltung dieser Halteknebel und Behälter floss die Fantasie der bürgerlichen, durch Handel zu Wohlstand gelangten Volksschichten, die sich nur in gedämpfte Farben kleiden durften. Sie bildeten so jenen diskreten Schmuck, der den Träger seinem Gegenüber sofort als Kunstfreund hoher Bildung und guten Geschmacks auswies. Obwohl Netsuke, Ojime und Inrô eigentlich zusammengehören,

ter Stelle. Man erkennt auf den Miniaturen die Zufriedenheit, das lachende Wohlwollen, aber auch Ernst und Konzentration. Es zeigen sich Schmunzeln und Verschmitztheit; Schläfrigkeit und Trunkenheit widerspiegeln sich; Heiterkeit besiegt oft das Dämonische. Die alltäglichen Lebensbereiche und Tätigkeiten werden in ihrer Eigenheit lebendig festgehalten. In ihnen stellt sich das bürgerliche Japan selbst dar. Dass auch der Europäer – offenbar holländischer Herkunft – dem Spott ausgesetzt wird, gehört zur Sache eines Netsuke. Humorvolles liegt auch in manchen Tierbildnissen: Hündchen, die sich balgen; Affen und anderes Getier mit ihren Jungen; Ratten, die sich auf abgelegtem Hausrat tummeln. Optische Verkürzungen und originelle Blickwinkel, die auch Merkmale japanischer Malerei und Druckgraphik sind, verleihen manchem Schnitzwerk zusätzlichen Reiz und Witz. Tragisches und Unglück Anzeigendes wird im Allgemeinen vermieden, wenngleich auch schmerzliche, ja sogar dämonische Züge da und dort vorkommen. Es gibt etwa den als dämonischen Fuchs maskierten Schauspieler; die Fabelwesen Nu-e und Tengu lauern den Menschen auf; die Schlange verkörpert weibliche Eifersucht, ist aber auch ein Zodiakzeichen.

Ein dämonisch-bedrohlicher Raben-Tengu (jap. *Karasu-Tengu*) schlüpft aus einem Ei. Tengu sind waffengewandte Wald- und Berggeister, die dem Helden Yoshitsune die Fechtkünste beigebracht haben.
Katabori-Netsuke, signiert ‹Shûmin›: Horn; 1. Hälfte 19. Jahrhundert.

Das Ungeheuer Nu-e mit dem Körper des Dachshundes, dem Kopf eines Affen, einem Schlangenschweif und Tigerklauen lauert auf den Dachziegeln des Palastes, um den Kaiser Kono-e (12. Jahrhundert n. Chr.) durch eine Krankheit zu töten. Dies verhinderte jedoch ein tapferer Gefolgsmann des Herrschers.
Katabori-Netsuke: Buchsbaumholz; wohl 18. Jahrhundert.

Dem Dachshund (jap. *Tanuki*) werden Verwandlungskünste, magische Kräfte und große Boshaftigkeit zugeschrieben, durch die er Menschen ins Verderben stürzt. In Fuchsgestalt erschlägt er die Jäger mit seinem riesigen Skrotum.
Katabori-Netsuke: Nuss (?); 19. Jahrhundert.

Die stilisierte Chrysanthemenblüte entspricht mit ihren sechzehn Blütenblättern dem kaiserlichen ‹Chrysanthemen-Blumen-Wappen› (jap. *Kiku-no-hana Mon*).
Manjû-Netsuke: Buchsbaumholz; 18./19. Jahrhundert.

In einem geflochtenen Bambuskörbchen sind beidseits des Traghenkels als Symbolpflanzen des Frühlings und Herbstes je ein Pfingstrosen- und Chrysanthemenzweig arrangiert.
Katabori (?)-Netsuke: Rotlack; 18. Jahrhundert.

Die Chrysantheme (jap. Kiku) darf als die Nationalblume Japans bezeichnet werden, die bis heute in unendlich vielen Sorten gezüchtet wird. Sie verkörpert das Streben nach hohen Idealen.
Manjû-Netsuke: Elfenbein mit Silbereinlage; 1. Hälfte 19. Jahrhundert.

Dem Netsukekünstler kommt schließlich die ganze ausgeklügelte und vielschichtige Symbolsprache der Ostasiaten zugute: die Chrysantheme ist die kaiserliche Wappenblume und Sinnbild positiven Strebens; die Päonie steht für den Frühling und weibliche Anmut; der Büffel weist auf den Ackerbau und zenbuddhistische Gedankengänge hin; der Hahn verkörpert Wachsamkeit und eine gute Regierung; der Hase kann ein Zeichen aus dem ostasiatischen Zodiak wie auch der Fruchtbarkeit sein; die Kastanie verheißt Erfolg; Pfeilköcher und Blattfächer weisen auf einen Feldherrn hin. Unendlich ist der Reichtum dieser fein erdachten Beziehungen. Die Tier- und Pflanzendarstellungen zielen fast immer auf eine sinnbildliche Verallgemeinerung ab.

Der kaiserliche Drache sowie der ‹Shishi› genannte Löwe, welcher der buddhistischen Mythologie entstammt, sind zu unendlich oft abgewandelten Kunstmotiven geworden. Der Shishi wird bald liegend, bald stehend, bald vorn oder hinten aufgerichtet und meist mit einem Brokatball spielend dargestellt, wobei Mähne und Schweif im chinesisch-koreanischen Stil wie abwechslungsreiche Ornamente gestaltet sind. Der Löwe sitzt auch auf manchem Deckel prachtvoller, aus

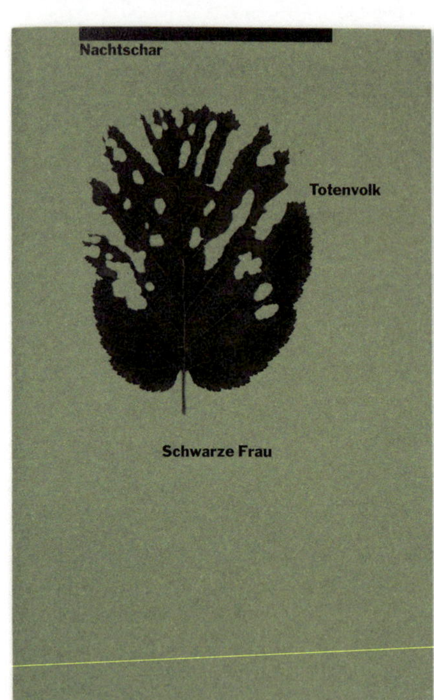

Jost Hochuli (ed.): *Nachtschar, Totenvolk, Schwarze Frau*. St. Gallen: privately printed (200 copies), 2021. Single-section brochure with jacket. 15 x 24 cm.

Ill.: jacket-p. 1; jacket flap over red cover, p. 1 (dark green) of first sheet; double-page inner title and further double-pages.

Accounts of personally experienced supernatural occurrences from Arnold Büchli: Mythologische Landeskunde von Graubünden. *Disentis 1958–1992. The texts are mostly recounted in various Grisons dialects and translated by the editor, Jost Hochuli, into written language.*

htschar / Totenvolk / Schwarze Frau

inige Erzählungen aus Arnold Büchlis Werk *Mythologische andeskunde von Graubünden*

Von der Nachtschar

12

Am Abed spat bin i in dr Chammerä gsi z'Schiërsch ufm Bahhof – dr Ätti isch dört Vorstand gsi – und denn han i ättes ghöört, und de hemmer ûs gluäged. Und dua ischt es ganzes Häbli verbî undrem Stubapfenster. Diä sind ali ganz schwârz âggleit gsi, zwei und zwei îggreihd bis zletscht. Und denn isch nu meh einä gsi, där hed so-n-ä Huäd âgha wie ä Zelinderhuäd, grad wi d Chemifäger hend. Und de sindsch bi dem Brünnäli um und um und grad widrum umkehrt. I han no tenkt, es sîend die Ledegä gsi und han drum ûsgluä-ged, wil i ha wela wüssä, ob ätte dr Andres (*der Sohn*) drbî sî. Aber miär hed's gfürcht, i han nid lang gluäged. Denn han i gseid zu mim Mâ, är söll in d Näbedchammerä här cho gä luägä. Dört hetti er denn halt d Straß ûf gseh in ds Doorf, wa diä ggang-ga sind. Dua hed er dua gseid: ‹Stregg du dr Chopf zum Pfenschter ûs, wenn d witt! I luägä nid. D Nacht tuän i nit dr Chopf zum Pfenster ûs.› I han de nid Wunder gha.

Am Abend spät war ich in der Kammer in Schiers im Bahnhof – der Vater war dort Vorstand – und dann hörte ich etwas und dann haben wir hinausgeschaut. Und dann ist eine ganze Schar unter dem Stubenfenster vorbei. Die waren alle ganz schwarz gekleidet, je zwei und zwei eingereiht bis zuletzt. Und dann war nur noch einer, der hat so einen Hut angehabt, wie einen Zylinder, so wie ihn die Kaminfeger haben. Und dann sind sie um den kleinen Brunnen herum und grad wieder umgekehrt. Ich dachte noch, es seien die Ledigen gewesen, und habe darum ausgeschaut, weil ich wissen wollte, ob etwa Andres (*der Sohn*) dabei sei. Aber ich fürchtete mich, ich habe nicht lange hingesehen. Dann sagte ich zu meinem Mann, er solle in die Nebenkammer gehen und schauen. Dort hätte er die ganze Straße ins Dorf hinauf gesehen, wohin die gegangen sind. Da hat er dann gesagt: ‹Streck du den Kopf zum Fenster hinaus, wenn du willst! Ich schaue nicht. In der Nacht tu ich nicht den Kopf zum Fenster hinaus.› Ich habe es dann nicht wissen wollen.

Erzählt 1944 von Elisabeth Luck-Auer, 1864–1948, in Grüsch im Prättigau.

Ätti: eigentlich Vater, hier der Mann der Erzählerin.
Häbli: Kleine Schar.
Chammer: Schlafkammer, Schlafzimmer (im Gegensatz zur Stube).

Es kündet sich an

Ä ganzi Hab Poûrä sind vor äm Häüwä gan Holz rüschte. Und duä sind Peter Sprächer und schêîn Brüäder di underschte gsin, und wel di anderä-n-apper choon sind, heiendsch gmeind: Diä zwei Brüäder heiend vîl Holz ggrüscht. Und duä seid Peter: Das Holz broûchendsch denn zun schêîm Totämahl! Dr Bruäder vamme, dr Chrischtä, hei gseid: ‹Red au nid so tumm!› Duä hei Peter gseid: Das wüss är besser! Und d Agsch so under de-n-Aarm êîngheichd und keis Woord meh ggredt und ggangä. Und duä, drêî Maaned spęęter, ischt er gstoorbä. Schi heind ggęęmted und duä Holz gfüärd apper in ds Doorf. Un duä ischt Peter schoon im Spital gsin und opäriärd choon, und duä hed er oûsgäblüät. Und zum Totämahl heindsch den van däm Holz vrbrennd. 17

Eine Schar Bauern ging Holz rüsten vor dem Heuen. Und dabei waren Peter Sprecher und sein Bruder die untersten. Und als die anderen herunter kamen, meinten sie, die beiden Brüder hätten viel Holz gerüstet. Und da sagt Peter, das Holz würden sie dann zu seinem Totenmahl brauchen. Sein Bruder, der Christen, habe gesagt: Red doch nicht so dumm! Da habe Peter gesagt: Das wisse er besser! Und die Axt so unter den Arm eingehängt und kein Wort mehr gesagt und gegangen. Und dann, drei Monate später, ist er gestorben. Sie haben geemdet und dann Holz geführt ins Dorf hinunter. Und da war Peter schon im Spital und operiert worden und verblutet. Und für das Totenmahl haben sie dann von diesem Holz verbrannt.

Erzählt 1944 von Lienhard Wilhelm, 1877–1952, in Peist im Schanfigg.

Hab: Schar, Gruppe.
Emd, emden: Der zweite und die weiteren Schnitte des Futtergrases heißen Emd.

Den Tod gesehen

20

Anton Rageth, der Wirt der ‹Glashütte›, dengelte im offenen Hof seine Sense. Da kam ein Freund von ihm mit der Frau auf einem Fuhrwerk die Landstraße daher vom Feld gefahren. Beide Männer waren miteinander in Rom gewesen, zuerst in der Schweizergarde. Der eine von ihnen wurde dann Diener eines Kardinals namens Ledohowsky. Im Vorbeifahren sahen die zwei auf dem Wagen, dass hinter dem dengelnden Wirt ein Totengerippe stand. Sie erschraken, wagten aber nichts zu ihm zu sagen und fuhren heim, nicht weit. Wie sie vor ihr Haus gelangten, kamen Leute gesprungen, die liefen auf der Landstraße an ihnen vorbei zum Pfarrer. Die beiden fragten, noch vor ihrer Haustüre: was denn los sei. Da riefen die Vorbeieilenden: eben sei der Wirt von der ‹Glashütte› beim Dengeln an einem Schlag gestorben.

Noch 1964 weiß und spricht man in Ems von diesem Vorkommnis, das sich im Jahre 1909 am Tag des Eidgenössischen Musikfestes in Brugg zugetragen hat.

Erzählt 1938 von Rosalie Fetz-Rudolf, 1871–1946, in Domat/Ems.

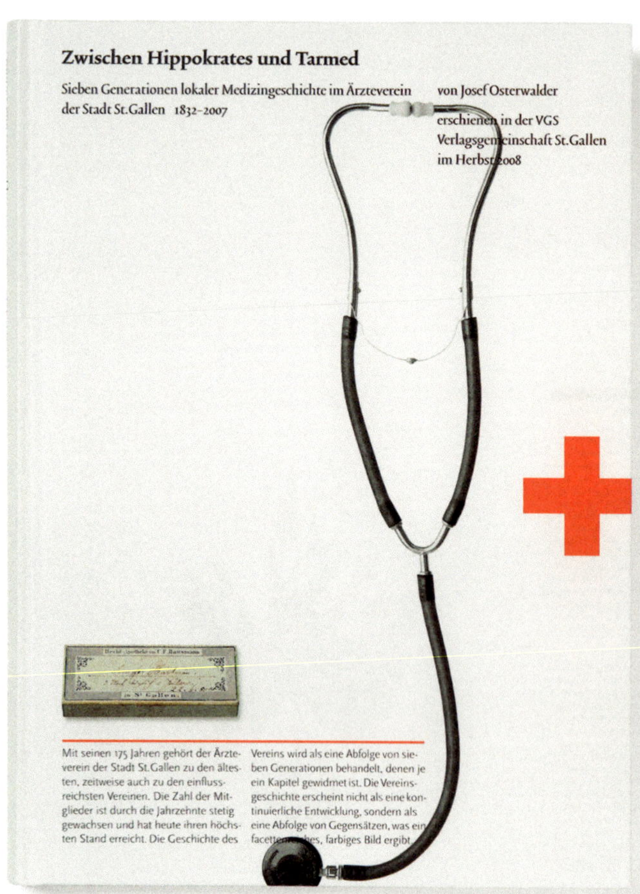

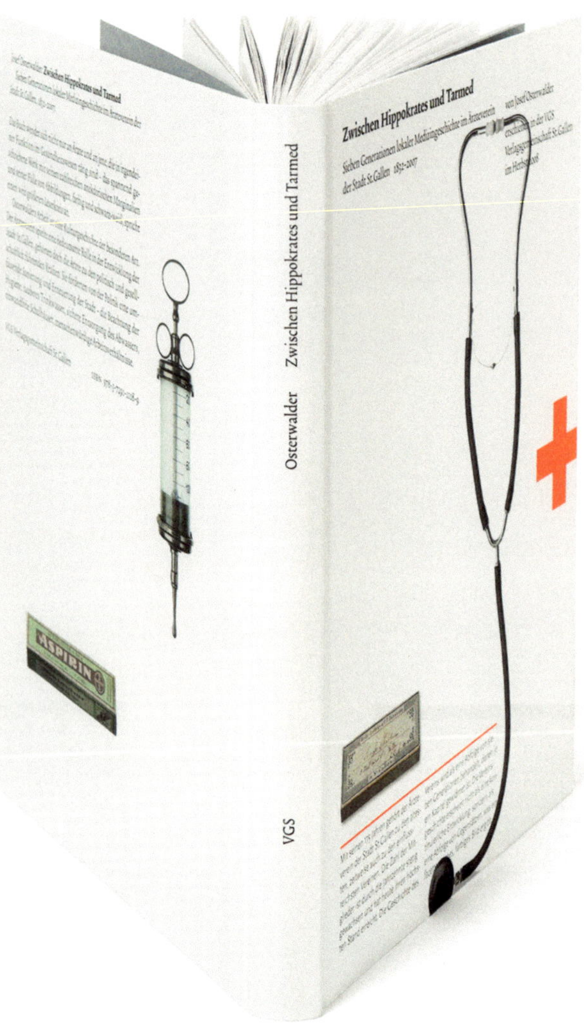

Josef Osterwalder: *Zwischen Hippokrates und Tarmed. Sieben Generationen lokaler Medizingeschichte im Ärzteverein der Stadt St. Gallen.* St. Gallen: VGS, 2007. 14.5 x 24 cm.

The inner typography of this slightly flexible volume has five different levels of text: 1. The main text in the broad columns, 2. Anecdotes for the time period concerned, in the upper marginal columns, 3. Footnotes, set below, 4. Captions, set semi-bold. also below or at the foot of the page. 5. A timescale showing the most important medical events over time.

Wissen und Wein

1832–1857: die erste Generation des Ärztevereins

Zuerst die Lesekommune · Gegengewicht zur staatlichen Reglementierungslust · Glacéhandschuhe für Kollegen · nach sechs Jahren ein Dornröschenschlaf · neuer Anlauf · Forum für Erfahrungsaustausch · vom Gefühlszustand eines Geköpften · Volksgesundheit und Frauenbad · der Verein wird volljährig

Man kennt den Tag und die Stunde. Am 1. Oktober 1832 setzen sich abends um 18 Uhr fünfzehn Ärzte aus der Stadt St.Gallen zusammen und beschließen, ‹eine ärztliche Gesellschaft im weitesten Sinne des Wortes zu bilden›. Was im großformatigen Protokollband dann als ‹Medizinisch-chirurgisch-pharmazeutische Gesellschaft› bezeichnet wird.[1] 1832, das bedeutet einen frühen Zusammenschluss. Die Universität Zürich, an der viele St.Galler Mediziner studieren werden, wird erst ein Jahr später, 1833 gegründet. Das Gasthaus, in dem sich die städtischen Ärzte versammeln, trägt den passenden Namen Zum Bund. Und was sie beabsichtigten, tönt so anspruchsvoll wie ansprechend. Sie wollen ‹durch gegenseitige schriftliche oder mündliche Mitteilungen von gemachten Erfahrungen, neuen Entdeckungen etc., bei einem Gläschen Wein sich gegenseitig belehren, aufmuntern und Irrtümer beseitigen ...› Das ‹Gläschen Wein› hilft mit, ein weiteres Ziel des neuen Vereins zu erreichen: Er möchte ein Forum sein, ‹wo jeder seine Meinung frei und ohne Scheu aussprechen dürfe und zugleich kollegialische Harmonie gefördert werde›.

Die Vereinsgründung ist gut vorbereitet worden. Die Tagesleitung liegt bei Hermann Rheiner, erster Präsident wird Kaspar Balthasar Wild, Aktuar Johann Martin Eduard Engwiller, als weiteres ‹Commissions-Mitglied› wird Hermann Rheiner gewählt. Die ersten Protokolle verzichten allerdings konsequent auf die Nennung eines Vornamens. Er wird durch ‹Dr.› ersetzt.

Bereits zwei Wochen später, am 15. Oktober, findet die zweite Zusammenkunft statt, zu der nun auch die Apotheker eingeladen sind. Diesmal sind es bereits 22 Personen, die eigenhändig die dreizehn Paragraphen der Statuten unterschreiben.

Diese zeigen, dass man mehr als eine lockere Gesellschaft sein will. So wird ein fester Sitzungsrhythmus festgelegt, an jedem zweiten Montag im Monat, abends 18 Uhr. Anwesenheit ist nicht nur er-

Die ersten Vereinsmitglieder

Unter den fünfzehn Ärzten, die sich zur Gründung des Ärztevereins entschlossen haben, finden sich die folgenden Namen: Kaspar Balthasar Wild, Hermann Rheiner, Georg Paul Kessler, Karl Girtanner, Kaspar Tobias Zollikofer, Johann Kaspar Erasmus Schobinger, Johann Martin Eduard Engwiller, Johann Jakob Benjamin Wartmann, Bartholome Hungerbühler, Friedrich Albert Züblin, Christian Friedrich Fels, Hermann Ebneter, David Altherr, Johann Jakob Merz und Friedrich Schirmer. An der formellen Gründungsversammlung stossen dann noch folgende sieben hinzu: Karl August Ehrenzeller, Friedrich Alexander Saynisch, Johann Friedrich Volland, Adrian Steinmann, Steinlin (Vorname nicht eruierbar), Leonhard Gustav Adolph Scheitlin, Adolph Zollikofer.

1 Protokoll über die Versammlungen der medicinisch-chirurgisch-pharmazeutischen Gesellschaft in St.Gallen von 1832 bis 1837. (Vermerk: Arch. No 1). Archiv des Ärztevereins, Stadtarchiv Vadiana. Die Protokollaufzeichnungen von 1832 bis 1837 schließen im Protokollband auf S. 145. Angefügt ist ein Register, das die in den Vorträgen behandelten Krankheiten aufführt. Ein Zeichen für den wissenschaftlichen Anspruch, den man an die Vorträge gestellt hatte.

wünscht, sondern wird auch protokolliert. Vermerkt wird auch, wer zu spät kommt. Das ist mehr und mehr der Fall. Denn so früh ist nicht bei allen Ärzten Feierabend. Bereits an der siebten Sitzung wird darum beschlossen, den Beginn der Versammlung um eine Stunde auf 19 Uhr zu verschieben.

Lesekommune als Vorläuferin

Dass sich die Ärzte am Ort zusammenschließen, ist zu dieser Zeit mehr als nahe liegend. In Deutschland gibt es bereits lokale Standesorganisationen der Ärzte: Lübeck seit 1808, Berlin 1810, Hamburg 1816.[2] Die Gründung des Ärztevereins der Stadt St.Gallen ist denn auch nicht ein Sonderfall. Er hat seine Vorbilder und auch eine Vorläuferin, eine wissenschaftliche Lesekommune.

In der Ostschweiz hat sich seit 1802 bereits ein Gedankenaustausch unter den Ärzten angebahnt. Das Bedürfnis, wissenschaftlich auf der Höhe der Zeit zu sein, führt in jenem Jahr zur Gründung der Medizinisch-chirurgischen Lesegesellschaft der Ostschweiz, ein Jahr bevor der Kanton St.Gallen entsteht.[3]

Die Lesekommune der Ärzte ist eine Art wissenschaftliche Selbsthilfeorganisation. Gemeinsam werden Zeitschriften abonniert und Bücher gekauft, die dann in Lesemappen unter den Mitgliedern zirkulieren. Zu den Abonnenten gehören ‹Doctores der Medicin›, Chirurgen, Apotheker und später auch Tierärzte aus den Kantonen St.Gallen, Appenzell, Thurgau, wobei sich der Rayon im Lauf der Jahre bis Chur erstreckt. Erst sind es fünf, dann sieben Lesezirkel. Ab 1818 werden die Zeitschriften doppelt geführt. Jacob Christoph Scherb aus Bischofszell sorgt als ‹Curator› für die Zirkulation der Schriften. Später wählt die Lesegesellschaft mit Kaspar Tobias Zollikofer einen Präsidenten und stellt ihm einen Helfer zur Seite.

Die Zirkulation der Schriften bildet eine Art schriftliches Nachdiplomstudium. Sie wird darum auch entsprechend überwacht. Wer die Ausleihfrist von vierzehn Tagen überzieht, wird mit einer Buße belegt. Je länger die Leihfrist überzogen wird, desto höher. Bei einem Mitglied soll die Buße einmal auf 1286 Franken aufgelaufen sein. Sie reduzierte sich dann dank gütlicher Vereinbarung auf 700.[4] Einmal im Jahr kommt man zusammen, bespricht Streitigkeiten unter Kollegen und erhält Gelegenheit, die im abgelaufenen Jahr zirkulierten Schriften zu ersteigern. An dieser Versammlung werden auch weitere medizinische Fragen besprochen.

5

2 Dresel, E. G.: *Organisations-Bestrebungen im ärztlichen Stande.* Berlin 1913.
3 Protokoll der Medicinisch-chirurgischen Lesegesellschaft; der älteste Band stammt aus dem Jahre 1809.
4 ‹Die Geschichte von der Gründung und Entwicklung des Ärztevereins des Kantons St.Gallen seit 75 Jahren›. *Schweizerische Medizinische Wochenschrift*, 68. Jahrgang 1938, Nr. 1, S. 27.

Abb. 5 Hermann Rheiner. Er gab 1832 den Impuls zur Gründung des Ärztevereins und zu seinem Wiederaufleben 1850, nachdem das Vereinsleben während zwölf Jahren geruht hatte. Präsident von 1850 bis 1861.

Eine besondere Einrichtung ist der Freibettenfonds, für den sich die Ärzte ebenfalls engagieren. So werden Vorträge ‹zu Gunsten der Freibetten im Kantonsspital gehalten›; auch sie mit moralischen Appellen versehen. Dr. A. Fehr endet 1882 seinen Vortrag über ‹Das Blut im Haushalte des Menschen› mit dem Aufruf: ‹Dass auch bei Ihnen ein warmes Herz für die unglücklichen Kranken schlägt, haben Sie durch Ihre heutige Anwesenheit tatkräftig bewiesen, und danke ich Ihnen im Namen derselben herzlich dafür. Hier liegt die wahre Lösung der sozialen Frage; auf diese Weise wird sie besser gelöst, als durch Dynamit und Petroleum, Bajonett und Pickelhaube.›[9]

Ein Jahr zuvor endet Laurenz Sonderegger seinen Vortrag zugunsten des Freibettenfonds mit einem Zitat aus der Bibel, ‹Ein gütiges Herz ist des Leibes Leben.›[10]

‹Prachtsexemplare› aus der Pathologie

Eine Krankengeschichte nach der andern. Der Austausch über schwierige Krankheitsbilder und spektakuläre Fälle bildet bei den monatlichen Zusammenkünften der Ärzte im städtischen Verein auch zu dieser Zeit das Hauptthema. Wie wichtig dies den Ärzten ist, zeigt sich schon daran, dass die zwei frühesten Protokollbände die behandelten Krankheiten in einem alphabetischen Register aufführen.

Ein Blick in die Protokolle des Jahres 1861 verdeutlicht, in welch weitem Spektrum sich der Austausch bewegt. Anatomische Präparate werden zu folgenden Befunden gezeigt: Bauchfellentzündung nach Magenperforation; totgeborenes Kind mit sechs Zehen; totgeborenes Kind mit Kretinismus; geplatzte Lungenarterie; Kropf; perforiertes Bauchfell nach Analverkehr; Ansammlung von Monatsblut in der Gebärmutterhöhle; fehlentwickelte Gebärmutter; geplatzter Blinddarm; Herzbeutelentzündung.

Bemerkenswert ist die sprachliche Fassung, mit denen einzelne Fälle beschrieben werden. Im Protokoll von 1862 heißt es zum Beispiel von einem Präparat: ‹Sehr schön mazerierter Kopf eines an einem Sarkom im Bereich des Gesichtsschädels verstorbenen Zürchers›; 1864: ‹Prachtsexemplar von einem Medullarkarzinom aus der Beckengegend, welches die Blase, die Symphisis ossium pubis und die davon abgehenden Äste des rechtsseitigen Schambeins in Beschlag genommen hat. In das Cavum der Blase selbst ragt es mittels einer zottenkrebsartigen Geschwulst hinein, während Uterus und Tuben intakt geblieben sind.›

Medizin. Josef Lister publiziert seine Versuche mit Karbolsäure zur Desinfektion des Operationsbereiches; Infektionshäufigkeit geht drastisch zurück.

1868 Neue Erkenntnisse zum Reflex der Atmung durch Karl Ewald Konstantin Hering und Josef Breuer.

Wer das Sagen hat

‹Dem ersten Verwalter war es gelungen, gegenüber der Kantonsregierung einleuchtend aufzuzeigen, wie Ärzte im Begriff waren, den Spital- und damit auch Staatshaushalt finanziell zu belasten, indem sie eher dazu neigten, von einem haushälterischen Ordnungsprinzip zu profitieren, als es zu stützen. In ihrem Wirken im Spital hatten sie sich einerseits von der Haushaltungsordnung grundlegend abhängig gemacht, andererseits nutzen sie diese, um ihrer Tätigkeit rücksichtslos übergeordnete Bedeutung zu verleihen. Das Vorhaben, ärztliche Berufstätigkeit im Spitalbetrieb als wichtigste einzustufen, schloss eine mehr oder weniger bewusste Missachtung anderer Ordnungsprinzipien ein.›

Fritschi Rita M.: *Der arme Lazarus im Kulturstaat*, S. 163.

9 *Bericht über die Tätigkeit der St.Gallischen Naturwissenschaftlichen Gesellschaft 1881/82.*
10 *Bericht über die Tätigkeit der St.Gallischen Naturwissenschaftlichen Gesellschaft 1880/81.*

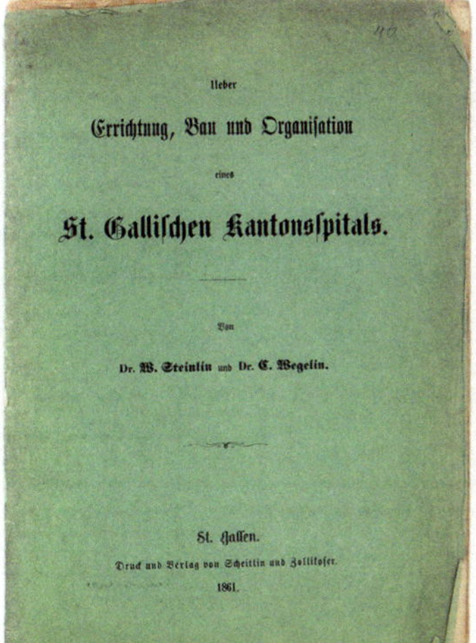

Ueber
Errichtung, Bau und Organisation
eines
St. Gallischen Kantonsspitals.
Von
Dr. W. Steinlin und Dr. C. Wegelin.
St. Gallen.
Druck und Verlag von Scheitlin und Zollikofer.
1861.

19

Besonders ausführlich werden Fälle geschildert, die den Bereich der Gerichtsmedizin berühren. 1864 berichten gleich drei Ärzte über den Fall eines 19jährigen Burschen. Durch die ‹Unvorsichtigkeit eines Andern› sei diesem ein Taschenmesser in die Brust und direkt in den Herzbeutel gedrungen. Dennoch war er in der Lage gewesen, noch mindestens dreihundert Schritte zu gehen, bis er zusammensank. Dann berichtet das Protokoll, wie die Ärzte den Verletzten angetroffen und in welcher Reihenfolge sich der ‹Symptomkomplex› bis zum

Abb. 19 Die Broschüre, die den Anstoß zur Schaffung eines Kantonsspitals gab. Die Verfasser, Werner Steinlin und Carl Wegelin, beziehen sich auf Erfahrungen im Fremdenspital und im Gemeindekrankenhaus.

1869 Robert Bartholow beschreibt in den USA das Problem der Morphingewöhnung und der Entzugserscheinungen; Entwurf eines Behandlungsplans. Mit dem Begriff ‹Hospitalismus› beschreibt James Young Simpson (Schottland) die fatale Hygiene in Krankenhäusern. Der Schweizer Johann Friedrich Miescher entdeckt die Nucleinsäuren. In Ragaz wird der ‹Quellenhof› eingeweiht, ein Bau des Schweizers Bernhard Simon. Blüte der Bäderkultur.

Dominik Zili

Zu Lob und Dank Gottes

Das St. Galler Kirchengesangbuch von 1533
herausgegeben von Frank Jehle

VGS · TVZ

Frank Jehle (ed.): *Zu Lob und Dank Gottes.* The St. Gallen hymnbook of 1533, compiled by Dominik Zili. St. Gallen: VGS, 2010. Boards with cover set on. 16 x 29.5 cm.

Ill. above and opposite: binding-p. 1; inner title. Pp. 155-157: double-pages.

Der xv. Psalm.

O Herr wår wirt wonunge hon
In dinen zelten klůge /
Und dinem hailigen berge schon
Da ewig han sin růwe?
Der unbefleckten wandel trait
Und würcket die gerechtigkait
Warhafftig in sim hertzen.

hon = haben.
In dinen zelten klůge = in deinem klugen, d.h. gut eingerichteten Zelt (Plural ‹in dinen zelten› wohl Druckfehler; im biblischen Original Singular).
schon = schön. růwe = Ruhe, Frieden.
trait = trägt, d.h. hat.

Und der kain falsche zung nit hat
Sin nåchsten ze betriegen /
Nachred und schmaach er nit gestat
Die menschen mit verliegen /
Den schalck hat er für nüt geacht
Die frommen hat er groß gemacht
Die Gott den Herren fürchten.

der kain falsche zung nit hat = der keine falsche Zunge hat (doppelte Verneinung).
Sin = seinen.
gestat = gestattet, d.h. zulässt.
Die menschen mit verliegen = um die Menschen damit zu verleumden.
schalck = Schurke.

Wår sinem nåchsten trüwe laist
Mit gfård nit thůt verfůren / |
Kain wůcher er nit von im haischt
Laßt im die hend nit schmieren /
Wår dise ding recht halten thůt
Der blybt ewig in sicher hůt
Mit Gott wirt er regnieren.

Wår = wer. sinem = seinem.
trüwe laist = Treue leistet, d.h. treu ist und sich an getroffene Abmachungen hält.
gfård = Hinterlist, Betrug.
wůcher = Zins.
haischt = heischt, d.h. fordert (ebenfalls doppelte Verneinung).
Laßt im die hend nit schmieren = und lässt sich die Hände nicht schmieren, d.h. lässt sich nicht bestechen.
regnieren = herrschen.

Im Original S. VI–VII. Text von Wolfgang Dachstein (um 1487–1561), Straßburg 1525.

Der xxxvii. Psalm.

18·19

Erzürn dich nit o frommer Christ
Vorm nyd thů dich behůten /
Ob schon der gottloß rycher ist
So hilfft doch nit sin wůten /
Mit bain und hut / glych wie dz krut
Wirt er inn kurtz abghowen /
Sin gwalt und rych / gilt eben glych
Dem graß uff grůner owen.

frommer = rechtschaffener, wackerer.
nyd = Neid. rycher = reicher.
Mit bain und hut = mit Knochen und Haut, d.h. mit Haut und Haar.
glych wie dz krut = gleich wie das Kraut.
inn kurtz = in Kürze.
abghowen = abgehauen, d.h. abgeschnitten.
rych = Reich.
owen = Au, Wiese.

Dem Herren schenck dich gantz und gar
Sins willens solt dich halten /
So blybst im land in gůter gwar
Laß nun den Herren walten /
Denn wirst du dich / gantz sicherlich
On alle not erneeren /
Und gibt dir Gott on allen spott
Was din hertz thůt begeren. |

Sins willens solt dich halten = du sollst dich an seinen Willen halten.
blybst = bleibst.
gůter gwar = in gutem Gewahrsam, d.h. gut aufgehoben.
nun = nur. Denn = dann.
on allen spott = ohne Scherz (gesagt), d.h. sicherlich.

All dine wåg uß frischen můt
Darzů all dine sachen
Befilch mit flyß dem vatter gůt
Er wirt all ding wol machen /
Biß du on sorg / und wart uff borg
Er wirt dir nüts ufschlahen /
Din recht und gricht wirdt wol geschlicht
Es kompt noch alls ann tage.

Befilch = befiehl. flyß = Fleiß. Biß = sei.
und wart uff borg = und warte, bis dir einer borgt, d.h. lebe auf Pump.
ufschlahen = aufschlagen, d.h. einen Zins verlangen, möglicherweise Druckfehler für ußschlahen = ausschlagen, abschlagen.
Din recht und gricht = deine Art, Recht zu sprechen.

Trutz reg dich nit und halt im still
Dem Herren mit gedulte /
Erzürn dich nit das ist sin will
Hiemit sich kainr verschulde /
Und ob es schon glücklich thůt gon
Dem schalck uff diser erden /
Woltst du darumb / ouch nit sin frumm
Von Gott abtrünnig werden?

Trutz reg dich nit = sei nicht trotzig.
halt im still = halte ihm (d.h. Gott) still, d.h. lass ihn einfach machen.
schalck = Schurke.
frumm = rechtschaffen.

Gwüß ists daß gar in kurtzer zyt
Der gottloß gantz můß zergon /
Der yetz in allen lüsten lyt
Von Gott wirt er bald abgethon /
Hab du nur acht / uff sinen pracht
Er wirt vor dir verschwinden / |
Glych wie ain lufft / ouch rouch und tufft
Laßt er sich nit mer finden.

Gwüß = gewiss. zyt = Zeit. lyt = liegt.
Glych = gleich. tufft = Duft, Hauch.

Im Original S. VII–XV. Text von Ludwig Hätzer oder Hetzer (um 1500–1529). Zu seiner Person vgl. S. 78 ff.

Foreword, psalm texts, epilogue and bibliography in Lexicon 2 Roman D and Italic D. Translations, comments and notes in Scala Sans Light and Italic Light.

Hienach volgend die geistlichen Gsang / und zum ersten von den zehen Gebotten.

XLVI

Hienach volgend die geiſt
lichen Gſang / vnd zum erſten
von den zehen Gebotten.

DAs ſind die hailgē zehen ge.
bott
Die vns gab vnſer Herre
Gott.
Durch Moſen ſinen diener trüw/
Hoch vff dem berg Sinai/
Kyrieleyſon.

Jch bin allain din Gott vñ Herr
Kain götter ſolt du haben mer.
Du ſolt mir gantz vertruwen dich
Von hertzen grund lieben mich/
Kyrieleyſon.

Du ſolt nit bruchen zů vneeren
Den nam̄en Gottes dines Herrē/
Du ſolt nit pryſen recht noch gůt
On was Gott ſelbs redt vnd thůt/
Kyrieleyſon.

Du ſolt hailgen den ſibenden tag
Das

Das sind die hailgen zehen gebott
Die uns gab unser Herre Gott.
Durch Mosen sinen diener trüw /
Hoch uff dem berg Sinai /
Kyrieleyson.

sinen diener trüw = seinen treuen Diener.

Ich bin allain din Gott und Herr
Kain götter solt du haben mer.
Du solt mir gantz vertruwen dich
Von hertzen grund lieben mich /
Kyrieleyson.

Ich bin allain = nur ich bin. solt = sollst.
vertruwen = anvertrauen.

Du solt nit bruchen zů uneeren
Den nammen Gottes dines Herren /
Du solt nit prysen recht und gůt
On was Gott selbs redt und thůt /
Kyrieleyson.

Das biblische Bilderverbot, das *vor* dieser Strophe zu erwarten wäre, fehlt bei Luther – wie auch in seinem Kleinen Katechismus. Später wurde dies zu einem Gegensatz zwischen den reformierten und den lutherischen Kirchen.
bruchen = brauchen.
prysen = preisen. On = ausser.

Du solt hailgen den sibenden tag |
Daß du und din huß růwen mag /
Du solt von dim thůn lassen ab
Daß Gott sin werck in dir hab /
Kyrieleyson.

huß = Haus. růwen = (aus)ruhen.
dim = deinem.

Du solt eeren und ghorsam syn
Dem vatter und der můter din /
Und wo din hand inn dienen kann
So wirst du langs låben han /
Kyrieleyson.

syn = sein.
din = deiner.
inn = ihnen.

Du solt nit tőden zornigklich
Nit hassen noch selbst råchen dich /
Gedult haben und senfften můt
Und ouch dem fynd thůn das gůt /
Kyrieleyson.

tőden zornigklich = aus Zorn totschlagen.
senfften = sanften.
fynd = Feind.

Din ee solt du bewaren rain
Daß ouch din hertz kain anderen main
Und halten künsch das låben din
In zucht und måssigkait fin /
Kyrieleyson.

Din ee = deine Ehe.
main = meine, d.h. an eine andere Person denke.
künsch = keusch (vielleicht Druckfehler, und es sollte ‹küsch› heißen).
fin = fein.

Du solt nit stålen gålt noch gůt
Nit wůchern yemants schwaiß noch bluot / |
Du solt ufthůn din milte hand
Dem armen in dinem land /
Kyrieleyson.

wůchern = Wucher treiben mit.
milte = milde, d.h. großzügige.

Im Original S. XLVI–XLIX. Gemeint sind Lieder, die nicht auf dem Psalter beruhen, als erstes Beispiel das Lied über den Dekalog von Martin Luther (1483–1546), Wittenberg 1524.

captions: see page 154

Titelseite des handschriftlichen Verzeichnisses der aus der Bibliothek Zilis stammenden 70 Bücher. Siehe unten S. 75, Abs. 3. St. Galler Kantonsbibliothek Vadiana (VadSlg Ms. 5,58r). Leicht verkleinert.

Gemeinhin gilt das deutschsprachige Kirchenlied als ein Kind der Reformation. Das ist nicht ganz unrichtig, wohl aber einseitig. Besonders in der Schweiz ist unvergessen, dass Huldrych Zwingli, der Zürcher Reformator, dem Kirchengesang ablehnend gegenüber stand. Persönlich war er zwar musikalisch, spielte Laute, Harfe, Geige, Rabögli (eine kleine Taschengeige), Feldpfeife sowie das Hackbrett, die Zinke (Blasinstrument aus Holz oder Elfenbein) und das Waldhorn, und er war ein guter Sänger. Im Familien- und Freundeskreis liebte er die Hausmusik. Aus theologischen Gründen duldete er aber im Gottesdienst nur das Wort. Ab 1525 mussten die Orgeln in Zürich schweigen, 1528 wurden sie abgebaut. Die Gläubigen sollten nicht durch menschliche Zusätze von der inneren Sammlung auf die biblische Botschaft abgehalten werden.[1] Zwingli berief sich u. a. auf Amos 5,23, in seiner eigenen Übersetzung: ‹Thu mir das gmürmel diner gsangen hinweg, und das gsang diner lyren[2] will ich nicht.›[3] Neuere Forscher meinen zwar, dass er nur ‹den lateinischen Kultgesang meint[e], nicht den Gemeindegesang, wie er uns geläufig ist›.[4] In seiner Schrift *Action oder bruch des nachtmals* von 1525 ließ er das Singen von Kirchenliedern in anderen reformierten Städten gelten: ‹In dem wir aber andrer kilchen mer ceremonien (als viellycht jnen füglich und zů andacht fürderlich), als da sind gesang und anders, gar nit verworfen haben wellend.›[5] ‹Warum er den Kirchengesang dennoch nicht [einführte], ist ein Rätsel [...].›[6] Neuplatonisch-leibfeindliche und nicht genuin-christliche Motive mögen mitgespielt haben. Das erste offizielle Zürcher Kirchengesangbuch erschien jedenfalls erst 1598.[7]

Umgekehrt trifft zwar zu, dass die lateinische Messe in der vorreformatorischen Zeit dominierend war, und entsprechend die lateinischen Gesänge, besonders der gregorianische Choral, für das Volk zu schwierig. Man musste lesen und Latein verstehen können. Berufsmäßige Sänger wurden an den größeren Kirchen angestellt. Etwa vom St. Galler Reformator Johannes Kessler ist überliefert, dass er sich den Besuch der Lateinschule als Chorsänger verdiente. Jeden Morgen um fünf Uhr wurde im Münster am Altar der heiligen Anna eine Messe gelesen. Dazu kam nachmittags um zwei Uhr die gesungene Vigil, beides auf Lateinisch.[8]

Im Vergleich zur Fülle lateinischer Lieder war der Anteil der deutschsprachigen marginal.[9] Und doch gab es geistliche Gesänge in der Volksspra-

1 Vgl. Martin Haas: *Huldrych Zwingli und seine Zeit. Leben und Werk des Zürcher Reformators*. Zürich 1969, S. 21 f.

2 Leiern (Saiteninstrumente).

3 Nach Theodor Odinga: *Das deutsche Kirchenlied der Schweiz im Reformationszeitalter*. Frauenfeld 1889, S. 9.

4 Markus Jenny: *Luther, Zwingli, Calvin in ihren Liedern*. Zürich 1983, S. 82. Vgl. Fritz Schmidt-Clausing: *Zwingli als Liturgiker. Eine liturgiegeschichtliche Untersuchung*. Berlin 1952, S. 175. ‹Spätestens seit dem 23. November 1524, als die Straßburger Reformatoren ihm brieflich ihren nach der Schrift erneuerten Gottesdienst schilderten, wusste er, dass die Gemeinde dort Liedpsalmen und andere Kirchenlieder sang, und er hat sich in seiner Antwort, auch im Namen seiner Zürcher Amtsbrüder, am 16. Dezember 1524 ausdrücklich positiv geäußert: «Was ihr von deutschen Liedern und Psalmen schreibt, findet hier bei allen Brüdern Zustimmung.»› Für diesen Hinweis danke ich Andreas Marti, Liebefeld BE, und Alfred Schindler, Uerikon ZH.

5 Nach: Odinga, S. 10.

6 Schmidt-Clausing, S. 175.

7 Jenny 1962, S. 7 und öfters.

8 Vgl. Rudolf Gamper / Urs Leo Gantenbein / Frank Jehle: *Johannes Kessler. Chronist der Reformation*. St. Gallen 2003, S. 12.

9 Vgl. dazu: Gerhard Hahn (Herausgeber): *Martin Luther, Die deutschen geistlichen Lieder*. Tübingen 1967, besonders S. XVII ff.

Gesellschaft für deutsche Sprache und Literatur St. Gallen (ed.): *Dichten gen Himmel. Psalmisches oder geistliches Reden dreitausend Jahre nach König David*. Texts by five poets, with accompanying text by Rainer Stöckli. St. Gallen: VGS, 2000. Single-section brochure with protruding cover with flaps, sewn. 14 x 26 cm.

Ill.: jacket-p. 1; jacket flap (dark blue) over cover (black) and first leaf (dark blue) of content; double-page title and further double-pages.

Der du die Regenpfeifer gemacht hast

Dichten gen Himmel. Psalmisches oder geistliches Reden dreitausend Jahre nach König David

Texte von Beat Brechbühl, Ernst Herhaus, Ivo Ledergerber, Elsbeth Maag, Ursula Riklin, Rainer Stöckli

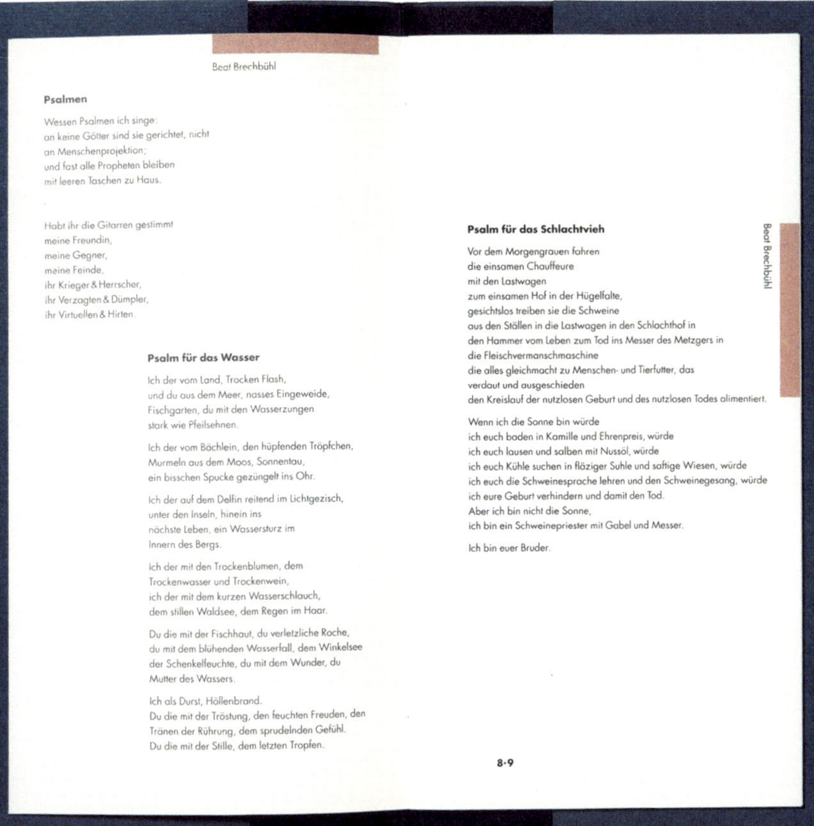

Beat Brechbühl

Psalmen

Wessen Psalmen ich singe:
an keine Götter sind sie gerichtet, nicht
an Menschenprojektion;
und fast alle Propheten bleiben
mit leeren Taschen zu Haus.

Habt ihr die Gitarren gestimmt
meine Freundin,
meine Gegner,
meine Feinde,
ihr Krieger & Herrscher,
ihr Verzagten & Dümpler,
ihr Virtuellen & Hirten.

Psalm für das Wasser

Ich der vom Land, Trocken Flash,
und du aus dem Meer, nasses Eingeweide,
Fischgarten, du mit den Wasserzungen
stark wie Pfeilsehnen.

Ich der vom Bächlein, den hüpfenden Tröpfchen,
Murmeln aus dem Moos, Sonnentau,
ein bisschen Spucke gezüngelt ins Ohr.

Ich der auf dem Delfin reitend im Lichtgezisch,
unter den Inseln, hinein ins
nächste Leben, ein Wassersturz im
Innern des Bergs.

Ich der mit den Trockenblumen, dem
Trockenwasser und Trockenwein,
ich der mit dem kurzen Wasserschlauch,
dem stillen Waldsee, dem Regen im Haar.

Du die mit der Fischhaut, du verletzliche Roche,
du mit dem blühenden Wasserfall, dem Winkelsee
der Schenkelfeuchte, du mit dem Wunder, du
Mutter des Wassers.

Ich als Durst, Höllenbrand.
Du die mit der Tröstung, den feuchten Freuden, den
Tränen der Rührung, dem sprudelnden Gefühl.
Du die mit der Stille, dem letzten Tropfen.

Psalm für das Schlachtvieh

Beat Brechbühl

Vor dem Morgengrauen fahren
die einsamen Chauffeure
mit den Lastwagen
zum einsamen Hof in der Hügelfalte,
gesichtslos treiben sie die Schweine
aus den Ställen in die Lastwagen in den Schlachthof in
den Hammer vom Leben zum Tod ins Messer des Metzgers in
die Fleischvermanschmaschine
die alles gleichmacht zu Menschen- und Tierfutter, das
verdaut und ausgeschieden
den Kreislauf der nutzlosen Geburt und des nutzlosen Todes alimentiert.

Wenn ich die Sonne bin würde
ich euch baden in Kamille und Ehrenpreis, würde
ich euch lausen und salben mit Nussöl, würde
ich euch Kühle suchen in fläziger Suhle und saftige Wiesen, würde
ich euch die Schweinesprache lehren und den Schweinegesang, würde
ich eure Geburt verhindern und damit den Tod.
Aber ich bin nicht die Sonne,
ich bin ein Schweinepriester mit Gabel und Messer.

Ich bin euer Bruder.

8·9

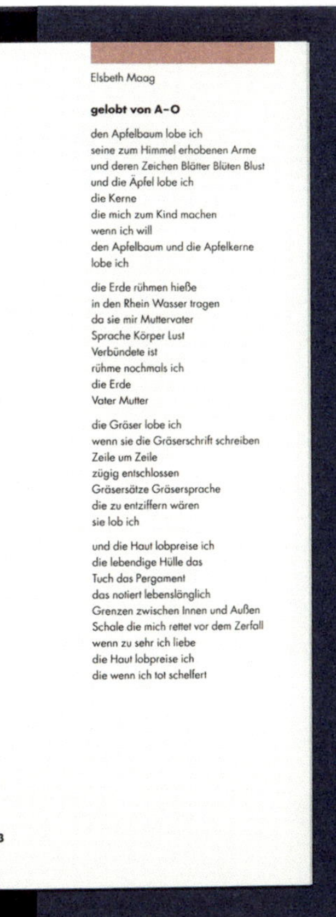

Elsbeth Maag

gelobt von A–O

den Apfelbaum lobe ich
seine zum Himmel erhobenen Arme
und deren Zeichen Blätter Blüten Blust
und die Äpfel lobe ich
die Kerne
die mich zum Kind machen
wenn ich will
den Apfelbaum und die Apfelkerne
lobe ich

die Erde rühmen hieße
in den Rhein Wasser tragen
da sie mir Muttervater
Sprache Körper Lust
Verbündete ist
rühme nochmals ich
die Erde
Vater Mutter

die Gräser lobe ich
wenn sie die Gräserschrift schreiben
Zeile um Zeile
zügig entschlossen
Gräsersätze Gräsersprache
die zu entziffern wären
sie lob ich

und die Haut lobpreise ich
die lebendige Hülle das
Tuch das Pergament
das notiert lebenslänglich
Grenzen zwischen Innen und Außen
Schale die mich rettet vor dem Zerfall
wenn zu sehr ich liebe
die Haut lobpreise ich
die wenn ich tot schelfert

12·13

Ivo Ledergeber

Psalm 1

Wüsste gerne wohin
ginge gerne
sagte gerne
ich will

Psalm 5

Ich habe geblickt
übers glatte ruhige Wasser
kein Ufer jenseits
unmerklich der Übergang
in den Silberdunst
die Unendlichkeit
dieses Frühlingsmorgens

Wo Herr

Wo
Herr
sind die
Tempelausräumer
wo
im Tempel
die
mutigen
Gradsteher
die
Denker
ohne Lug
wo
die
Betenden

Beatus vir 1

Im Kreise der Spötter
sitz ich
bin schon
gestorben
kreise
mit den
Spöttern
vor deinem Altar
Tugendengel
Lügenhengst
grob gespitzter Pfahl
schlecht geworfner Stein

Höre

Gerne
kennte
der Narr
den Himmel
seine Heerscharen
die mächtigen Flügler

lauschte gerne
ihren Chören

folgte ihren Reigen

der Narr
sitzt
isst
schaut

sieht
nur
Bilder

Ivo Ledergeber

10·11

Peter Lehner: *Angenommen, um 0.10. Zerzählungen*. – Adrien Turel: *Shakespeare. Zur Einheit und Mannigfaltigkeit der großen Schöpfer*. – Albin Zollinger: *Fluch der Scheidung. Briefe an seine erste Frau*. St Gallen: Tschudy, 1965. Fullcloth binding with jacket. 10.5 x 16.8 cm.

Ill.: jackets-p. 1.

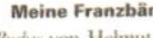

Meine Franzbände

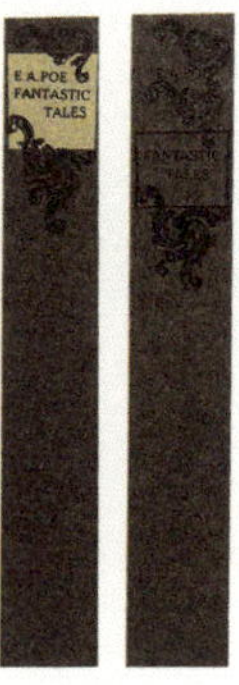

Im *Wörterbuch des Buches* von Helmut Hiller steht unter dem Stichwort Franzband: ‹Franzband oder französischer Band. Eine Bezeichnung, die sich früher (hauptsächlich im 18. Jh.) ausschließlich auf die nach französ. Art in Kalbleder gebundenen, auf echte Bünde gehefteten und mit Rückenvergoldung versehenen Bücher beschränkt.› Man könnte noch beifügen, daß im Lauf des 19. Jahrhunderts der Einbandtyp im Sinn des damals aktuellen mechanistischen Perfektionismus modernisiert worden ist. Mit anderen Worten: Die materialgerechte, natürliche, buchgemäße, funktionell bewährte Konstruktion wurde von der komplizierteren Lösung verdrängt. Sie hat sich nicht bewährt, doch hat sie sich dank ihres modischen Gehabens durchgesetzt, so daß sie schließlich zum A und O eines jeden Handbuchbinders wurde, der etwas auf sich hielt. Erst in den letzten Jahren kündigte sich, wenigstens in unseren Gegenden, eine Wende an.

Meine Lehrzeit in der Fachklasse für Handbuchbinder der Kunstgewerbeschule der Stadt Zürich (jetzt Schule für Gestaltung), damals unter der Leitung des Meisters Friedhold Morf, war eine Schulung, die sich besonders auf den handwerklich wie ästhetisch anspruchsvollen Einband konzentrierte. So durfte ich es nach meiner Lehrzeit und einem Weiterbildungsjahr wagen, auch anspruchsvolle Arbeiten in Leder auszuführen, wie die erwähnten Franzbände. Bei der Lösung formaler Probleme kamen mir meine Erfahrungen als Grafiker zustatten. Diese Einbände bilden eine Gruppe für sich und haben nur wenig Beziehung zu den daneben und später entstandenen Arbeiten. Obgleich ich die Beschäftigung mit den etwas hochgezüchteten Objekten nicht lustlos betrieb, das Kombinieren mit Prägestempeln mir Spaß machte, konnte ich eine gewisse Abneigung gegenüber dieser Luxusbuchbinderei im Lauf der Jahre immer weniger verdrängen. Der Erreger des Unbehagens war nicht das handwerklich Besondere daran als vielmehr die mir fremde Art, mit dem Buch umzugehen. Ganz ohne Verständnis für das Liebhaberische im Umgang mit Büchern, insbesondere mit schönen Büchern, bin ich nicht, sonst hätte ich diesen Beruf nie ergriffen. Wofür ich weniger Verständnis habe, ist der Kult, der mit Luxusdrucken, Luxuseinbänden und Faksimile-Ausgaben getrieben wird. Eigentlich müßte ich dies begründen, aber dazu ist hier nicht der Ort.

Von den in jenen ersten Jahren entstandenen Arbeiten – so gut wie alle waren für Kunden ausgeführt – sind mir nur die wenigsten noch erreichbar, weshalb ich sie mit noch vorhandenen Entwürfen dokumentiere. Man kann aber auch so die Absicht erkennen, die Einbände nicht zu überladen, die natürliche Oberfläche des Leders, des Pergamentes nicht durch üppige Dekors um ihre Wirkung bringen. Oft begnügte ich mich mit dem Titel auf Rücken und Vorderdeckel. Doch um diese wenigen Elemente richtig zu verteilen, auch um die für den bestimmten Fall geeignete Schrift zu finden, sparte ich nicht mit Versuchen und Entwürfen.

Einige Einbände sind mit Stempeln aus dem 18. Jahrhundert geprägt, aber natürlich nicht im Stil jener Epochen verwendet. Jeweils alle möglichen Kombinationen ausprobierend, tastete ich mich an Lösungen heran, die formal befriedigend waren und darüber hinaus einen Bezug zum Inhalt herstellten, ohne gerade symbolisierend zu wirken.

8

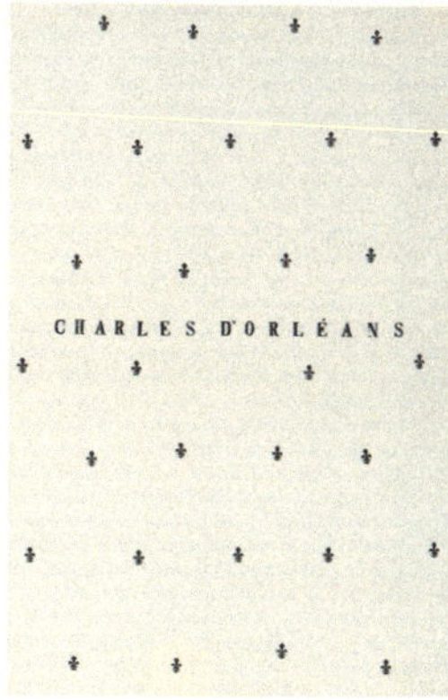

Seite 8: Entwürfe für den Rücken eines flexiblen Ganzlederbandes in Oasenziege grau, Prägestempel aus der Romantik, Titel auf Lederschild.

Entwurf für *Charles d'Orléans*, handlithographierter Text und Illustrationen von Henri Matisse, ausgeführt in Ganzleder, Maroquin écrasé, hellblau. Titel auf dem Vorderdeckel mit Stempelschrift (Einzelbuchstaben) geprägt.

Entwurf für einen Ganzlederband in Oasenziege dunkelgrün, für eine neuere Handschrift, Prägung in Zitrongold mit Werkzeugen aus dem 19. Jahrhundert.

9

Buch und Bucheinband

von Franz Zeier

Franz Zeier ist Buchbinder und spricht daher in erster Linie über Bucheinbände, aber er weiß, daß seine Arbeit – genau gleich wie die des Typographen – eine dienende ist, daß das wichtigste der Inhalt des Buches ist und nicht sein Kleid. ‹Der Einband ist das erste, worauf unser Blick fällt, wenn das Buch noch geschlossen vor uns liegt, aber das Wesentliche bleibt doch der Inhalt. Wehe dem Einband, der sich wichtig nimmt, seinen Vortritt mißbraucht. Denn schließlich: Selbst wenn der Einband fehlte, das Buch könnte man trotzdem lesen.›

Wer so denkt, handelt entsprechend. Texte und Abbildungen dieses Heftes geben Rechenschaft von beidem: von Zeiers Gedanken über Buch und Bucheinband und von seinen Arbeiten als Buchbinder. Ein Werkstattbericht also, ein besonderer insofern, als hier das Handwerk Teil einer Lebenshaltung ist. Dazu gehört, daß auch Franz Zeier seine Vorbilder hat. Neben seinen Arbeiten zeigt darum das Heft Beispiele aus der Sammlung, die er sich im Laufe der Jahre angelegt hat: Bücher, Büchlein, Hefte – nichts Kostbares im landläufig bibliophilen Sinne, aber verborgene Schönheiten, die ihn angeregt haben und uns von einer anderen Seite her zeigen, worauf es diesem Buchbinder ankommt.

Einer früheren Veröffentlichung hat Franz Zeier den Titel *Richtigkeit und Heiterkeit* gegeben. Wer dieses Heft aufmerksam studiert, merkt schnell, daß die beiden Begriffe auch ihm als Motto vorangestellt werden könnten. Keines von Zeiers Büchern ist prunkvoll, keines ist schwer. Sie sind von selbstverständlicher Schönheit: richtig und heiter.

VGS Verlagsgemeinschaft St. Gallen
VGS

Franz Zeier: *Buch und Bucheinband*. St. Gallen: VGS, 1995. Single-section brochure with jacket, stapled. 20 x 30 cm.

Ill. left: jacket-p. 2; above and pp. 162-163: double-pages.

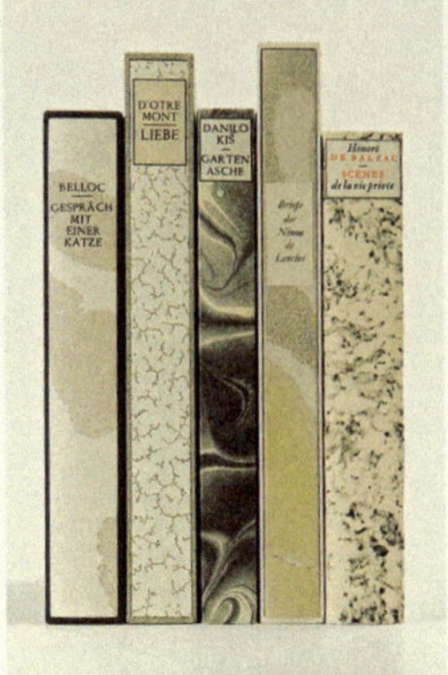

Seite 22: Zwei marmorierte Papierbände mit Titel in Handdruck auf Schild.

Fünf Papierbände, marmoriert, vier davon mit Titel in Handdruck auf Schild, sehr dünnen Deckeln und knapp vorstehenden Deckelkanten.

Vier Papierbände, Überzug in Kleister-Abziehtechnik, Titel in Handdruck auf Schild.

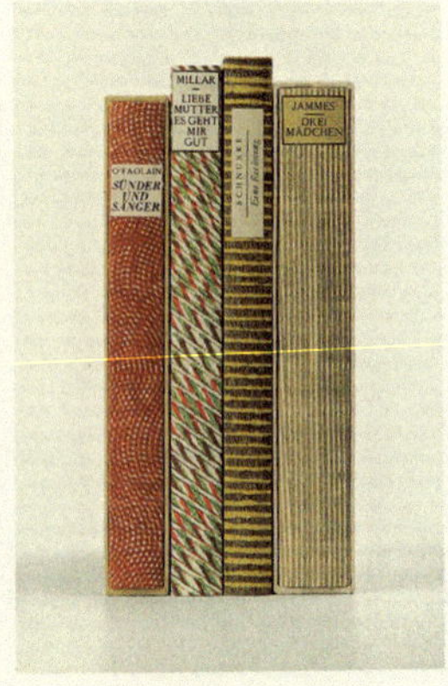

Das leichte Buch

Öfter, wenn ich einen eben fertig gehefteten Buchblock vor mir auf dem Werktisch liegen sah oder ihn in den Händen hielt, hatte ich das Gefühl, daß in ihm das für mich ideale Buch eigentlich bereits vorhanden oder doch ‹entworfen› war.

Ich fragte mich, wie das Wesentliche von dem, was mir da so gefiel, bis zur Fertigstellung der Arbeit erhalten werden könnte: das Leichte, Lockere, Biegsame, Offene, gewissermaßen Provisorische, die so unabsichtliche Heiterkeit, die von dem Blätterbündel ausging. Wo man das Buch auch öffnete – oder war es denn etwa nicht schon ein Buch? – es blieb offen liegen, ob auf dem Tisch oder in der Hand, wollte einem nicht gleich vor der Nase wieder zuklappen! Es hatte alles, was ich von einem sogenannten leserfreundlichen Buch erwarten würde. Der einzige Nachteil bestand darin, daß es noch zu verletzlich war; auch die Eselsohren würden nicht lange ausbleiben.

Das hieße also, weniger kleistern, hämmern, überkleben, weniger versteifen. Mit anderen Worten, ich müßte dem Rücken seine Beweglichkeit erhalten, auf angeklopfte Fälze verzichten, sehr dünne Deckel verwenden, deren Kanten nur knapp über den Buchblock hinaus vorstehen dürften. Wichtig mußte mir vor allem der einfache, logische Aufbau des Ganzen sein, das Vermeiden jeder ästhetischen und mechanistischen Spitzfindigkeit.

Zusätzlich war es der Einfluß ostasiatischer, vorab chinesischer und japanischer Buchgestaltung – man kann hier nicht nur von Einbandgestaltung reden –, der mich vom schweren, schwerfälligen Einband wegführte. Offensichtlich liebten die genannten Völker – wenigstens jene Gruppen unter ihnen, die sich mit Texten abgaben – schwere Bücher nicht. Sicher hatte jedes größere Werk sein Gewicht, doch eben deshalb wurde es auf mehrere handliche Broschuren verteilt.

Die lebhaften, aber nie grellen Farben ihrer Umschläge sind von Hand aufgetragen, geglättet und meist mit einem unaufdringlichen, blind geprägten Muster versehen. Lockerheit und eine unübertreffliche Genauigkeit, die ohne Kälte oder Härte ist, vereinen sich in diesen vollkommenen, in ihrer Haltung so einfachen Büchern mühelos. Sie haben mich seit jeher für sich eingenommen und förderten meine Vorliebe für den leichten Einband.

Welcher Kontrast aber zu unseren abendländischen Büchern der Renaissance und des Barock mit ihren mächtigen Schweinsledereinbänden! Niemand bezweifelt, daß auch sie großartige handwerkliche Leistungen sind. Von welcher Seite man sie auch betrachtet, es zeigt sich eine Beherrschung der Mittel und zugleich eine Freiheit, die uns größte Bewunderung abverlangt.

Merkwürdig ist, daß von den Büchern des Westens uns die aus dem 18. Jahrhundert heute als ‹sehr alte Bücher› erscheinen, während die ostasiatischen aus derselben Zeit uns ganz anders ansehen, uns jung vorkommen.

Die abgebildeten japanischen Bücher haben, trotz ihrer Zurückhaltung, etwas Festliches an sich. So wirkt diese Einbandart ja auch auf den japanischen Farbholzschnitten, wo sie nicht selten vorkommt. Leider schwindet die Festlichkeit im Lauf des 19. Jahrhunderts in dem Maß, wie dort der Einfluß der westlichen Zivilisation und ihre fast sklavische Nachahmung durch die Japaner zunimmt.

Seite 24 und 25: Drei japanische Broschuren oder Hefte in traditioneller Bindetechnik, vermutlich aus dem 18. Jahrhundert. Überzüge handgefärbt, mit zurückhaltendem, blindgeprägtem Muster. Trotz der quer durch den Bund gehenden Heftung lassen sich diese Bücher – dank der Weichheit des Japanpapieres – mühelos öffnen und lesen.

Geöffnete japanische Broschur in traditioneller Bindetechnik, vermutlich für Buchhaltung. Umschlag aus ungefärbtem, starkem Papier.

Während im fernen Osten der leichte Einband seit Menschengedenken heimisch ist, fehlt im Westen eine entsprechende Tradition. Hier hat im Gegenteil der schwere, repräsentative Einband eine lange und mächtige Tradition, die sich bis heute auswirkt, nicht bloß in der Menge von Faksimileausgaben. Die romanischen Evangeliare und Psalter mit ihren Metallbeschlägen, Edelsteinen, Elfenbeinschnitzereien sind der gewaltige und sozusagen unüberbietbare Auftakt zur abendländischen Buch- und Einbandkunst. Die Deckel sind überladen, aber mit Geschmack, mit großartigem Formsinn. Dieser zur Schau gestellte Reichtum hat immer sein Äquivalent in verschwenderischem Text, auf Pergament geschrieben und gemalt. Alle folgenden Stilepochen haben ihre Prachtbände hervorgebracht, bis in die Barockzeit.

Im 19. und 20. Jahrhundert wird die Tradition fortgesetzt, nur fehlt jetzt der Formsinn, der sichere Geschmack ging verloren, die Pracht wurde geistlos. Noch einmal, nach der Jahrhundertwende, schraubt sich das – vor allem in Paris – empor, doch aller Enthusiasmus war nicht imstande, etwas hervorzubringen, das entschieden über das Modische hinausgegangen wäre, es war mehr die Phantastik als die Phantasie am Werk, im Manuellen ein unerbittliches Spezialistentum.

Wir leben nicht mehr in der Romanik, nicht mehr im Barock. Einem gewissen Neo-Feudalismus, der sich seit geraumer Zeit breit gemacht hat, will ich keine Unterstützung leihen. Als Handwerker liebe ich meine einfachen Werkstoffe und versuche, mit ihnen ökonomisch umzugehen.

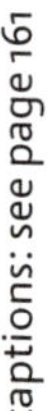
captions: see page 161

Der Rückentitel

Je einfacher ein Bucheinband gestaltet ist, desto mehr Gewicht wird seinem Rückentitel zukommen; er wird den Ausdruck, das Gesicht des Buches wesentlich mitbestimmen. Bei Luxusbüchern, die, wie es meist der Fall ist, mit künstlerischem oder pseudokünstlerischem Beiwerk überladen sind, wird der Titel wenig Bedeutung haben. Im ersten Fall jedoch kann er das Ganze abrunden, akzentuieren oder, wenn er seine Wirkung verfehlt, die gesamte Arbeit entwerten.

Die Möglichkeiten, den Namen des Autors und den Titel auf den Buchrücken zu bringen, sind zahlreicher als man vielleicht denkt. Denn variierbar sind Schrifttyp, Buchstaben-, Wort- und Zeilenabstände, die Schriftgrößen und die Schriftfarbe. Es gibt auch, wie man weiß, magere, fette, halbfette, aufrechte und kursive Schriften, man kann Groß- und Kleinbuchstaben oder nur Großbuchstaben verwenden. Die Zeilen können quer zum Rücken laufen oder längs. Aber damit ist nur das Gröbste gesagt.

In diese Problematik – in dieses Spiel, könnte man sagen – habe ich mich ein wenig vertieft, mit Vergnügen, oft mit Eifer. Bei derartigen Beschäftigungen zählen Kombinationssinn, Beweglichkeit, Phantasie. Oft lockt gerade ein dergestalt beschränkter Spielraum die lebendigste Kreativität hervor. (Es muß sich eine solche ja nicht durchwegs in Geniestreichen oder Eruptionen äußern.)

Da ich mich für den Druck meiner Titel keiner elektronischen Apparate bediene, ist jeder Buchstabe in die Hand zu nehmen, auch jede Spatie, das sind die Messingplättchen, mit deren Hilfe ich die Abstände der Lettern reguliere. Das ergibt eine Menge unscheinbarer Arbeitsgänge. Der Laie ahnt das um so weniger, je selbstverständlicher und artiger die paar Wörter zuletzt auf dem Buchrücken stehen.

Bei manchen Einbänden erscheint der Titel, oder nur der Autorname, auch auf dem vorderen Deckel, in einer etwas größer gewählten Schrift vielleicht, in optischer Übereinstimmung mit dem Titel auf dem Rücken. Der Einband erhält dadurch eine besondere Note.

Drucke ich den Titel auf ein Papierschild, gibt mir das Gelegenheit, am Buch einen zusätzlichen Farbton ins Spiel zu bringen. Dies kann ein Weiß sein, das die benachbarten Farbtöne belebt und verdichtet. Weiß ist eine wunderbare Farbe, es muß aber für den bestimmten Fall das richtige Weiß sein.

All das eben Besprochene ist nicht neu, aber man kann es besser oder schlechter machen, spannungsvoller oder langweiliger. Wieviel Konventionelles eine solche Arbeit auch enthalten mag, sie muß durch meinen persönlichen Einsatz von innen heraus belebt sein, sonst kann sie kaum gelingen. Und auch der Betrachter oder Leser sollte spüren, ob das Buch vor seinen Augen lebt oder nicht lebt.

Nicht immer ist es leicht, man könnte sogar sagen, daß es selten gelingt, zum Beispiel einen Titelentwurf, der einem gefällt, der einem lebendig scheint, so auszuführen, daß er seine besondere Qualität behält. Vielleicht entdeckt man das Gelungene oder Besondere an ihm erst, wenn man die Ausführung danebenhält, die wohl genauer, ausgeglichener, dafür spannungsloser ist. In der Übertragung sind die scheinbaren Zufälligkeiten des Entwurfs verlorengegangen. Sind es Zufälligkeiten? Es lohnt sich, in solchen Fällen der Frage nachzugehen, um herauszufinden, wo die Ursache für den Verlust

GREEN
AUFBRUCH
VOR TAG

GREEN
AUF
BRUCH
VOR
TAG

liegt, den die Ausführung gegenüber dem Entwurf zeigt. Es mögen geringe Differenzen der Zeilen-, Wort-, Buchstabenabstände sein, ein anderer Zwischenraum zwischen Autorennamen und Buchtitel, eine günstigere Tönung des Papierschildes. Vielleicht ist es einfach die Spontaneität, die sich während der sklavisch genauen Ausführung verlor. Man hatte hier nicht mehr die lockere Aufmerksamkeit, die eher auf das Zusammenspiel der Elemente achtet als auf die tadellose Bewältigung der Details.

Es kann auch die präzise Ausführung eines Rückentitels eine gewisse Freiheit zeigen, allein dadurch, daß man während der Arbeit das Ganze im Auge behält – oder *auch* das Ganze. Es ist klar, daß zwischen den Teilen des Einbandes, welche mit Hilfe der Maschine und denen, die von Hand gemacht wurden, kein auffallender Unterschied sein darf; wir unterwerfen uns hier dem Charakter – oder der Charakterlosigkeit –, die die Maschine erzeugt; und doch unterwandern wir ihre Härte mit dem, was unsere Fähigkeiten uns zur Verfügung stellen. Was wir nicht tun: Wir forcieren hier nicht die Freiheit, denn sie würde uns im selben Moment verlassen. Was uns bliebe, wäre Manieriertheit, die eine Krankheit ist. Denn mein vielleicht geringes Talent, solange es sich auf natürliche Weise ausdrückt, ist ein Wert, der nicht bezweifelt werden kann, der aber verschwindet, wenn jenes mehr sein will, als es sein kann. Unser intensives Interesse an der Sache, die Gelassenheit, mit der wir unser Ziel verfolgen, werden verhindern, daß wir auf die ausgefahrenen Geleise der Manieriertheit geraten.

Drei aus einer Serie von neun Entwürfen für den Buchrücken eines Romans. Da der Titel – in Direktdruck oder auf Schild – stets im Verhältnis zum ganzen Rücken gesehen werden sollte, ist es ratsam, schon die Entwürfe dafür auf Papierstreifen von entsprechender Größe und Farbe auszuführen. Selbstverständlich ist der Titel oder das Titelschild in ein gutes Verhältnis auch zum ganzen Einband zu bringen.

s i c h t
bar

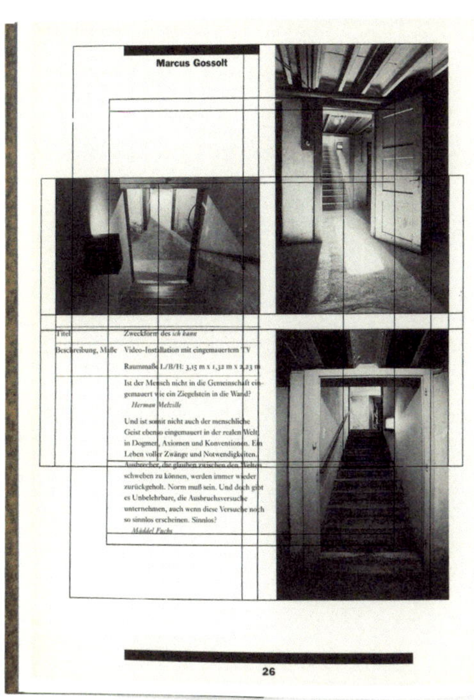

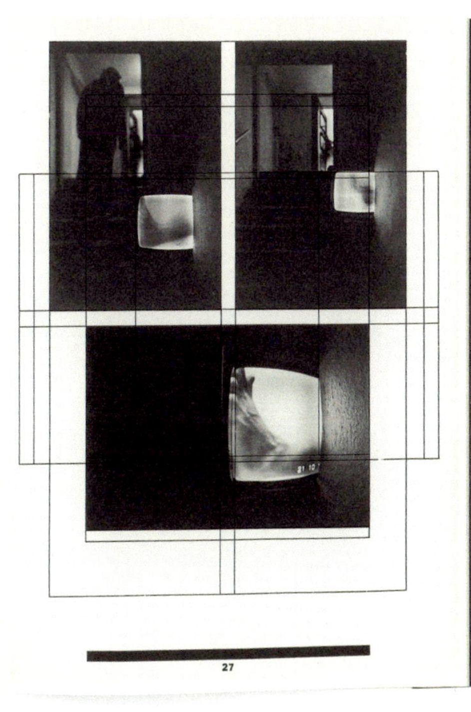

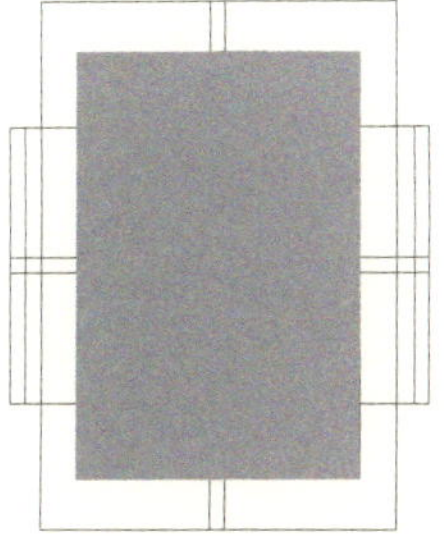

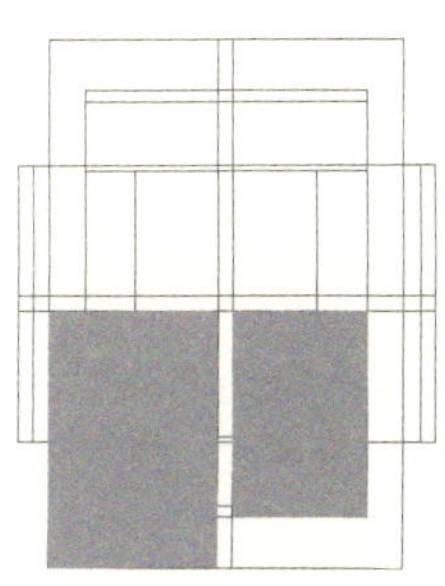

Marcus Gossolt (ed.): *sicht bar.* St. Gallen: VGS, 1996. Single-section brochure with jacket, stapled. 22.5 x 30 cm.

A report on installations and a performance in an old factory, mainly in its cellar. Hence the jacket of asphalt paper.

Ill.: jacket flap, cover, sheet 1; grid constructions with six possibilities for placing illustrations; double-page of content with overlaid grid.

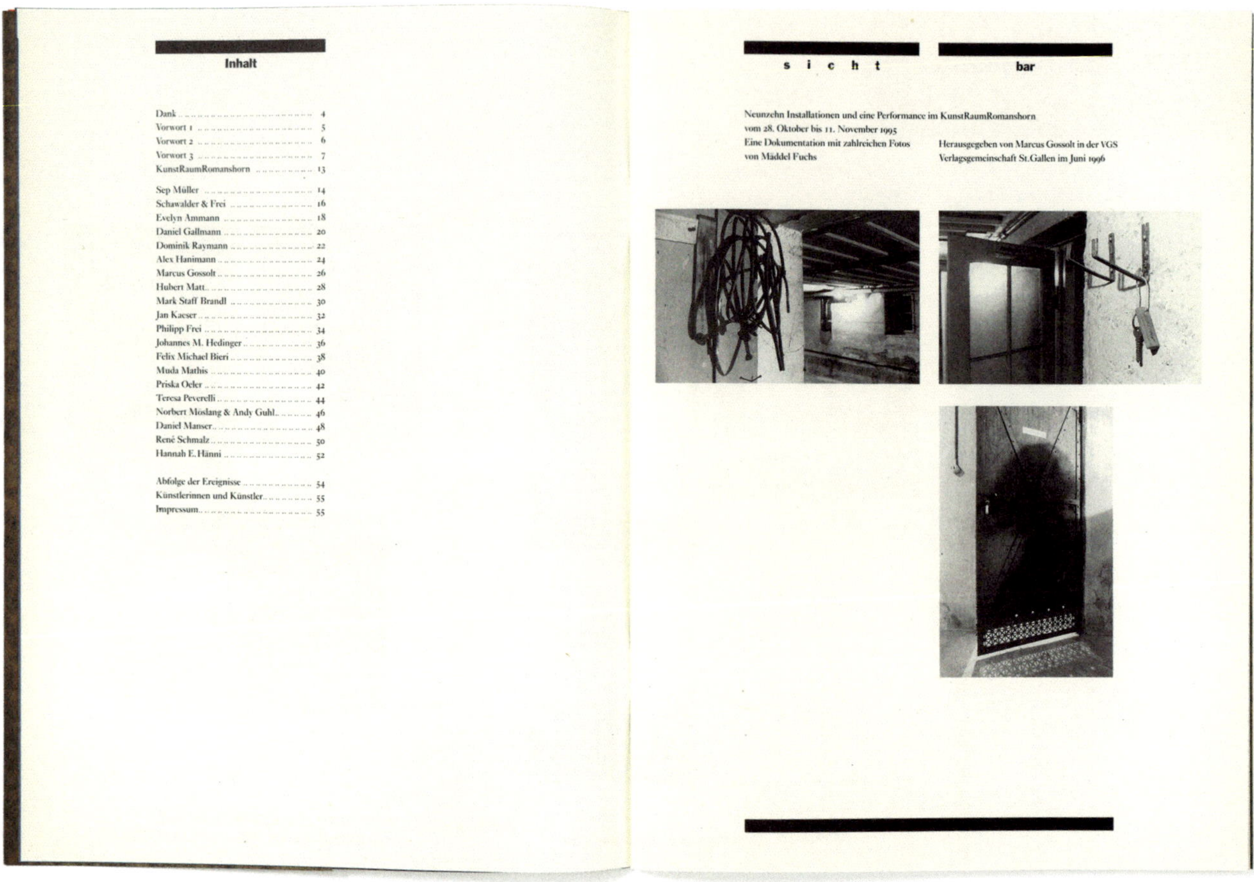
Inhalt

s i c h t bar

Neunzehn Installationen und eine Performance im KunstRaumRomanshorn
vom 28. Oktober bis 11. November 1995
Eine Dokumentation mit zahlreichen Fotos
von Mäddel Fuchs

Herausgegeben von Marcus Gossolt in der VGS
Verlagsgemeinschaft St.Gallen im Juni 1996

The type area is based on an axial cross: to the left and right of the vertical axis are the text columns, one of which can also be omitted. The illustration grid – if this arrangement can even be called a grid – derives from the intersection of a vertical and a horizontal: the illustrations can be placed, rotationally symmetrical or axially symmetrical, on, above or below the horizontal, or on, left or right of the vertical.
The illustrations – large and small, portrait and landscape – correspond exactly, or to within a minute fraction, to the ratio 2:3/3:2, i.e. the 35 mm photographs of the time. The slight difference with the exact ratio of 2:3 is because the height of the illustrations had to fit the text grid exactly. This enables many different arrangements of illustrations to be produced.

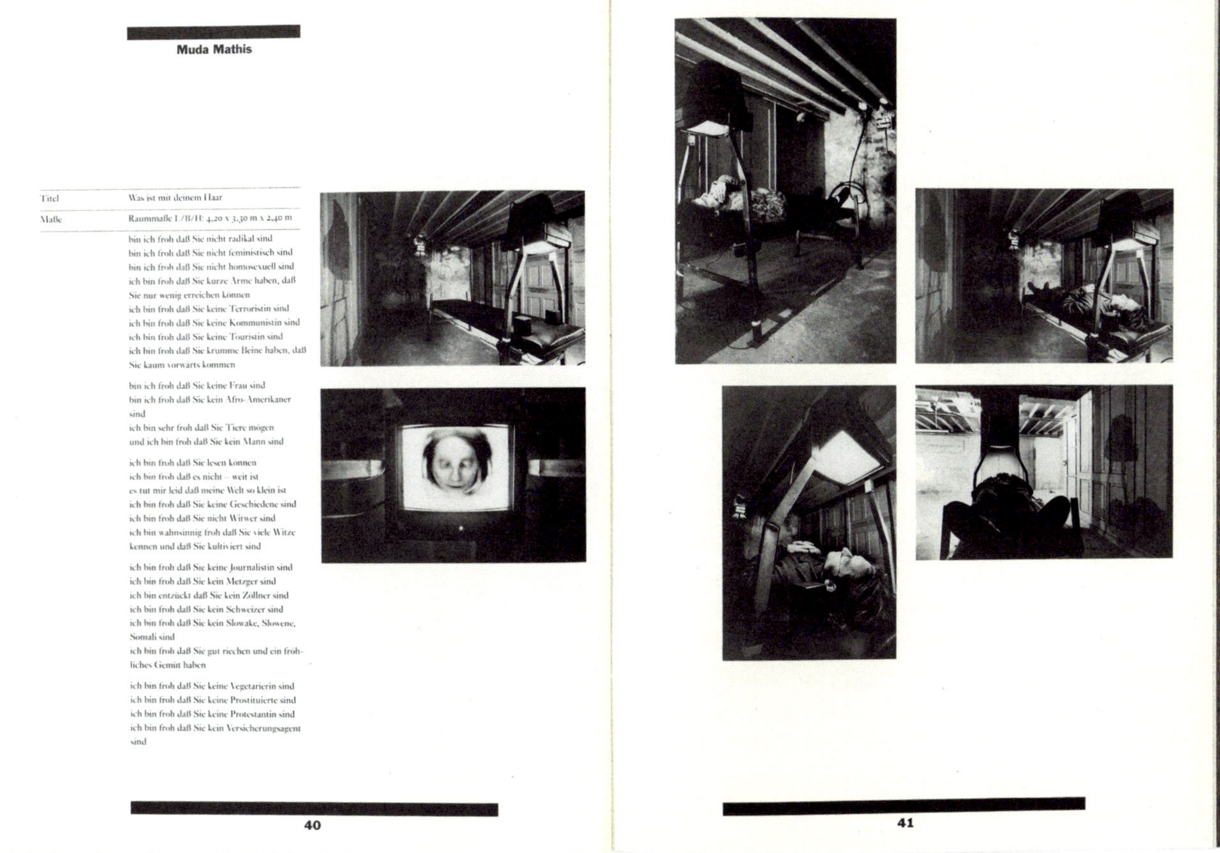

Muda Mathis

Titel	Was ist mit deinem Haar
Maße	Raummaße L/B/H: 4,20 x 3,30 m x 2,40 m

bin ich froh daß Sie nicht radikal sind
bin ich froh daß Sie nicht feministisch sind
bin ich froh daß Sie nicht homosexuell sind
ich bin froh daß Sie kurze Arme haben, daß
Sie nur wenig erreichen können
ich bin froh daß Sie keine Terroristin sind
ich bin froh daß Sie keine Kommunistin sind
ich bin froh daß Sie keine Touristin sind
ich bin froh daß Sie krumme Beine haben, daß
Sie kaum vorwärts kommen

bin ich froh daß Sie keine Frau sind
bin ich froh daß Sie kein Afro-Amerikaner
sind
ich bin sehr froh daß Sie Tiere mögen
und ich bin froh daß Sie kein Mann sind

ich bin froh daß Sie lesen können
ich bin froh daß es nicht – weit ist
es tut mir leid daß meine Welt so klein ist
ich bin froh daß Sie keine Geschiedene sind
ich bin froh daß Sie nicht Witwer sind
ich bin wahnsinnig froh daß Sie viele Witze
kennen und daß Sie kultiviert sind

ich bin froh daß Sie keine Journalistin sind
ich bin froh daß Sie kein Metzger sind
ich bin entzückt daß Sie kein Zöllner sind
ich bin froh daß Sie kein Schweizer sind
ich bin froh daß Sie kein Slowake, Slowene,
Somali sind
ich bin froh daß Sie gut riechen und ein fröh-
liches Gemüt haben

ich bin froh daß Sie keine Vegetarierin sind
ich bin froh daß Sie keine Prostituierte sind
ich bin froh daß Sie keine Protestantin sind
ich bin froh daß Sie kein Versicherungsagent
sind

40

41

Ill.: double-page title/contents list and double page of content.

THE SPINE OF THE BOOK

The book in the form we know it today, with many pages and multiple sections, developed in the period from the second to the fourth century of the present era. It replaced the previously used scroll. By contrast with the scroll, the codex had unchallengeable advantages, both for readers and for storage purposes.

The book that we buy in a bookshop is a three-dimensional object consisting of the book block and the binding, or the body of a brochure and its cover. In both cases, it is the text block that is decisive from a bibliographic perspective. A publication is still completely preserved if only the text block remains. The binding or cover is its clothing and is basically exchangeable. But for the reader, as well as the publisher and bookseller, the binding or cover is an intrinsic part of a publication. It is not merely the clothing, but also the face of a book.

Until well into the 16th century, books were stacked one on top of another, with the lower edge (the trimmed foot) facing outward. I have a small volume, bound in parchment, published in 1559 by Paulus Manutius, the third son of the famous Aldus. Its spine is bare of writing, but the author's name and the (abbreviated) title are written on the lower edge: M. T. Cicero de oratore. The script appears to be from the hand of its first owner; it is the italic used in the15th and 16th centuries by humanists and artists not only in Italy, but also north of the Alps – in St. Gallen, for example, by the mayor, town doctor, historiographer and reformer Joachim von Watt, known as Vadian. Today, it seems incomprehensible to us that books were stored in this fashion, but it probably had to do with the fact that many books, particularly those bound in non-reinforced parchment, could scarcely be placed vertically, while others had no cover at all, as the latter was only provided by the publisher in exceptional cases.

In the 16th century, we also see the first titles written on the spine, which indicates that people had started to store their books as we are used to doing: with the spine facing outwards. This gives the spine an important function. If the book stands next to other books on the bookshelf, the spine needs to provide, in a relatively narrow, vertical format, information on the book's content – at a minimum, the author or authors' names, the title, either in full or abbreviated and the publisher's logo. It is amazing how much information the spine can provide – its dimensions offer information about the book's probable weight in the reader's hands (which may often prove deceptive); the quality of the paper (matt or gloss) sends the fingers haptic signals; we can even sometimes tell whether the book will be stiff or flexible; the type of lettering, and its size, colour and other design elements indicate the nature of the book: is it part of a series, a collected works, a cheap paperback, a literary text, a scientific volume?

With antiquarian books, the spine gives us information about the period the book dates from. A collector of books published by Hegner will recognize the covers and bindings by the placing of the title or label high on the spine. With collected works of classic authors, as published before the Second World War by Insel, S. Fischer, Rowohlt, Diederichs, Kurt Wolff and other publishers, the spines – designed by important book designers – are often blocked-in gold, elegantly and imaginatively. If the title on the spine is in Blackletter, or Gothic script, that indicates that the text is set in a similar fashion – for example in the magical Unger-Fraktur – and that the book will not cost

Marcus Tullius Cicero:
De oratore libri I–III, Orator, De claribus oratoribus. With corrections by Paulus Manutius.
Venice: Aldus, 1559.

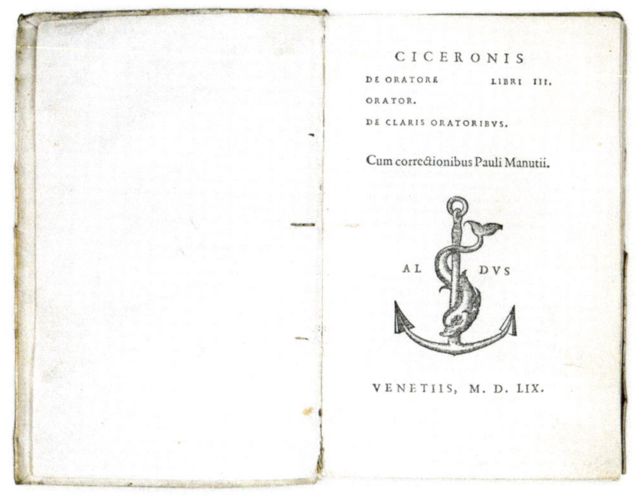

The title-page shows the dolphin and anchor colophon used by Aldus Manutius for his books. His son, Paul, also left the set ting of his name unchanged. In this small-format pocket-book, (10.6 x 13.6 cm), Paulus Manutius used the same italic as his father, Aldus (c. 1450–1512) who had it cut by the punch-cutter Francesco Griffo of Bologna. Aldus used it for the first time in 1501 for a book of texts by Virgil, and subsequently for a long series of works by other Roman authors. It is the first italic type. The title of the book is not on the spine, but on the foot-edge of the book block.

much, as no-one any longer wants to read so-called 'German' type. Indeed, we can learn a lot from the spine.

Sooner or later, anyone involved in book design is confronted with the following question: should the author's name and the book's title be placed vertically or horizontally on the spine, and, if vertically, should they be read upwards or downwards? With most French, German and Swiss publishers, reading upwards is usual; in English-language regions, reading downwards is the norm. The argument for the latter is 'the coherence of this arrangement with the book lying flat on its back cover, which enables the [first and important] side of the cover to be read at the same time as the spine' (Gérard Genette). This is, however, a purely formalistic argument, for when a book lies flat I know what sort of book it is without needing to read the spine. That only needs to be read when the book stands among others on the bookshelf. All design training teaches that on posters vertical lines must be arranged reading upwards, except for short words. We can easily test whether we prefer to read upwards or downwards. I have yet to meet someone who prefers the latter. That spine lettering in English-language regions nevertheless consistently runs downwards is an unshakeable convention.

In the late-Baroque style exhibition room of the St. Gallen Abbey library there are no particularly valuable bindings in the cases along the walls: no gilded morocco volumes, no work by famous bookbinders. Even with the collected volumes of journals in the Abbey library, the text on the spine is almost always horizontal and gleams with gold in keeping with old customs and the demands placed on library bindings. Gold does look noble, but here, as in other libraries and archives, there is an utterly banal and practical reason for this: gilded and gold-blocked lettering is longer-lasting than all other sorts of lettering, though only if the bookbinder uses real gold leaf or foil. If so, the letters still glow fresh and strong after decades, even centuries. This does however demand skill on the part of the bookbinder. Working with gold is extremely delicate, and requires great experience (real gold leaf is only some eight thousandth of a millimetre thick).

The glow of the gold and the horizontal order of the texts give the bindings a noble, celebratory note. In this way, they make an important contribution – as the spines of books can do – to the extraordinarily beautiful impression created by this room of rare loveliness.

Jost Hochuli

First published in Martin Leuthold, Siegrun Appelt: *Xullux*.
St. Gallen: Klosterhof, 2018.

Bibliography:

Corsten, Severin et al. (eds.): *Lexikon des gesamten Buchwesens, LGB*[2]. Stuttgart: Hiersemann, 1985 ff.
Furler, Alfred, *Der Buchbinder*. Aarau: AT, 1989.
Genette, Gérard, *Paratexte*. Frankfurt: Campus, 1987.
Helwig, Helmuth, *Einführung in die Einbandkunde*. Stuttgart: Hiersemann, 1970.
Henningsen, Thorwald, *Das Handbuch für den Buchbinder*. St. Gallen: Hostettler, 1969.
Hiller, Helmut / Füssel, Stephan *Wörterbuch des Buches*. Frankfurt a. M.: Klostermann, [6]2002.
Schauer, Georg Kurt, *Deutsche Buchkunst 1890–1960*. 2 vols. Hamburg: Maximilian-Ges., 1963.

Daniel Studer: *Martha Cunz 1876–1961*. St. Gallen: VGS, 1993. Quarter-cloth binding with set on covers, 30 x 22.5 cm. Ill. opposite: binding. Above: poster for the exhibition of the graphic work by Martha Cunz, St. Gallen, 1993. 45 x 63 cm.

ON SPACE FOR POTENTIAL

Not only the Vadiana Cantonal Library, but probably almost all large libraries in the world include archives and bequests (as well as donations made during the lifetime of the donor) that come from individuals, whole families, companies, associations, societies or other institutions. These often have a specific thematic focus, that supplements a library's collection in a meaningful way. They are, to use a term frequently applied in this connection, cultural assets: witnesses to the thinking, creativity and impact of a person, institution or era, preserved by the library.

In this way, preservation acquires a concrete, material significance, as well as an intellectual, immaterial one. In addition to providing conservationally-appropriate 'accommodation' for its collections, the library is above all concerned with making these witnesses publicly accessible. The challenge is not merely to conserve them as memorials and cultural assets but to keep them alive in the present. To show their significance for the here and now of a society or an individual, so that new knowledge and insights can emerge, making it possible to shape the future. This is the intermediary role of libraries and memorial institutions in general: mediation between past, present and future; between differing concepts of knowledge and culture; between society as a whole and the life of every single individual. Essentially, mediation involves a cyclical process: from collecting via preserving and conserving to presenting and making available, bringing together and interlinking. New knowledge is thus created, which can itself be collected. This is at the same time both activity and outcome. It creates a space in which different strands, including those from the past, can be taken up and woven together into something new. A space in which we can question our own origins – the whence and the wherefore – and find answers for the whither. It is a space for potential in a wholly comprehensive sense. A space whose usage involves not consumption but new designs and new creativity. A space in which users become designers and creators, for themselves and for others.

For libraries to become such spaces for potential, many things are required. First and foremost, the collections and people who use them in the way described above. The Vadiana has the good fortune to have in Jost Hochuli not only a lifelong user, but above all an active creator shaping collections.

This is particularly the case for the St.Galler Zentrum für das Buch, a collection covering books and the press that is unmatched in the German-speaking world for its breadth, and which has been a special part of our library since 2006. Not least thanks to Jost Hochuli's international reputation and network, the core of the collection, which dates back to the Deutsche Bucharchiv München, has been expanded by several highly important bequests with a focus on typography. These include, for example, the working library of Jan Tschichold, one of the most important exponents of typographical theory in the 20th century together with Stanley Morison, as well as bequests from Rudolf Hostettler, André Gürtler and Willi Baus. And Jost himself has already bequeathed the Vadiana his comprehensive work archive, which documents his graphic and typographic work over a period of 60 years. His library will also, in due course, the property of the Vadiana, thus forming an excellent complement to the Jan Tschichold collection, in terms of both content and period.

But Jost Hochuli has shaped our space for potential in other ways too. I'm thinking of the many publications, lectures, series of talks and exhibitions that he has realised, with and about our own materials (see the impressive documentation of his work on pp. 189–194). They represent outstanding intermediary activity, in the sense described above, that can hardly be overestimated. They have brought, and still bring, people and knowledge sources together. They enable new insights for specialists as much as for an interested public. They encourage us to challenge the familiar and thus enable new discoveries. And not least, they give international attention to our collection, our library, and St. Gallen itself, as the city of the book.

Recently I was asked, in a private conversation, how libraries benefit from bequests. On the basis of Jost Hochuli's bequest, I can only say that they enrich our space for potential.

Susanne Uhl

Entrance portal of the Kantonsbibliothek Vadiana St. Gallen. As a public library with an academic vocation, it acquires and conserves historical and special collections and thus secures a significant part of the cultural heritage of the canton and the city of St. Gallen. The St. Galler Zentrum für das Buch collects media on books and the press in academic depth, and conserves estates and collections essential for research. By his own intermediary activity and through gifts of his own items, Jost Hochuli has made a significant contribution to the importance of these collections as key sources for research into typographical history, book design and the printing industry in St. Gallen, in Switzerland and internationally. (Photo Anna-Tina Eberhard.)

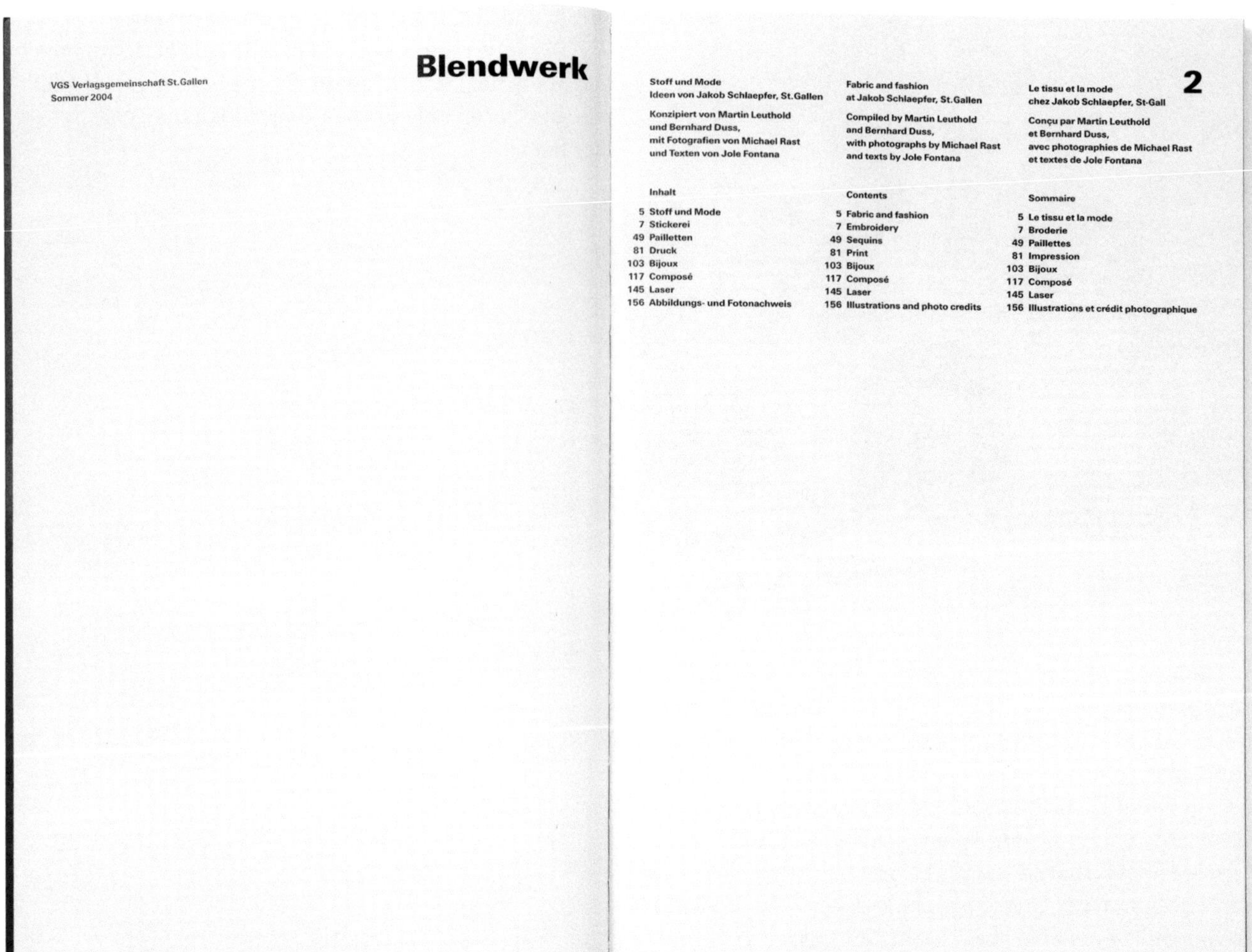

VGS Verlagsgemeinschaft St. Gallen
Sommer 2004

Blendwerk

2

Stoff und Mode
Ideen von Jakob Schlaepfer, St. Gallen

Konzipiert von Martin Leuthold
und Bernhard Duss,
mit Fotografien von Michael Rast
und Texten von Jole Fontana

Fabric and fashion
at Jakob Schlaepfer, St. Gallen

Compiled by Martin Leuthold
and Bernhard Duss,
with photographs by Michael Rast
and texts by Jole Fontana

Le tissu et la mode
chez Jakob Schlaepfer, St-Gall

Conçu par Martin Leuthold
et Bernhard Duss,
avec photographies de Michael Rast
et textes de Jole Fontana

Inhalt

Contents

Sommaire

Martin Leuthold, Bernhard Duss (eds.): *Blendwerk 1 & 2.* Texts Jole Fontana, photos Michael Rast. St. Gallen: VGS, 2004.

Ill. left: double-page title /contents list of vol. 2. Pp. 175-177 and 179: double-pages. Text trilingual.

42
43
ARCHIV

Christian Lacroix
Christian Lacroix, Paris

Der kreative Esprit von Christian Lacroix und Jakob Schlaepfer weist durchaus verwandte Züge auf: beidseits die Lust auf raffinierten Luxus und sinnliche Fülle, die Wertschätzung handwerklicher Qualität und die Begabung, widersprüchliche Elemente mit Witz zusammenzufügen. ‹Schlaepfer ist selbst fast so etwas wie ein Couture-Haus, wie die Verlängerung meines Studios und Ateliers›, stellt Lacroix fest. ‹Er ist ein privilegierter Partner.›

Kein Wunder, hält die Beziehung schon sehr lange, geht zurück auf die frühen achtziger Jahre, als Lacroix für die Haute Couture bei Jean Patou verantwortlich war. ‹Zwar kann ich mich nicht mehr an die erste Begegnung mit Schlaepfer erinnern, aber vergessen habe ich keines der Gesichter der wechselnden Mitarbeiterteams, die ihre eigenen und meine Kollektionen begleitet haben seit mehr als zwanzig Jahren. Und sicher ist, dass mir die Schlaepfer-Stoffe geholfen haben, das luxuriöse und gleichzeitig spielerische Flair zu entwickeln, das meinen Stil prägt.› Lacroix erinnert sich an die ersten Paillettenstoffe, die er verarbeitet hat, und an sehr spezielle Nouveautés, zumal an schwarze Volants aus Rosshaarmaterial mit applizierten roten Rosen, die für die erste Haute-Couture-Kollektion 1987 unter seinem eigenen Namen zu einem Symbol geworden sind.

Sich hundert Jahre in der innovationshungrigen Modeszene behaupten, heißt unablässig Neues erforschen. ‹Das Geheimnis von Jakob Schlaepfer liegt in einer reichen Erfindungsgabe, in einer schöpferischen Großzügigkeit, die jede Saison kritisch hinterfragt wird›, sagt Christian Lacroix. ‹Und es liegt in einer Kühnheit, die zum Stil des Hauses geworden ist, das die Balance hält zwischen Tradition, modischer Erneuerung und den besonderen Bedürfnissen jedes Kunden.›

112

Christian Lacroix
Christian Lacroix, Paris

Closely related tendencies are evident in the creative spirit of Christian Lacroix and Jakob Schlaepfer; they share a common desire for refined luxury and sensuous abundance, a high regard for quality craftsmanship and the talent to combine contrasting elements with wit. 'Schlaepfer is itself something of a couture company, a bit like an extension to my studio and workshop', states Lacroix. 'He is a privileged partner.'

It is thus no surprise that the relationship has lasted many years, extending back to the early eighties when Lacroix was responsible for the Haute Couture collection at Jean Patou. 'Although I cannot remember my first encounter with Schlaepfer, I haven't forgotten a single face in the changing teams that accompanied their own and my collections for over twenty years. And it is obvious that Schlaepfer fabrics have helped me develop the luxurious, while playful flair that characterises my style.' Lacroix remembers the first sequin fabrics he used, and the very special innovative fabrics, especially the black flounces made of horse hair with *appliquéd* red roses that became a symbol for the first Haute Couture collection in his own name in 1987.

Surviving one hundred years in the innovation-craving fashion scene means incessantly exploring new possibilities. 'The secret of Jakob Schlaepfer lies in its rich invention, in its creative generosity, which undergoes a critical analysis each season', says Christian Lacroix. 'And it is in its audaciousness, which has become the company's trademark, that the balance between tradition, fashion innovation and the individual requirements of each client is maintained.'

Christian Lacroix
Christian Lacroix, Paris

L'esprit créatif de Christian Lacroix et de Jakob Schlaepfer présente des traits analogues qui révèlent de part et d'autre une envie de luxe raffiné et de sensualité opulente, la valeur précieuse accordée à la qualité artisanale, et le don d'assembler avec humour des éléments contradictoires. « Schlaepfer est en soi presque une maison de couture, comme le prolongement de mon studio et de mon atelier », constate Lacroix. « C'est un partenaire privilégié. »

Il n'est donc pas étonnant que cette relation dure depuis si longtemps, elle remonte au début des années quatre-vingt, lorsque Lacroix était responsable de la Haute Couture chez Jean Patou. « Il est vrai que je ne peux plus me souvenir de ma première rencontre avec Schlaepfer mais je n'ai oublié aucun des visages des collaborateurs qui se sont succédés et qui ont accompagné leurs propres collections ainsi que les miennes depuis plus de vingt ans. Et il est certain que les tissus Schlaepfer m'ont aidé à développer un flair pour le fastueux et en même temps pour le ludique qui imprègne mon style. » Lacroix se souvient des premiers tissus paillettes qu'il a travaillés et des créations très spéciales, en particulier des volants noirs en crin avec des roses appliquées qui sont devenus le symbole de sa première collection Haute Couture en 1987 sous son propre nom.

Se maintenir pendant cent ans sur la scène de la mode avide d'innovations, signifie se mettre en quête perpétuelle de nouveauté. « Le secret de Jakob Schlaepfer, réside dans sa riche inventivité, dans une générosité créatrice qui, chaque saison, est remise en question », explique Christian Lacroix. « Il réside dans une hardiesse qui est devenue le style de la maison et qui maintient l'équilibre entre tradition, renouvellement de la mode et les besoins particuliers de chaque client. »

113

ST.GALL SUISSE
ARCHIV
118
119

Martin Leuthold, Bernhard Duss (eds.): *Blendwerk 1 & 2.* Texts Jole Fontana, photos Michael Rast. St. Gallen: VGS, 2004.
Two flexible brochures with flaps, 20 x 30 cm, in slipcase.

For the 100th anniversary of Jakob Schläpfer AG, St. Gallen.

Christa de Carouge
Christa de Carouge, Zürich

Gegensätze ziehen sich an. Christa de Carouge, deren sehr persönlicher Modestil die Saisons überdauert, und Jakob Schlaepfer, dessen trendige Einfälle den Zeitgeist interpretieren und Mode vorantreiben, treffen sich trotz unterschiedlichem Ansatz. Freilich hat es eine Weile gedauert: ‹Ich kannte das Image der Firma, beobachtete sie und bewunderte sie auch, aber das war nicht meine Welt, die ganz auf Schwarz und klassische Stoffe baute. Erst als ich in den neunziger Jahren Martin Leuthold kennen lernte und ihn von seiner kreativen Arbeit erzählen hörte, dachte ich, das ist nicht nur Haute Couture, das hat auch noch etwas Bodenständiges, da ist auch etwas für mich dabei›, erinnert sich die Doyenne der Schweizer Designszene.

Seither prägen manche Neuentwicklungen aus dem Hause Schlaepfer die Kollektionen von Christa de Carouge, die stets auf der Suche ist nach dem besonderen Stoff, der ihren großzügigen, hüllenartigen Silhouetten den unverwechselbaren Charakter gibt. Die Bereitschaft, aufeinander zuzugehen, im Gedankenaustausch gegenseitig Anregungen aufzunehmen, hat stets interessante Lösungen erbracht mit raffinierten Strukturen, mit lamellenartig plissierten und großflächig gecrashten Geweben, mit bondierten Stoffen. Einen Aufsehen erregenden Erfolg brachten zu Jacken verarbeitete, mit Leinen bondierte Metallgewebe.

Wie innovative Ideen selbst die Uni-Schwarz-Liebhaberin zu mehrfarbigen Druckdessins verführen, zeigen die jüngst präsentierten Inkjet-Kreationen mit großrapportigen künstlerischen Mustern. ‹In Zukunft möchte ich weiterfahren mit Inkjet, möchte mich aber auch mit dem für mich neuen Thema Laser auseinandersetzen, auch gewisse Stickereien kann ich mir vorstellen. Ich werde immer etwas finden in den Schlaepfer-Kollektionen.›

Christa de Carouge
Christa de Carouge, Zurich

Opposites attract. Almost in spite of Christa de Carouge's very individual fashion style which survives over seasons, and Jakob Schlaepfer's trendy ideas which interpret the current spirit and drive the fashion world forward; the two talents meet. Admittedly it took a while. 'I was aware of the image of the company, observed it and even admired it, but it was not my world which relied wholly on black and classic fabrics', recalls the doyenne of the Swiss design scene. 'Only after meeting Martin Leuthold in the nineties and hearing him talk about his creative work, did I realise that this was not just for Haute Couture. It possessed down-to-earth characteristics and had something for me as well.'

Since then, many of the new developments emanating from the house of Schlaepfer have characterised the collections of Christa de Carouge, who is always searching for that special fabric destined to give her generous, enveloping silhouettes their unmistakable character. The willingness for approach on both sides, to exchange ideas, to accept each other's suggestions, has always resulted in interesting solutions with stylish textures, lamellar pleats, and large-scale 'crashed' weaves with bonded materials. Jackets by Christa de Carouge made with a fabric of linen bonded with a metallic weave are an example of such a sensational success.

How innovative ideas have managed to seduce even this confirmed lover of plain black into choosing multi-coloured prints is illustrated by the recently presented inkjet creations featuring large, artistic, repeating patterns. 'I would like to continue with inkjet in the future, but I also desire to delve into the laser subject; I can even imagine working with certain types of embroidery. I will always find something in the Schlaepfer collections.'

Christa de Carouge
Christa de Carouge, Zurich

Les contraires s'attirent. Christa de Carouge dont le style très personnel survit à toutes les saisons et Jakob Schlaepfer qui capte l'air du temps et fait avancer la mode avec ses idées tendances, se recontrent en dépit de leur démarche différente. Bien sûr, cela a pris du temps: « Je connaissais l'image de la Maison, je l'observais et l'admirais aussi, mais ce n'était pas mon monde, qui était bâti entièrement sur le noir et les tissus classiques. Ce n'est que lorsque je rencontrai Martin Leuthold dans les années quatre-vingt-dix et que je l'écoutais me parler de son travail créatif, que je réalisai que ce n'était pas seulement de la Haute Couture, mais qu'il y avait encore quelque chose du terroir, qu'il y avait là aussi quelque chose pour moi », se souvient la doyenne de la scène du design suisse.

Depuis lors, de nombreux nouveaux développements de la Maison Schlaepfer imprégnent les collections de Christa de Carouge, qui est toujours à la recherche du tissu particulier, qui donnera un caractère inimitable à ses silhouettes généreuses et enveloppantes. La volonté d'aller l'un vers l'autre pour un échange d'idées et de suggestions réciproques, a toujours apporté des solutions intéressantes avec des structures raffinées, des tissages plissés lamellés et largement écrasés, des tissus thermocollés. Les vestes travaillées dans des tissus métalliques thermocollés avec du lin eurent un succès fou.

Comment des idées innovatrices peuvent amener même une amoureuse du tissu noir uni à utiliser des imprimés multicolores, c'est ce que démontrent les créations jet d'encre aux motifs artistiques à grand rapport, récemment présentées. « Dans le futur, j'aimerais aller plus loin avec le jet d'encre, j'aimerais aussi appronfondir le thème laser qui est nouveau pour moi, je peux aussi m'imaginer certaines broderies. Je trouverai toujours quelque chose dans les collections Schlaepfer. »

130

131

For each copy sold, a piece of material from Jakob Schläpfer AG, average size 60 x 80 cm, was wrapped around the slipcase which was then placed in a plastic carrier bag.

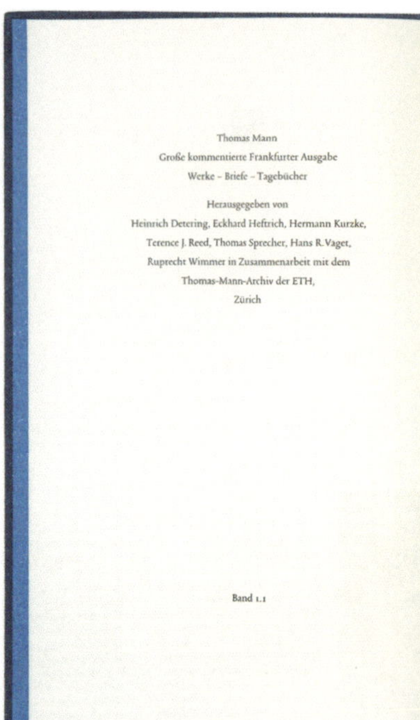

Thomas Mann
Große kommentierte Frankfurter Ausgabe
Werke – Briefe – Tagebücher

Herausgegeben von
Heinrich Detering, Eckhard Heftrich, Hermann Kurzke,
Terence J. Reed, Thomas Sprecher, Hans R. Vaget,
Ruprecht Wimmer in Zusammenarbeit mit dem
Thomas-Mann-Archiv der ETH,
Zürich

Band 1.1

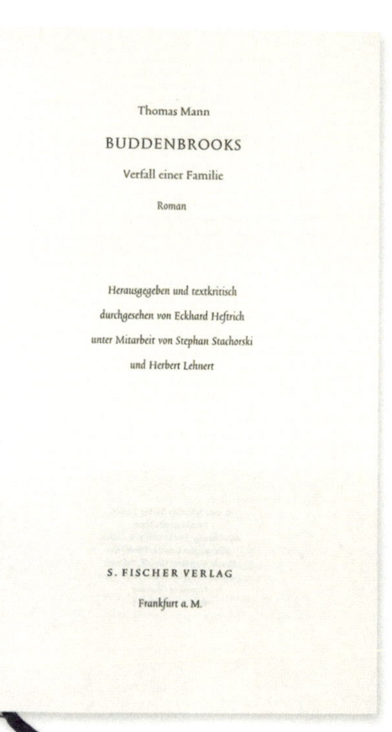

Thomas Mann

BUDDENBROOKS

Verfall einer Familie

Roman

Herausgegeben und textkritisch
durchgesehen von Eckhard Heftrich
unter Mitarbeit von Stephan Stachorski
und Herbert Lehnert

S. FISCHER VERLAG

Frankfurt a. M.

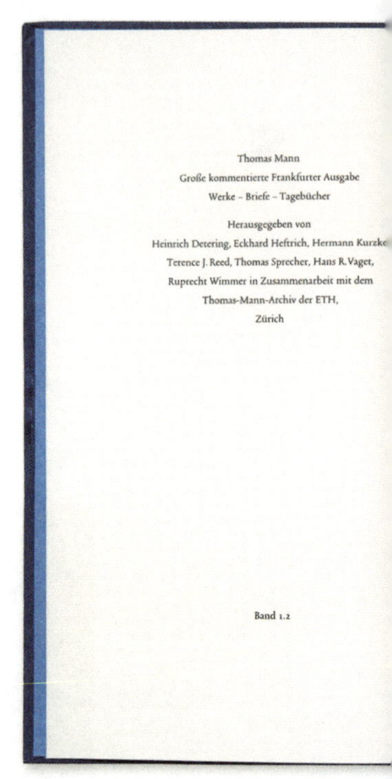

Thomas Mann
Große kommentierte Frankfurter Ausgabe
Werke – Briefe – Tagebücher

Herausgegeben von
Heinrich Detering, Eckhard Heftrich, Hermann Kurzke,
Terence J. Reed, Thomas Sprecher, Hans R. Vaget,
Ruprecht Wimmer in Zusammenarbeit mit dem
Thomas-Mann-Archiv der ETH,
Zürich

Band 1.2

6. Juni 1875	Paul Thomas Mann wird als zweites Kind von Thomas Johann Heinrich Mann und seiner Frau Julia, geb. da Silva-Bruhns, in Lübeck geboren. Geschwister: Luiz Heinrich (1871), Julia (1877), Carla (1881), Viktor (1890)
1889	Eintritt in das ›Katharineum‹
1893	Abgang vom Gymnasium aus der Obersekunda (heutige 11. Klasse); Umzug nach München
1894	Volontariat bei der Süddeutschen Feuerversicherungsbank
1894–1895	Gasthörer an der Technischen Hochschule München: Kunstgeschichte, Literaturgeschichte, Nationalökonomie
1895–1898	Aufenthalte in Italien mit Heinrich Mann: Rom, Palestrina
1898–1899	Redakteur beim *Simplicissimus* (München)
3. Oktober 1904	Verlobung mit Katia Pringsheim, geb. 24. Juli 1883
11. Februar 1905	Hochzeit in München
9. November 1905	Geburt von Erika Julia Hedwig
18. November 1906	Geburt von Klaus Heinrich Thomas
27. März 1909	Geburt von Angelus Gottfried Thomas (Golo)
7. Juni 1910	Geburt von Monika
Januar 1914	Bezug des eigenen Hauses München, Poschingerstr. 1
24. April 1918	Geburt von Elisabeth Veronika
21. April 1919	Geburt von Michael Thomas
10. Dezember 1929	Verleihung des Nobelpreises für Literatur
11. Februar 1933	Abreise nach Holland. Beginn des Exils
Frühherbst 1933	Niederlassung in Küsnacht bei Zürich
Mai–Juni 1934	Erste Reise in die USA
1936	Aberkennung der deutschen Staatsbürgerschaft. Thomas Mann wird tschechischer Staatsbürger
September 1938	Übersiedlung nach Amerika. Tätigkeit als ›Lecturer in the Humanities‹ an der Universität Princeton
April 1941	Umzug nach Kalifornien, Pacific Palisades
23. Juni 1944	Thomas Mann wird Staatsbürger der USA
April–Sept. 1947	Erste Europa-Reise nach dem Krieg
21. April 1949	Tod des Bruders Viktor
Mai–August 1949	Zweite Europa-Reise und erster Besuch im Nachkriegsdeutschland. Vorträge zu Goethes 200. Geburtstag in Frankfurt am Main und Weimar
21. Mai 1949	Selbstmord des Sohnes Klaus
12. März 1950	Tod des Bruders Heinrich
Juni 1952	Rückkehr nach Europa
Dezember 1952	Endgültige Übersiedlung in die Schweiz, Erlenbach bei Zürich
April 1954	Einzug in das Haus in Kilchberg, Alte Landstraße 39
8. und 14. Mai 1955	Schiller-Rede in Stuttgart und Weimar
12. August 1955	Tod Thomas Manns

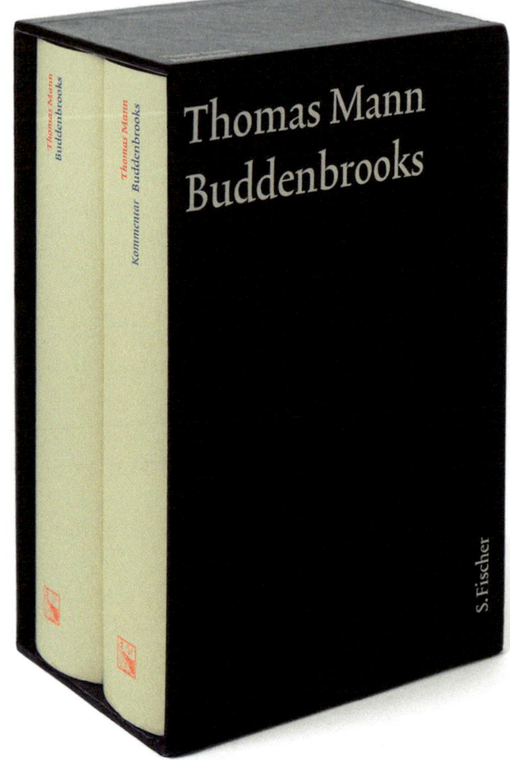

Heinrich Detering et al. (eds.): *Große kommentierte Frankfurter Thomas-Mann-Ausgabe*. Frankfurt a. M.: S. Fischer Verlag, 2000 ff. Full-cloth binding with jacket in board slipcase, 12.5 x 20.5 cm. 58 individual volumes in total.

Ill.: Double-page title of one main and one commentated volume, double-page of content, volumes in slipcase, flap with text and one cover.

Thomas Mann

BUDDENBROOKS

Verfall einer Familie

Roman

KOMMENTAR

von Eckhard Heftrich und Stephan Stachorski

unter Mitarbeit von Herbert Lehnert

S. FISCHER VERLAG

Frankfurt a. M.

172

Tony schlief fest und gut die erste Nacht in der Mengstraße, und sie stieg am nächsten Morgen, den 22. September, erfrischt und ruhigen Sinnes ins Frühstückszimmer hinunter. Es war noch ganz früh, kaum sieben Uhr. Nur Mamsell Jungmann war schon anwesend und bereitete den Morgenkaffee.

»Ei, ei, Tonychen, mein Kindchen«, sagte sie und sah sich mit kleinen, verschlafenen braunen Augen um; »schon so zeitig?«

Tony setzte sich an den Sekretär, dessen Deckel zurückgeschoben war, faltete die Hände hinter dem Kopf und blickte eine Weile auf das vor Nässe schwarz glänzende Pflaster des Hofes und den vergilbten und feuchten Garten hinaus. Dann fing sie an, neugierig unter den Visitkarten und Briefschaften auf dem Sekretär zu kramen …

Dicht beim Tintenfaß lag das wohlbekannte große Schreibheft mit gepreßtem Umschlag, goldenem Schnitt und verschiedenartigem Papier. Es mußte noch gestern Abend gebraucht worden sein, und ein Wunder nur, daß Papa es nicht wie gewöhnlich in der Ledermappe und in der besonderen Schublade dort hinten verschlossen hatte.

Sie nahm es, blätterte darin, geriet ins Lesen und vertiefte sich. Was sie las, waren meistens einfache und ihr vertraute Dinge; aber jeder der Schreibenden hatte von seinem Vorgänger eine ohne Übertreibung feierliche Vortragsweise übernommen, einen instinktiv und ungewollt angedeuteten Chronikenstil, aus dem der diskrete und darum desto würdevollere Respekt einer Familie vor sich selbst, vor Überlieferung und Historie sprach. Für Tony war das nichts Neues; sie hatte sich manches Mal mit diesen Blättern beschäftigen dürfen. Aber noch niemals hatte ihr Inhalt einen Eindruck auf sie gemacht, wie diesen Morgen. Die ehrerbietige Bedeutsamkeit, mit der hier auch die bescheidensten Thatsachen behandelt waren, die der Familiengeschichte angehörten, stieg ihr zu Kopf … Sie stützte die Ellenbogen auf und las mit wachsender Hingebung, mit Stolz und Ernst.

173

Auch in ihrer eignen kleinen Vergangenheit fehlte kein Punkt. Ihre Geburt, ihre Kinderkrankheiten, ihr erster Schulgang, ihr Eintritt in Mlle. Weichbrodts Pensionat, ihre Konfirmation … Alles war in der kleinen, fließenden Kaufmannsschrift des Konsuls sorgfältig und mit einer fast religiösen Achtung vor Thatsachen überhaupt verzeichnet: Denn war nicht der geringsten Eine Gottes Wille und Werk, der die Geschicke der Familie wunderbar gelenkt? … Was würde hier hinter ihrem Namen, den sie von ihrer Großmutter Antoinette empfangen hatte, in Zukunft noch zu berichten sein? Und Alles würde von späteren Familiengliedern mit der nämlichen Pietät gelesen werden, mit der jetzt sie die früheren Begebnisse verfolgte.

Sie lehnte sich aufatmend zurück, und ihr Herz pochte feierlich. Ehrfurcht vor sich selbst erfüllte sie, und das Gefühl persönlicher Wichtigkeit, das ihr vertraut war, durchrieselte sie, verstärkt durch den Geist, den sie soeben hatte auf sich wirken lassen, wie ein Schauer. »Wie ein Glied in einer Kette« hatte Papa geschrieben … ja, ja! Gerade als Glied dieser Kette war sie von hoher und verantwortungsvoller Bedeutung, – berufen, mit That und Entschluß an der Geschichte ihrer Familie mitzuarbeiten!

Sie blätterte zurück bis ans Ende des großen Heftes, wo auf einem rauhen Foliobogen die ganze Genealogie der Buddenbrooks mit Klammern und Rubriken in übersichtlichen Daten von des Konsuls Hand resümiert worden war: Von der Eheschließung des frühesten Stammhalters mit der Predigerstochter Brigitta Schuren bis zu der Heirat des Konsuls Johann Buddenbrook mit Elisabeth Kröger, im Jahre 1825. Aus dieser Ehe, so hieß es, entsprossen vier Kinder … worauf mit den Geburtsjahren und -Tagen, die Taufnamen unter einander aufgeführt waren; hinter demjenigen des älteren Sohnes aber war bereits verzeichnet, daß er Ostern 1842 in das väterliche Geschäft als Lehrling eingetreten sei.

Max Bill besaß von Jan Tschichold gestaltete Bücher

Max Bill besaß von Jan Tschichold gestaltete Bücher

abc Allegra Regular (above), NN Allegra Regular (below) with a smaller cap height

NN Allegra Light

Dass Grafik und Typografie am Bauhaus in Weimar und in Dessau ohne den Einfluss der russischen Konstruktivisten und von De Stijl nicht denkbar sind, dass vor allem der Einfluss von Lissitzky bestimmend war, ist hinlänglich bekannt. Auch die entsprechenden Arbeiten kennt man aus vielen Publikationen, nicht zuletzt aus den frühen von Jan Tschichold. Das von ihm verantwortete Sonderheft 'elementare typografie' der *Typographischen Mitteilungen* von 1925 und sein Buch *Die Neue Typographie* von 1928 sind faksimiliert worden und deshalb auch jüngeren Generationen bekannt. Dass jene Grafik und

NN Allegra Medium

Typografie, die wir heute als typische Schweizer Grafik und Typografie der fünfziger und sechziger Jahre des letzten Jahrhunderts betrachten – dass die *'Swiss Typography'* ohne El Lissitzky und das Bauhaus nicht denkbar ist, auch das ist bekannt. Aber diese Arbeit von Lissitzky und die Doppelseite aus dem Bauhaus-Buch Nummer 8 von Moholy-Nagy, beide von 1925, trennen Welten von diesem Buch, das Richard Paul Lohse in Zurich 23 Jahre später, 1948, gestaltete – und das wir als ein typisches Beispiel von Schweizer Typografie betrachten. Bei Lissitzky und bei

NN Allegra Light Italic

Moholy-Nagy Balken, fette Ziffern, Versalsatz – bei Lohse im Gegensatz zu diesem expressiven Konstruktivismus Zurückhaltung, Ruhe: zusammen mit der halbfetten Berthold-Akzidenzgrotesk und der Monogrotesk 215 sind es jene Elemente, die typisch wurden für die 'Swiss typography' – die beiden Schriften allerdings nur bis in die zweite Hälfte der fünfziger Jahre, als die Univers und die Neue Haas Grotesk bzw. die Helvetica auf den Markt kamen. Aber wie verlief die Entwicklung von der typischen Bauhaus-Typografie bis zur ebenso typischen Schweizer Typografie? Ein sehr frühes Beispiel dieser Art findet

NN Allegra Regular

sich im Sonderheft Schweiz der deutschen Zeitschrift *Archiv für Buchgewerbe und Gebrauchsgraphik* 11/12 1929. Es ist eine Basler Schülerarbeit, eine Einladungskarte, die für eine Ausstellung im Gewerbemuseum Basel entworfen und ausgeführt wurde. Ist die Karte ein Zufallsprodukt, oder aber: woher hatte der Setzerlehrling die Anregung? Warum hat sie Richard Hollis in seinem Buch *Schweizer Grafik [...] von 1920–1965* nicht erwähnt? Kennen musste er sie, denn er hat aus dieser Zeitschrift andere Abbildungen reproduziert. Hingegen hat er auf das 1930 in Stuttgart erschienene Buch

NN Allegra Semibold

von Heinz und Bodo Rasch hingewiesen, *Gefesselter Blick* ('25 kurze Monografien und Beiträge über neue Werbegestaltung'). Hollis hat darin formale Elemente gefunden, die später in das Schweizer Design eingingen. Aber man muss schon sehr genau schauen, bis man solche Elemente findet, etwa diesen Buchprospekt, der hier dem Typografen und Grafiker Walter Cyliax, in einer andern Publikation dem Architekten Oskar Stonorov zugeschrieben wird. Im erwähnten Buch der Gebrüder Rasch ist auch Jan Tschiichold vertreten, aber durchaus nicht mit Arbeiten, die auf

NN Allegra Italic

die spätere Schweizer Typografie und Grafik hinweisen. Es gibt aber von Tschichold ab 1930 solche, in denen sich die von Hollis gesuchten Elemente ganz eindeutig finden. Als Beispiele seien hier nur ein Plakat aus diesem Jahr 1930 und der Umschlag seiner Publikation Typographische Entwurfstechnik von 1932 gezeigt. Die Arbeiten stehen der Schweizer Typografie schon erstaunlich nahe, d. h. sie könnten bereits als solche bezeichnet werden. 1933 ist Tschichold als sogenannter Kulturbolschewist zur Emigration aus Deutschland gezwungen. In Basel, wo er sich niederließ, entsteht 1935 für

***Allegra** is a monoline sans-serif-printing type with classical proportions in seven weights, roman and italic. It was conceived above all for book typography. All fonts are equipped with special characters and accents, so that it can be used for virtually all composition based on the Latin alphabet.*

The roman characters slope 1° to the right, which gives them a refined but deliberately indiscernible dynamism.

All the italics, sloped 9° to the right, are imperceptibly lighter than the corresponding romans. They have italic characteristics, such as the lower-case and most italic letterforms, but they have a similar breadth to the romans. Thus, when reading, they do not stand out on the page; they appear neither darker nor lighter, and only reveal themselves when encountered in reading.

Allegra has seven weights: Light, Regular, Book, Medium, Semibold, Bold and Black. As Allegra was designed primarily for use in book typography, Regular, Book and Medium are all suited for the reading of large amounts of text. These three weights offer differing degrees of lightness or darkness in the text area, which designers can deploy as they see fit.

Max Bill besaß von Jan Tschichold gestaltete Bücher
Max Bill besaß von Jan Tschichold gestaltete Bücher

abc Allegra Semibold (above), NN Allegra Semobold (below) with a smaller cap height

NN Allegra Book

eine Ausstellung in Luzern dieser Katalogumschlag. Ähnlich gestaltet ein Jahr darauf Max Bill einen Umschlag für das Kunsthaus Zurich, und wieder ein Jahr später, 1937, erscheint dieses Plakat von Tschichold für eine Ausstellung der Kunsthalle Basel. Die auf der rechten Seite der Fläche untereinander angeordneten Namen der ausgestellten Künstler erscheinen, sozusagen ein typografischer Topos, zuerst bei Tschichold 1930, nochmals bei ihm 1935, dann bei Bill, dann wieder bei Tschichold und und darauf auf Katalogumschlägen von Max Bill für das Kunsthaus Zü-

NN Allegra Bold

rich in den Jahren 1942, 1947 und zuletzt 1950. Während Tschichold aber für seine Arbeiten Serifenlose verwendet – im gezeigten Plakat sogar zwei von den Kultschriften der 'Swiss Typography', die magere und die fette Berthold Akzidenz-Grotesk – greift Bill zu Bodoni- und Garamondschriften, Schriftcharaktere, die wir nicht ohne weiteres mit dem Namen Bill in Beziehung setzen. Tschichold verschrieb sich nach seinen eigenen Worten ab 'ungefähr 1938 [...] ganz der Buchtypographie [...], überließ die unsymmetrische Anordnungsweise der Wer-

NN Allegra Book Italic

betypographie und setzte fortan fast alles, ja wirklich alles, auf Mitte'. (Was übrigens so nicht stimmt!) Bill jedoch verfolgte seinen eingeschlagenen Weg weiter, der in den vierziger und fünfziger Jahren unter anderen Arbeiten zu einigen außerordentlich schönen, zeitlosen Buchgestaltungen führte. Dass Bill, allein oder zusammen mit anderen, den Tschicholds bei ihrer Emigration aus Deutschland in die Schweiz behilflich war, ist sehr wahrscheinlich, aber eine Vermutung, die sich eindeutig nicht belegen lässt.
Beide standen in Kontakt miteinander, tauschten Arbeiten

NN Allegra Medium

aus. So ist schon seit längerem bekannt, dass in der Bibliothek von Max Bill zwei von Tschichold gestaltete Bücher standen mit Widmungen aus den Jahren 1941 und 1942. Und im Herbst 2010, bei der Durchsicht der Tschicholdschen Fachbibliothek in Berzona, fand ich den vorhin gezeigten kleinen Katalog mit einer Widmung Bills an Tschichold: meinem lieben jan tschichold / bill / 2-9-43. Mit den entsprechenden Arbeiten in Händen, müssen beide also die gestalterischen Positionen des andern gekannt haben, Bill wusste von der Kehrtwende Tschi-

NN Allegra Black

cholds, die Jahre vorher stattgefunden hatte. Umso mehr befremdet der unerzogen rüde Ton, in welchem Max Bill nicht ganz drei Jahre nachher Jan Tschichold in den *Schweizer Graphischen Mitteilungen, SGM*, aus heiterem Himmel angreift. Auch der Brief, den er ein Jahr später dem amerikanischen Designer Paul Rand schrieb, ist voller Feindseligkeit. Es war bekannt geworden, dass Tschichold nach London berufen worden war, um dort die Penguin books und ihre verwandten Reihen typografisch zu überarbeiten. Das veranlasste

NN Allegra Medium Italic

Bill in seinem Brief zu den Worten: 'Tschichold is leaving Switzerland, so we will be rid of the evil that we invited in the first place.' In deutscher Übersetzung: 'Tschichold verlässt die Schweiz; damit sind wir das Unglück los, das wir uns selbst aufgehalst haben'. Artikel und Brief tönen wie die hasserfüllten Sendbriefe und Predigten aus der Zeit der Glaubenskämpfe. Und tatsächlich hatten die Auseinandersetzungen jener Zeit und bis in die siebziger Jahre, die ich noch persönlich erlebt habe, etwas von Glaubenskämpfen, und das Wort vom 'Verrat an der Moderne', das

Allegra appeared in an initial version in 2015 as abc Allegra. The second and final version, NN Allegra has been available since 2020. Its capitals are significantly lower than the first version, which makes it quieter and more compact in composition.

CURRICULUM VITAE

1933 Born 8 June in St. Gallen; citizen of Safenwil AG and St. Gallen

1940 – 1946 Primary school

1946 – 1952 Secondary school (gymnasium)

1952 – 1954 Applied arts Department of St. Gallen Technical College (teachers Jakob Nef, Willi Baus, Remy Nüesch)

1954 – 1955 Internship with Rudolf Hostettler, art director at Zollikofer & Co. AG, printers in St. Gallen

1955 – 1958 Apprenticeship as a compositor (reduced from 4 years to 2½ years) at Zollikofer and the 'composition class' of the Zurich College of Art; attended Walter Käch's lettering class

1958 Travels in France with Max Koller; autumn/winter courses at the École Estienne in Paris including lettering classes with Adrian Frutiger

1959 Created his own studio for graphic design (industrial and institutional design, book design)in St. Gallen (Bahnhofplatz 7)

1962 Married to Ursula Gamma, graphic designer

1963 Birth of their first daughter Barbara

1965 Construction of house with studio at Waldgutstrasse 37 in St. Gallen-Rotmonten

1966 Birth of their second daughter Franziska

1968 Attended language lessons in England; met with Berthold Ludwig Wolpe, Beatrice Warde and S. H. Steinberg. Birth of their third daughter Regula

1967 – 1976 Taught at the Kunstgewerbeschule (later the Schule für Gestaltung) Zurich, in the apprentice class department (head: Max Caflisch), 2 x 4 sessions per week of writing and lettering for graphic designers and decoration designers (as successor to Walter Käch); evening classes in 'Schrift' for gold and silversmiths in the day-release department, 2 sessions per week

1974 Participated in the first ATypI (Association Typographique Internationale) seminar in Basel; subsequently joined the association until 2005

1976 – 1980 Taught at the Kunstgewerbeschule Zurich (later the Schule für Gestaltung Zurich), in the day-release department (head: Ueli Müller), 8–16 sessions per week on the basics of graphic design and lettering for the graphic design class

1979 Co-founded the Genossenschaft VGS Verlagsgemeinschaft (now Verlagsgenossenschaft) St. Gallen; chairman of the board till 2004, designer till 2009

1980 – 1996 Taught at the Schule für Gestaltung in St. Gallen, 4 sessions per week on writing and lettering; 4 further sessions for the further-education course 'Typographic Designer'

1983 Joint exhibition at the Stadtmuseum München, Ignaz-Günther-Haus, together with Gerrit Noordzij

---

1986 – 1993 **Seven exhibitions** planned and held by J.H. with the Cantonal Librarian, Prof. Dr. Peter Wegelin, together with the VGS, those from 1988–1992 under the title *Die Vadiana zeigt Buchgestaltung in St Katharinen*

1986 *Buchkunst im Wandel*, devised by Hans Peter Willberg, in the exhibition room of the

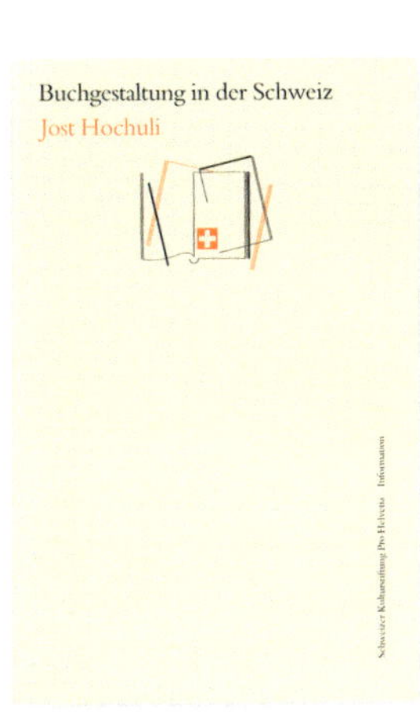

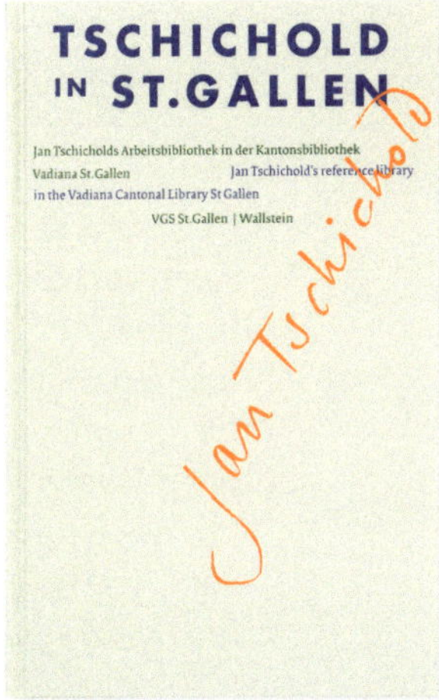

Jost Hochuli: *Buchgestaltung in der Schweiz*. Zurich: Pro Helvetia,[2] 1998.

Roland Früh: *Buchgestaltung in St. Gallen*. St. Gallen: VGS, 2008.

Jost Hochuli: *Tschichold in St. Gallen. Jan Tschicholds Arbeitsbibliothek in der Kantonsbibliothek Vadiana St. Gallen / Jan Tchichold's reference library in the Vadiana Cantonal Library St. Gallen*. St. Gallen: VGS; Göttingen: Wallstein, 2016.

government offices, with series of lectures at the University of St. Gallen (HSG)

1988 *Die Edition Tiessen* in St Katharinen

1989 *Max Caflisch, ein Schweizer Typograph* in St Katharinen, with HSG lecture series also held there

1990 *Franz Zeier: Buchkunst, Papierkunst* in St Katharinen, accompanied by an HSG lecture series

1991 *Buch und Arbeiter. Die Büchergilde Gutenberg* in St Katharinen, accompanied by an HSG lecture series also held there

1992 *Bartkowiaks Forum Book Art* in St Katharinen

1993 *Buchgestaltung in der Schweiz* in the Waaghaussaal, accompanied by an HSG series of lectures in the Gemeinderatssaal

---

1988 Offered 'Schrift' professorship, particularly typography, at the Universität-Gesamthochschule Essen as successor to Willy Fleckhaus; refused the offer

1989 Honorary Icograda award at the IBA international book arts exhibition in Leipzig

1989 – 1990 Exhibitions at the University Library, Warsaw; the Academy of Fine Arts, Krakow; the Academy of Fine Arts, Thorn; the Academy of Fine Arts, Poznan,

1991 Exhibition in the Academy of Arts, Stuttgart Honorary member of the Double Crown Club, London

1993 Curator and designer , on behalf of Pro Helvetia, of the exhibition *Buchgestaltung in der Schweiz*, St. Gallen, and then at 18 various national and international locations, ending in the Mubarak Library, Cairo, in 2004

1994 Appointed HonFISTD, Honorary Fellow International Society of Typographic Designers, London
1996 Exhibition at the St Bride Foundation, London
1997 Exhibition in St Katharinen, St. Gallen
1998 Exhibition of all the Typotron booklets at the Gutenberg-Museum, Mainz
1999 Awarded the Gutenberg Prize of the City of Leipzig
2004 Awarded the Jan-Tschichold-Preis of the Swiss Federal Office for Culture
2005 Appointed Senator of the Internationale Gutenberg-Gesellschaft, Mainz
2008 Curator and designer of the exhibition *Buchgestaltung in St. Gallen* at the Salon International du Livre et de la Presse in Geneva, and then at various national and international locations, including at the American Institute of Graphic Arts, AIGA, New York
2018 Curator and designer of the exhibition *Tschichold in St. Gallen*; exhibitions in St. Gallen, Leipzig (Museum für Druckkunst), and Vienna
2019 Exhibition *Aus Josts Archiv* in the Kunstbibliothek Sitterwerk, St. Gallen, based on an idea by Roland Früh and Martin Leuthold
2020 Honorary member of the Austrian and Swiss national organisations of the Alliance Graphique Internationale (AGI)
2022 Appointed Honorary President of the Typographische Gesellschaft Austria (TGA)
1978 ff. Numerous lectures, nationally and internationally
2009 ff. Workshops for book design, including at the Institut für Architektur und Raumentwicklung, University of Liechtenstein; at the 'Graphische', Vienna, organised by the Typographische Gesellschaft Austria; in Innsbruck in the 'Wei sraum', organised by the Designforum Tirol; at the Design schule in Munich, organised by the Typografische Gesellschaft München

Further references
http://www.designculture.it/interview/jost-hochuli.html
http://indexgrafik.fr/jost-hochuli/
https://en.wikipedia.org/wiki/Jost_Hochuli
https://hyphenpress.co.uk/subjects/Hochuli
https://thinkingform.nyc/2011/06/08/thinking-rudolf-hostettler-06-08-1919-and-jost-hochuli-06-08-1933/
http://www.vgs-sg.ch

BIBLIOGRAPHY

Publications by Jost Hochuli (J. H.)

Books

Jan Tschichold, Typograph und Schriftentwerfer, 1902–1974. Das Lebenswerk. Zurich: Kunstgewerbemuseum, 1976. [Concept of the exhibition, editing and design of the catalogue as well as design of the poster and invitation card: J. H.]

Schriften, in holz geschnitten. With a foreword by Philipp Luidl. St. Gallen: VGS, 1980. [Folder with seven writings cut into beechwood boards, one of them double-sided. Title, foreword and imprint in moderate lower case.]

Punkt, Cicero und Kaviar. In honour of Henry Tschudy's 100th birthday St. Gallen: VGS, 1982.

Epitaph für Rudolf Hostettler. St. Gallen: VGS, 1983, ²1993, ³2000. (Typotron-Booklet, 1.) – [English by Andrew Bluhm]: *In Memory of Rudolf Hostettler.* VGS, 1983.

Hefte zur Paläographie des 13. bis 20. Jahrhunderts aus dem Stadtarchiv (Vadiana) St. Gallen. 8 booklets. Rorschach: E. Löpfe-Benz, 1985–1989. [In collaboration with Ernst Ziegler.]

Die Vogelkäfige des Alfons J. Keller, Sammler und Antiquar. St. Gallen: VGS, 1985, ²1993. (Typotron-Booklet, 3.) – [English by Andrew Bluhm]: *Bird Cages. A Selection by Alfons J. Keller, Collector and Antiquary.* VGS, 1985.

Das Detail in der Typografie. Wilmington (Mass.): Compugraphic, 1987. – [English by Ruari McLean]: *Detail in Typography.* Compugraphic, 1987. – [French by Fernand Baudin]: *Les détails de la typographie.* Compugraphic, 1987.

Willi Baus, Grafiker, 1909–1985. St. Gallen: VGS, 1988. (Typotron-Booklet, 6.) – [English by Andrew Bluhm]: *Willi Baus, Graphic Designer*, 1909–1985. VGS, 1988.

Bücher machen. Eine Einführung in die Buchgestaltung, im besonderen in die Buchtypografie. Wilmington (Mass.): Agfa, 1989. – [French by Fernand Baudin]: *Comment faire un livre.* Agfa, 1989. – [Italian, without mention of the translator]: *Come si fa un libro.* Agfa, 1989. – [English by Ruari McLean]: *Designing Books.* Agfa 1990. – [Dutch by Huib van Krimpen]: *Boeken maken.* Agfa, 1990. – [Swedish by Horst Sturmhoefel]: *Att göra böcker.* Agfa, 1990. – [Spanish by Angel Artola]: *Cómo se diseñan los libros.* Agfa, 1992.

Jost Hochuli's Alphabugs. Wilmington (Mass.): Agfa, 1990. [Published for the 'Type'90' Congress, Oxford 1990.]

Bücher machen. Munich / Berlin: Deutscher Kunstverlag, 1990. [Practically identical in content to the Compugraphic 1989 edition: format slightly smaller, only one colour instead of two, and on different paper.]

Das Detail in der Typografie. Munich / Berlin: Deutscher Kunstverlag, 1990. [Practically identical in content to the Compugraphic 1989 edition: format slightly smaller, only one colour instead of two, and on different paper.]

Buchgestaltung als Denkschule. Stuttgart: Edition Typografie, 1991.

Christian Leuthold, Schreiner und Möbelentwerfer. St. Gallen: VGS, 1991. (Typotron-Booklet, 9.) – [English by Andrew Bluhm]: *Christian Leuthold, Cabinet-Maker and Furniture Designer.* VGS, 1991.

Kleine Geschichte der geschriebenen Schrift. St. Gallen: Verlag Typophil, 1991.

Freude an schöpferischer Arbeit. St. Gallen: VGS, 1992. (Typotron-Booklet, 10.) – [English by Andrew Bluhm]: *Joy in Creative Work.* VGS, 1992. – [French by Fernand Baudin]: *Créer dans la joie.* VGS, 1992.

Buchgestaltung in der Schweiz. Zurich: Pro Helvetia, 1993, ²1998. – [English by Charles Whitehouse]: *Book Design in Switzerland.* Pro Helvetia, 1993. – [French by Etienne Barilier]: *L'art du livre en Suisse.* Pro Helvetia, 1993.

Freude an Schriften / Joy in Type. St. Gallen: VGS, 1993. (Typotron-Booklet, 11.) [Bilingual edition English/German.]

Josy Schildknecht, Marktfahrer. St. Gallen: VGS, 1995. (Typotron-Booklet, 13.) – [English by Andrew Bluhm]: *Josy Schildknecht, Street trader.* VGS, 1995.

Bücher machen, Praxis und Theorie. St. Gallen: VGS, 1996. – [English by Robin Kinross:] *Designing books: practice and theory.* London: Hyphen Press, 1997. [In collaboration with Robin Kinross.]

[Editor's note: superscript numbers in bibliographic references indicate the total number of reprints of the work].

Farbige Kugeln, silberne Sterne. St. Gallen: VGS, 1996. (Typotron-Booklet, 14.) – [English by Andrew Bluhm]: *Coloured Balls, Silver Stars. VGS*, 1996. [In collaboration with Michael Rast.]

Karl Uelligers Schüürlilüt. St. Gallen: VGS, 1997. (Typotron-Booklet, 16.) – [English by Andrew Bluhm]: *Karl Uelliger's Schüürlilüt*. VGS, 1997. [In collaboration with Michael Rast and with texts from Karl Uelliger.]

Typografisches Allerlei und allerlei anderes (mäßig gepfeffert). St. Gallen: VGS, 1997. (Typotron-Booklet, 15.)

Andalusien im Appenzellerland – Ein Fest auf dem Äußeren Sommersberg. St. Gallen: VGS, 1998. (Typotron-Booklet, 17.) – [English by Andrew Bluhm]: *With Andalusians in the Appenzeller Alps – A Celebration on Summer Hill*. VGS, 1998. [In collaboration with Mäddel Fuchs and José Maria Jiménez.]

Das Detail in der Typografie. Sulgen / Zurich: Niggli, 2005, [2]2011. [Revised version of 1987 in a new referent format for all further editions in all languages.] Paris: B42 [3]2015. – [Spanisch von Esther Monzó Nebot]: *El detalle en la tipografía*. Valencia: Campgràfic, 2007. – [English by Charles Whitehouse]: *Detail in Typography*. London: Hyphen, 2008; Paris: B42, [2]2015. – [Polish by Agnieszka Buk]: *Detal w typografii*. Kraków: d2d.pl, 2009, [2]2018. – [French by Victor Guégan]: *Le détail en typographie*. Paris: B42, 2010. – [Portuguese by Karina Jannini]: *O detalhe na tipografia*. São Paulo: wmf martinsfontes, 2013. – [Korean by Workroom Press]: *Detail in typography*; [Title translated in Korean and in Korean script]. Seoul: Workroom Press, 2015. – [Chinese by Zeitgeist]: *Detail in typography*. Brussels / Sydney, 2017. – Japanese by Hidetaka Yamasaki and Book & Design]: *Detail in Typography*. Tokyo: Book & Design, 2017, [2]2019. – [Italian by Elena Albertoni, Tobias Sermüller and Michele Patanè]: *Il dettaglio in tipografia*. Milano: Lazy Dog Press, 2018, [4]2022. – (Icelandic by Birna Geirsfinndottir, Gunnar Þór Vilhjálmsson and Marteinn Sindri Jonsson]: *Fínir drættir leturfræðinnar*. Reykjavík: Angústúra, 2022.

Das ABC eines Typografen. St. Gallen: VGS, 2011. (Edition Ostschweiz, 12.) [French translation by Victor Guégan:] *L'ABC d'un Typographe*. Paris: B42, 2015. – Italian translation by Alessandro Corubolo:] *L'ABC di un tipografo*. Vicenza: Ronzani, 2018.

still und heiter – der Buchbinder Franz Zeier zum Beispiel. St. Gallen: VGS, 2013. (Edition Ostschweiz, 14.) [With texts from Franz Zeier and Laurenz Winkler.]

Einige von Hand geschriebene Briefe. St. Gallen: VGS, 2013.

Metamorphose. St. Gallen: VGS, 2014. (Edition Ostschweiz, 15.)

Tschicholds Faszikel. St. Gallen: VGS, 2015. (Edition Ostschweiz, 16.)

Tschichold in St. Gallen. St. Gallen: VGS, 2016. [Bilingual German/English, edition translated by Charles Whitehouse, accompanying the eponymous exhibition.]

Adrian Frutiger, 1928–2015. New York: The Typophiles, 2016. [Same text as in *Adrian Frutiger – Denken und Schaffen einer Typografie*. Villeurbanne: Maison du Livre, de l'Image et du Son, 1994, with an afterword from 2016; translated by Alta L. Price.]

Max Koller. St. Gallen: VGS, 2019. [With an essay by Peter Kleiner.]

Un Design de livre systématique? Paris: B42, 2020. [with a foreword by John Morgan.]

Systematic book design? Paris: B42, 2020. [With a foreword by John Morgan.]

Articles

From the second entry onwards the Typografische (*up to 1970* Typographische) Monatsblätter, TM, *is quoted in abbreviated form.*

'Saintes'. In: *St.Galler Tagblatt*. St. Gallen, 496, 25. 10. 1959, 8 [Photographs by Max Koller.]

'Walter Käch'. In: *Typographische Monatsblätter, TM*. St. Gallen, 85/4, 1966, 289–290.

'Sabon-Antiqua, eine neue Schrift von Jan Tschichold'. In: *TM*. St. Gallen, 88/2, 1969, 114–128.

'The Origin of the Serif'. In: *TM*. St. Gallen, 90/11, 1971, 801–808. [Book review.]

'The Origin of the Serif'. In: *Visible Language*. Cleveland (OH), 7/1, 1973, 73–91. [Translation by Frank Shaw.]

'Zeit und Werk'. In: *Walter Käch, Schriftgrafiker und Lehrer.* Zurich: Kunstgewerbemuseum der Stadt Zurich, 1973, 17–21. [Concept of the exhibition, editing and design of the guide and the invitation card: J. H.]

'Die Schrift in der Ausbildung des Grafikers'. In: *TM*. St. Gallen, 94/6–7, 1975, 415–478.

'Biographisches'. In: *Jan Tschichold, Typograph und Schriftentwerfer, 1902–1974. Das Lebenswerk*. Zurich: Kunstgewerbemuseum der Stadt Zurich, 1976, 11–13 [Concept of the exhibition, editing and design of the guide as well as design of the poster and the invitation card: J. H.]

'Leben und Werk des Typographen Jan Tschichold'. In: *TM*. St. Gallen, 97/1, 1978, 34–35. [Book review.]

'Das Schriftmusterbuch der Typotron AG'. In: *TM*. St. Gallen, 97/6, 1978, 355–373.

'Ein systematischer Schriftunterricht, Magdeburg 1926–1932'. In: *TM*. St. Gallen, 97/2, 1978, 81–97.

'Jan Tschichold: Meisterbuch der Schrift'. In: *TM*. St. Gallen, 98/6, 1979, 347. [Book review.]

'Nicolas Barker: The Oxford University Press and the Spread of Learning, 1478–1978'. In: *TM*. St. Gallen, 98/6, 1979, 346. [Book review.]

'Gewerbliche Berufsschule St. Gallen, Schule für Gestaltung. "Typografischer Gestalter", ein neuer Kurs auf Weiterbildungsstufe'. In: *TM*. St. Gallen, 99/3, 1980, 147–150.

'Adieu Ruedi. Zum Andenken an Rudolf Hostettler'. In: *TM*. St. Gallen, 100/2, 1981, 25.

'Dank an Henry Tschudy, 1882–1961'. In: *Librarium*. Zurich, 25/2, 1982, 146–151.

'Hellmut Gutzwiller: Die Entwicklung der Schrift vom 12. bis ins 19. Jahrhundert'. In: *Mitteilungen der Vereinigung Schweizerischer Archivare*. Bern, 34, 1982, 41–42. [Book review.]

'Gerrit Noordzij: The stroke of the pen'. In: *TM*. St. Gallen, 102/3, 1983, 28–30. [Book review.]

'Rudolf Hostettler, 1919–1981'. In: *TM*. St. Gallen, 102/6, 1983, 1–24.

'Über das Detail in der Buchtypografie'. In: *Imprimatur*. Frankfurt a. M.: Gesellschaft der Bibliophilen, no. 11, 1984, 269–292.

'Braucht es neue typografische Regeln für DTP?'. In: *Fachsymposium 'Typo Ade!?'*. Winterthur: abc-Winterthur, 1991, Referate Teil 2, 47–57.

'Uwagi projektanta książek'. In: *proTypo*. Warschau, 2, 1991, 18–31. [Text of a lecture given by J. H. on the occasion of his exhibition in Warsaw, translated by Czesława Demel]

'Braucht es neue typografische Regeln für DTP?'. In: *WerbeWoche*. Zurich: Media-Daten, 19/8,1992,11–14.[Abridged text like in symposium 'Typo Ade!?'.]

'"Form follows function". Sullivans missverstandener Satz.' In: *Hamburger Satzspiegel*. Hamburg, 1992/1, 28–31.

'Diener der Schrift – Der Schriftgestalter Adrian Frutiger'. In: *St. Galler Tagblatt*. St. Gallen, 14. January 1994.

'Adrian Frutiger'. In: *Adrian Frutiger – Denken und Schaffen einer Typografie*. Villeurbanne: Maison du Livre, de l'Image et du Son, 1994 [Original German text published after the French edition.]

'Adrian Frutiger'. In: *Adrian Frutiger – son œuvre typographique et ses écrits*. Villeurbanne: Maison du Livre, de l'Image et du Son, 1994. [Incorrect translation of the original German text]

'Heute und damals'. In: Keller-Schweizer, Elisabeth et al.: *Alfons J. Keller: Unternehmer, Sammler, Kunstförderer, Galerist und Künstler zum siebzigsten Geburtstag*. St. Gallen: Kunstverein, 1994, 25.

'Die Typotron-Booklete 1–11, 1983–1993 / Typotron-Volumes 1–11, 1983–1993' [with texts from Hans-Jürg Hunziker, Gunilla Jonsson, Robin Kinross, Hans Dieter Reichert, Clemens Schedler]. In: *TM*. St. Gallen, 62/5, 1994, 1–24.

'Ansprache zur Eröffnung der Ausstellung "Buch und Bucheinband – Einbände von Franz Zeier und Bücher aus seiner Sammlung" im Gewerbemuseum Winterthur, 14. Juni 1995'. In: *TM*. St. Gallen, 63/4, 1995, 29–30.

'Vorwort'. In: Zeier, Franz: *Buch und Bucheinband*. Aufsätze und Bemerkungen. St. Gallen: VGS, 1995, 5.

'Book Design in Switzerland'. In: *Baseline*. East Malling, 22, 1996, 29–36 [Excerpts from J. H.: *Book Design in Switzerland*.]

'Glausers neue Kleider'. In: *Hochparterre*. Glattbrugg, 9/4, 1996, 30–31.
'Kein Rezept'. In: *Impuls* 97. Stuttgart: Johannes-Gutenberg-Schule, 1997, 29.
'Richtig und heiter – Bucheinbände von Franz Zeier'. In: *Librarium*. Cologny-Geneva, 40/1, 1997, 33–40.
'Schwarzes Feld, weiße Schrift'. In: *Hochparterre*. Zurich, 10/5, 1997, 40–41. [On the paperback covers of Union Publishing]
'L'art du livre, une école de pensée'. In: *Revue suisse de l'imprimerie, RSI*. St. Gallen, 76/1, 1998, 1–16. [Translation from Etienne Barilier.]
'Fred Smeijers: Counterpunch – making type in the sixteenth century, designing typefaces now'. In: *TM*. St. Gallen, 66/1, 1998, 29–30. [Book review.]
'Svejtsisk bogkunst'. In: *Bogvennen* 1997 – *Stil & smag. Form & funktion*. Kopenhagen: Forening for Boghaandværk, 1998, 35–60. [Text identical to that in *Baseline*, 22, 1996, anonymous translater.]
'"Form follows function" – Sullivans missverstandener Satz'. In: Rück, Peter (Ed.): *Methoden der Schriftbeschreibung*. Stuttgart: Jan Thorbecke, 1999. (Historische Hilfswissenschaften, 4.) 263–271. [Almost identical to the essay in the *Hamburger Satzspiegel*, 1, 1992.]
'L'architettura del libro. La terza via'. In: *Casabella*. Milano, 64/679, 2000, 80–87. [ed. Sergio Polano]
'Tom Kemp: Formal Brush Writing'. In: *TM*. St. Gallen, 68/5, 2000, 29–30. [Book review.]
'Horst Schuster. Buch und Akzidenz.' In: *TM*. St. Gallen, 69/3, 2001, 26–27. [Book review.]
'Die neuen Kirchengesangbücher für die Deutschschweiz, gestaltet von Max Caflisch, und ein Vergleich mit zwei deutschen Kirchengesangbüchern'. In: *TM*. St. Gallen, 69/1, 2001, 13–20.
'Robin Kinross (ed.): *Anthony Froshaug, Typography & texts; Anthony Froshaug, Documents of a life*'. In: *TM*. St. Gallen, 69/5–6, 2001, 56–59. [Book review.]
'Zum Gruß ein Dank aus der Schweiz'. In: *Die schönsten deutschen Bücher* 2000. Frankfurt a. M. / Leipzig: Stiftung Buchkunst, 2001, 10–12.
'Max Caflisch: Schriftanalysen'. In: *Viscom*. St. Gallen, 6/10, 2003, 44 [Book review.]
'Jan Tschichold y la nueva tipografía'. In: *Visual*. Madrid, 15/105, [2004], 58–64. [Lecture for the presentation of the eponymous book in Valencia, translated by Ana Elisa Gil Vordermayer.]
'Nachruf auf Max Caflisch, 1916–2004'. In: *Gutenberg-Jahrbuch* 2005. Mainz: Internationale Gutenberg-Gesellschaft, 2005, 284–286.
'Das Geheimnis der "guten Schrift"'. In: *Neue Zürcher Zeitung* (Literatur und Kunst). Zurich, 227/65, 2006, 69. [Subtitle not from J. H.]
'Wolfgang Heidenreich: Geröll' – 'Deutsches Literaturarchiv Marbach (Ed.): Denkbilder und Schaustücke' – 'Jo-Anne Birnie Dansker, Pia Dornacher (ed.): Gruppe Spur'. In: *Die schönsten deutschen Bücher 2006 / The Best German Book Design*. Frankfurt a. M. / Leipzig: Stiftung Buchkunst, 2007, 89–92, 136–138, 181–183. [Three design critics.]
'Jost Hochuli in conversation with Hans Peter Willberg'. In: *Hyphen Press, Catalogue & almanack 2008*. London: Hyphen, 2008, Inset, 9. [Translation by Robin Kinross.]
'Zur Gestaltung der Großen kommentierten Frankfurter Thomas-Mann-Ausgabe des S. Fischer Verlags'. In: Dora, Cornel (ed.): *Buchgestaltung – Ein interdisziplinäres Forum*. Wiesbaden: Harrassowitz, 2009. (Book science research, 9.) 25–31.
'"Das perfekte Lesewerkzeug" – Jost Hochuli im Gespräch mit Hans Peter Willberg'. In: Härter, Andreas (ed.): *Liebe und Zorn – Zu Literatur und Buchkultur in St. Gallen*. Wiesbaden: Harassowitz, 2009. (Book science research, 77.) 101–108. Same text as above: 'Jost Hochuli in conversation with Hans Peter Willberg'.]
'Max Bill contra Jan Tschichold – Vorschau auf das Buch von Hans Rudolf Bosshard'. In: *TM*. St. Gallen, 79/5–6, 2011, 4–10.

'Nachwort'. In: Bosshard, Hans Rudolf: *Max Bill kontra Jan Tschichold – Der Typografiestreit der Moderne*. Sulgen / Zurich: Niggli, 2012. 105–113.
'Hans Eduard Meier, 1922–2014'. In: *TM*. St. Gallen, 72/3, 2014, 12. [Short obituary without title.]
'Louis, wir danken Dir!' In: *St.Galler Tagblatt*. St. Gallen, 53, 5. March 2015. [For Louis Ribaux.]
'The Allegra typeface'. In: *Parenthesis*. Cambridge, 36, 2019.
'Der Buchrücken, Anmerkungen eines Buchgestalters'. In: Leuthold, Martin et al.: *Xullux*. St. Gallen: Verlag am Klosterhof, 2019, 35–39.
'Nüchtern, heiter, brauchbar'. In: *Bibliophilie – 33 Essays über die Faszination Buch*. Zurich, Swiss Society of Bibliophiles, 2021. 160–163. [special numero *Librarium*. Zurich, 64, 2021.]

Editor and co-editor

St. Gallen, Staat als Lebensraum. St. Gallen: Kanton St. Gallen, 1972, [2]1976, [3]1981.
St. Gallen, wie es nicht mehr steht – historische Photographien aus der Sammlung Zumbühl. St. Gallen: VGS, 1976, [2]1976.
St.Galler Gassen – dreiunddreißig Kurzbeschreibungen aller Gassen, Straßen und Plätze von St. Gallens Altstadt. St. Gallen: VGS, 1977.
St.Galler Abreisskalender 1980. St. Gallen: VGS, 1979.
Schriften der Typotron AG. St. Gallen: Typotron, 1979.
Typotron-Booklets. St. Gallen, VGS, 1983-1998. (See the right hand coumn of this page fot the complete collection.)
Das rote Fass von Roman Signer. St. Gallen: G. Müller,1987. [Letters from readers.]
Büchergilde Gutenberg. Frankfurt a. M.: Büchergilde Gutenberg, 1990.
Ribaux, Louis: *Lesen und auslesen – ein Buchhändler liest*. St. Gallen: VGS, 1999.
Edition Ostschweiz. St. Gallen: VGS, 2000-2016.(Complete collection, see p. 192.)
Karl Uelliger – Skizzen und Notizen. St. Gallen: VGS, 2003.
Zum Andenken an Peter Ochsenbein. St. Gallen: VGS, 2005.
Das Alphabet der guten Nachbarschaft. St. Gallen: VGS, 2017.
Nachtschar, Totenvolk, Schwarze Frau – einige Erzählungen aus Arnold Büchlis Werk 'Mythologische Landeskunde von Graubünden'. St. Gallen, 2021. [Private print, unavailable in bookshops.]

Typotron-Booklets

1 *Epitaph für Rudolf Hostettler*. 1983, [2]1993. – [Engl.] *In memory of Rudolf Hostettler*.
2 *Felsgut vom Waldgut*. 1984, 2 1993. – [Engl.] *Treasure of the Rocks*.
3 *Die Vogelkäfige des Alfons J. Keller, Sammler und Antiquar*. 1985, [2]1993. – [Engl.] *Bird cages*.
4 *26 farbige Buchstaben*. 1986. – [Engl.] *26 colored letters*.
5 *Günterli und Aaterdö*. 1987. – [Engl.] *Günterli and Aaterdö*.
6 *Willi Baus, Grafiker, 1909–1985*. 1988. – [Engl.] *Willi Baus, graphic artist*.
7 *Zeichen*. 1989. – [Engl.] *Signs*.
8 *Richtigkeit und Heiterkeit*. 1990, [2]1993. – [Engl.] *Rightness and lightness*.
9 *Christian Leuthold, Schreiner und Möbelentwerfer*. 1991. – [Engl.] *Christian Leuthold, cabinet-maker and furniture designer*.
10 *Freude an schöpferischer Arbeit*. 1992. – [French.] *Créer dans la joie*. – [Engl.] *Joy in creative work*.
11 *Freude an Schriften = Joy in type*. 1993.
12 *Roman Signer*. 1994. – [Engl.] *Roman Signer*.
13 *Josy Schildknecht, Marktfahrer*. 1995. – [Engl.] *Josy Schildknecht, street trader*.
14 *Farbige Kugeln, silberne Sterne*. 1996. – [Engl.] *Coloured balls, silver stars*.
15 *Typografisches Allerlei – und allerlei anderes (mäßig gepfeffert)*. 1997.
16 *Karl Uelligers Schüürlilüt*. 1997. – [Engl.] *Karl Uelliger's Schüürlilüt*.
17 *Andalusien im Appenzellerland*. 1998. – [Engl.] *With Andalusians in the Appenzeller Alps*.

Edition Ostschweiz series

1 *Sitterkiesel*. 2000, ^{3}2006.
2 *Mülenen*. 2001, ^{3}2010
3 *Heilig Kreuz und Eichenlaub*. 2002.
4 *Herbstlaub*. 2003, ^{3}2010
5 *Das Büchlein der Bücher*. 2004.
6 *Zu Papier gebracht*. 2005, ^{2}2010.
7 *Federleicht und daunenweich*. 2006, ^{2}2006.
8 *Puppenleben*. 2007.
9 *Von Wagnissen*. 2008, ^{2}2012.
10 *Im Freudenbergwald*. 2009.
11 *Charesalb ond Chlausebickli*. 2010, ^{2}2010.
12 *Das ABC eines Typografen*. 2011.
13 *Hohe Kragen, enge Westen*. 2012.
14 *still und heiter – der Buchbinder Franz Zeier zum Beispiel*. 2013.
15 *Metamorphose*. 2014.
16 *Tschicholds Faszikel*. 2015.
17 *Silberfischchen, Lilienhähnchen und andere Insekten*. 2016.

Illustrator

Kopf, Joseph Hermann: *Gedichte*. St. Gallen: Eirene Verlag, 1954. [Pen and ink drawings.]

Lehner, Peter: *Rot grün*. Poems. St. Gallen: Eirene Verlag, 1955. [Woodcuts.]

Kopf, Joseph: *Durchschossen von blauem Sternlicht*. Poems. St. Gallen: Tschudy, 1963. [Pen and ink drawings.]

Seneca: *Trostschrift an Marcia*. Neu-Isenburg: Ed. Tiessen, 1987. [Five type woodcuts.]

Publications about Jost Hochuli

Print and audiovisual media

Blume, Julia; Bose, Günter K. (ed.): *Jost Hochuli*. Leipzig: Institut für Buchkunst, 2000. (Gutenberg-Galaxie, 1.)

Bürkle, J. Christoph et al.: *Jost Hochuli – Drucksachen, vor allem Bücher = Jost Hochuli – Printed matter, mainly books*. Sulgen/ Zurich: Niggli, 2002.

Butz, Richard et al. (ed.): *Hochachtend heiter. Jost Hochuli zum 75. Geburtstag*. St. Gallen: VGS, 2008.

Ambroz, Bojan; Egli, Daniel: *Zu Besuch bei Jost Hochuli*. DVD. Zurich: Zürcher Hochschule der Künste, CAST/Audiovisuelle Medien, 2012.

tga Typografische Gesellschaft Austria (ed.): *Hoch, Höher, Hochuli – Schriftliches zum Betriebsjubiläum, 08. Juni 2013*. Vienna, 2014. [Private short print-run, unavailable in bookshops.]

Articles

Typografische Monatsblätter, TM, *quoted in abbreviated form*.

'Jost Hochuli, Grafiker SWB / VGS, St. Gallen'. In: *TM*. St. Gallen, 84/1, 1965, Separatum, 12 S.

'Modern Packaging Design'. In: *Verpackung + Transport*. Zurich, 1966/10, 345. [Interview with J. H.]

'Kostbarkeiten aus unseren Bergen – Eine Wanderausstellung bei der Schweizerischen Volksbank St. Gallen'. In: *St.Galler Tagblatt*. St. Gallen, 1 February. 1968.

Guggenheimer, Michael: 'Wo die inneren Proportionen stimmen; Buchgestalter Jost Hochuli legt eine Mappe mit Holzschnitten auf'. In: *St.Galler Tagblatt*. St. Gallen, 20 June 1980.

Luidl, Philipp: 'Das Messer, Werkzeug und Argument. Zu den Schriftholzschnitten Jost Hochulis'. In: *Imprimatur*. Frankfurt a. M.: Gesellschaft der Bibliophilen, no. 9, 1980, 37–52.

Guggenheimer, Michael: 'Schriften, von Hand bearbeitet'. In: *Rorschacher Neujahrsblatt 1981*. Rorschach: Löpfe-Benz, 1981, 3–12.

Luidl, Philipp: '4. Atypi-Seminar 1981. Schriftform und Werkzeug. Jost Hochuli'. In: *Der Polygraph*. Frankfurt a. M., 35/10, 1982, 901–902.

Willberg, Hans Peter: 'Jost Hochuli. Schrift- und Buchgrafiker / Lettering artist and book designer'. In: *TM*. St. Gallen, 104/5, 1985, 1–16.

Kaeser, Hans-Peter: 'Ernst Ziegler und Jost Hochuli: Hefte zur Paläographie des 13. bis 20. Jahrhunderts aus dem Stadtarchiv (Vadiana) St. Gallen'. In: *TM*. St. Gallen, 105/2, 1986, 30. [Book review.]

Pfeiffer, Hermann: 'Das Buch: ein Körper'. In: *Der Druckspiegel*. Heusenstamm, 41/6, 1986, 875, 877–880.

Pfeiffer, Hermann: 'Hochuli – eine typografische Bastion in der Schweiz'. In: *Der Druckspiegel*. Heusenstamm, 41/11, 1986, 1356–1360.

Kühni, Rolf: 'Alphabet und Farbe'. In: *novum, gebrauchsgrafik*. Munich, 58/6, 1987, 28–31. [On Typotron-Booklet,4.]

Egger, Herbert: 'Neuer Auftritt für Ortsbürger, der Stadtbär bleibt fast der alte'. In: *Die Ostschweiz*. St. Gallen, 19. Nov. 1990.

'Fragen zur Typografie. Der Druckspiegel im Gespräch mit Jost Hochuli'. In: *Der Druckspiegel*. Heusenstamm, 45/9, 1990, 1228–1231.

Guggenheimer, Michael: 'Jost Hochuli, Architekt gedruckter Worte'. In: *Passagen*. Zurich, 8, 1990, 18–20. – [Franz.] 'Jost Hochuli, architecte des mots'. In: *Passages*. Zurich, 8, 1990, 18–20. – [Engl.] 'Jost Hochuli, Architect of the Printed Word'. In: *Passages*. Zurich, 8, 1990, 18–20.

Rietmann, Melanie: 'Ortsbürgergemeinde: Neues Erscheinungsbild'. In: *St.Galler Tagblatt*. St. Gallen, 17 Nov. 1990, 11/1.

'Ein Akt der Aufklärung'. In: *Der Druckspiegel*. Heusenstamm, 46/4, 1991, 340, 342–343. [Report on a lecture by J. H. at the State Academy of Fine Arts in Stuttgart.]

Tomaszewski, Roman: Introduction to J. H.s lecture, 'Uwagi projektanta książek' given at the time of his untitled exhibition in Warsawa. In: *proTypo*. Warsaw, 2, 1991, 18–31.

Weber, Andreas: 'Kreativität und Präzision'. In: *Page*. Hamburg, 6/7, 1991, 54–55.

Weber, Andreas: 'Typo und Topografie, Kreativität und Präzision'. In: *Hamburger Satzspiegel*. Hamburg, 3, 1991, 24–25. [Almost the same text as in *Page* 6/7 1991.]
Egger, Herbert: 'Die heute meist gelesene Bücherschrift ist eine 500 Jahre alte Schrifttype'. In: *Die Ostschweiz*. St. Gallen, 30 June 1992. [Report on the foundation of Typophil AG.]
Hanimann, Beda: 'Jost Hochuli und die Schönheit der Bücher'. In: *Die Ostschweiz*. St. Gallen, 20 March 1992.
Osterwalder, Josef: 'Firma aus Liebe zur Schrift'. In: *St.Galler Tagblatt*. St. Gallen, 1 July 1992. [Report on the foundation of Typophil AG.]
Weber, Andreas: 'Broschüren von Jost Hochuli'. In: *TM*. St. Gallen. 111/1, 1992, 24–26.
Chatelain, Roger: 'La typographie du livre en Suisse'. In: *Print*. Zurich, 1993 / 21–22, 46, 48. Exhibition and book review.]
Stahlberger, Peter: '"Ganz gewöhnliche Bücher" – oder doch nicht?'. In: *Neue Zürcher Zeitung*. Zurich, 5 April 1993, 15. [Exhibition and book review.]
Werfel, Silvia: 'Nachrichten aus einem Paradies der Typographen'. In: *Börsenblatt*. Frankfurt a. M., 66/20. 8. 1993, 9–11. [Exhibition and book review.]
Bluhm, Andrew: 'Tales of obsolescence. Book Design in Switzerland'. In: *EuroPrinter*. Ostfildern, 1, 1994, 30–32. [Book review.]
'Honorary Fellowship to Jost Hochuli'. In: *Typographic News*. London: Society of Typographic Designers, 71, Sept. 1994, 3.
Hunziker, Hans-Jürg et al.: 'Die Typotron-Booklete 1–11, 1983–1993 / Typotron-Volumes 1–11, 1983–1993'. In: *TM*. St. Gallen, 62/5, 1994, 1–24.
Matzig, Gerhard: 'Die Gestalt des Geistes'. In: *Süddeutsche Zeitung*. Munich, 23. 7. 1994, 18. [Exhibition and book review.]
Ramseger, Georg: 'Buchgestaltung in der Schweiz'. In: *Aus dem Antiquariat*. Frankfurt a. M., 1994/8, A 306–A 310. [Exhibition and book review.]
The Eurographic Press: *The Eurographic Press awards '95 for excellent selfpromotion in print*. Nijmegen, 1995, 8, 23.
Krausch, Antje: 'Jost Hochuli – ein Typosoph'. In: *Visual*. Zurich / Geneva, 1995/2–3, 42–41.
Leu, Olaf: 'Der Bericht'. In: *Die Schönen der Branche*, 2. Europäischer Wettbewerb 95. Fellbach, 1995. [Special publication of OP *Druckmagazin* and *ProfiPublisher*. Jury report.]
Meier, Hans-Heinrich: 'Schönste Bücher aus Schweizer Verlagen'. In: *Bindetechnik/Reliure*. Stäfa, 17/6, 1995, 159–160.
Bluhm, Andrew: 'Unity in Diversity'. In: *Printing World*. 15 March 1996, 38 [Review of a lecture given in St Bride, London.]
Gantenbein, Köbi: 'Bücher machen'. In: *Hochparterre*. Zurich, 9/11, 1996, 41. [Book review.]
Müller, Pascale: '"Heute gibt es zu viel Kunst und zu wenig Handwerk". Buchgestalter Jost Hochuli, St. Gallen. Ein Portrait'. In: *Der Schweizer Buchhandel*. Zurich, 54/15, 1996, 14–15.
Meier, Hans-Heinrich: 'Jost Hochuli: Buchgestaltung aus 20 Jahren'. In: *Bindetechnik / Reliure*. Stäfa, 19/7–8, 1997, 111–112.
Mettler, Louis: 'Jost Hochulis 'Bücher' aus dreißig Jahren – abseits gestalterischer Dogmen'. In: *St. Galler Tagblatt*. St. Gallen, 17 Febr. 1997. [Exhibition review.]
'9 Fragen über Buchgestaltung an Hans Rudolf Bosshard, Hans Peter Willberg, Jost Hochuli'. In: *TM*. St. Gallen, 65/1, 1997, 22–27.
Schaufelberger, Peter E.: 'Der Inhalt bestimmt die Form'. In: *St. Galler Tagblatt*. St. Gallen, 18 Febr. 1997. [Exhibition review.]
Pfeiffer, Hermann: 'Mit den Typotron-Bookleten zur "Schule der Typografie"'. In: *Deutscher Drucker*. Ostfildern, 43/46, 1998, G 34.
Baier, Hans: 'Dem Leser und dem Thema verpflichtet. Der Gutenberg-Preisträger der Stadt Leipzig 1999'. In: *Marginalien*. Wiesbaden, 154, 1999, 79–81.
Meier, Hans-Heinrich: 'Jubiläum einer ungewöhnlichen Institution. 20 Jahre Verlagsgemeinschaft St. Gallen'. In: *Bindereport*. Hanover, 112 /7, 1999, 19.
Bose, Günter Karl: 'Jost Hochuli – ein Typograf aus St. Gallen'. In: *Viscom*. St. Gallen, 2/14–15, 1999, 33–36. [Excerpts from the laudatory speech at the Leipzig Gutenberg Prize ceremony.]
Pfeiffer, Hermann: 'Mit dem Bücherschiff CLAUBO unterwegs'. In: *Deutscher Drucker* [bound-in insert, I–VIII]. Ostfildern, 37/36, 2001, 31–38.

Bachmann, Eva: 'Thomas Mann, typografisch'. In: *St. Galler Tagblatt*. St. Gallen, 2 June 2002, 19.
Eerne, Linda; Kinross, Robin: 'Designer Monographs'. In: *Domus*. Rozzano, 855, Jan. 2003, 140.
Hollis, Richard: 'Jost Hochuli: Printed matter, mainly books'. In: *Eye*. London, 47/12, 2003, 83–84.
Meier, Hans-Heinrich: 'Buchgestaltung in St. Gallen. Jost Hochuli: Ausstellung und Vorträge'. In: *Bindereport*. Hanover, 116/4, 2003, 56–57.
Spengler, Jolanda: 'Ein schlichter, aber würdiger Platz'. In: *Der Toggenburger*. Wattwil, 28 May 2003, 51.
Guggenheimer, Michael: 'Jost Hochuli gewinnt den Jan-Tschichold-Preis'. In: *St. Galler Tagblatt*. St. Gallen, 1 March 2004, 19.
Chatelain, Roger: 'Une rétrospective signée Jost Hochuli'. In: *m-magazine (Comedia)*. Bern, 7/4, 2005, 16.
Meier, Hans-Heinrich: 'Bucheinband-Gestaltungen von Jost Hochuli'. In: *Bindereport*. Hanover, 118/12, 2005, 56–58.
Meier, Hans-Heinrich: 'Vom Codex zum Laptop: Buchkultur in St. Gallen'. In: *Bindereport*. Hanover, 118/5, 2005, 48–49.
Schmid-Gugler, Brigitte: 'Himmelsziege fliegt'. In: *St. Galler Tagblatt*. St. Gallen, 21 June 2006, 38.
Osterwalder, Josef: 'Chronik einer Leidenschaft'. In: *St. Galler Tagblatt*. St. Gallen, 13 March 2007, 42.
Werfel, Silvia: 'Buchgestalter stiften Sinn'. In: *Börsenblatt*. Frankfurt a. M., 174/5, 2007, 20–22.
Bachmann, Eva: 'Ich mache Lesewerkzeuge'. In: *St. Galler Tagblatt*. St. Gallen, 26 Apr. 2008, 27.
Ribaux, Louis: 'Buchgestalter Jost Hochuli und das innere Maß der Buchstaben'. In: *Librarium*. Zurich, 51/1, 2008, 34–45.
'Typography in St. Gallen, 2. Jost Hochuli'. In: *Newwork magazine*. New York, 5, 2010, 1–19.
Früh, Roland: 'Jost Hochuli. Le Détail en typographie et trois nouvelles réalisations'. In: *étapes*. Paris, 194, 2011, 36–41.
Kahl, Julia: 'Down with dogma'. In: *Slanted*. Karlsruhe, 16, 2011, 112–114.
Preisser, Martin: 'Jeder Buchstabe ein Werk'. In: *St. Galler Tagblatt*. St. Gallen, 17 Nov. 2012, 41.
Schmid-Gugler, Brigitte: 'Keine Hahnenkämpfe'. In: *St. Galler Tagblatt*. St. Gallen, 28 Aug. 2012, 34.
Bürki, Claude: 'Der Himmel hängt voller Fonts'. In: *Werbewoche*. Zurich, 40/17, 2013, 10–11.
Christen, Ruth: 'Weißraum an der Typo St. Gallen'. In: *Viscom*. St. Gallen, 16/22, 2013, 32–35.
Hanimann, Beda: 'Die Ästhetik des Unauffälligen'. In: *St. Galler Tagblatt*. St. Gallen, 25 Sept. 2013, 24.
Karner, Michael: 'Vom Mut, sich seines eigenen Verstandes zu bedienen!' In: *Graphische Revue*. Vienna, 3, 2013, 22–23.
Ribaux, Louis: 'Nichts darf stören'. In: *St. Galler Tagblatt*. St. Gallen, 8 June 2013, 11.
Kahl, Julia: 'Jost Hochuli und Roland Stieger, St. Gallen': In: *Slanted*. Karlsruhe, 23, 2014, 218/219, 222/223, 226/227. [With a DVD of an interview on *Tschichold in St. Gallen*.]
Werfel, Silvia: 'Weißraum zum Anfassen'. In: *Deutscher Drucker*. Ostfildern, 50/1, 2014, 22–23. [Report on Typo St. Gallen 2.]
Genova, Christina: 'Vom Modernisten zum Klassiker'. In: *St. Galler Tagblatt*. St. Gallen, 18 Sept. 2015, 25. [Report on the exhibition and publication 'Tschicholds Faszike' at the Typo St. Gallen, 3.]
Werfel, Silvia: 'Be- und Entschleunigung'. In: *Deutscher Drucker*. Ostfildern, 51/22, 2015, 22–23. [Report on Typo St. Gallen 3.]
Carter, Sebastian: 'Jost Hochuli, Tschicholds Faszikel …' In: *Journal of the Printing Historical Society*. London, New Series Nr. 25, 2016, 101–102. [Book review.]
Genova, Christina: 'Höchst liederliches Machwerk'. In: *St. Galler Tagblatt*. St. Gallen, 3 Nov. 2016, 23. [Report on exhibition and publication *Tschichold in St. Gallen*.]
Jun, Kay; Jeong, Jaewan: 'Jost Hochuli'. In: *10 World Book Designers*. Paju (ROK): Ahn Graphics, 2016, 32–48, 214–251.
Mugikura, Shoko: 'Book Typography, Edition Ostschweiz, Jost Hochuli'. In: *Typography*. Tokyo, 10, 2016, 110–116.
Werfel, Silvia: 'Handgeschriebene Briefe im Museum'.

In: *Deutscher Drucker*. Ostfildern, 52/11, 2016, 70. [For the exhibition at the Museum of the Printing Arst, Leipzig.]
Burke, Christopher: 'Tschichold in St. Gallen'. In: *Forum*. Powys, Nr. 33, 2017, 25. [Book review.]
Mugikura, Shoko: 'Detail in Typography'. In: *Typography*. Tokyo, 11, 2017, 120–121. [Book review.]
Mugikura, Shoko: 'Tschichold in St. Gallen'. In: *Typography*. Tokyo, 11, 2017, 11. [Book review.]
Werfel, Silvia: 'Schrift und Erkenntnis'. In: *Deutscher Drucker*. Ostfildern, 53/12, 2017, 22–23. [For the Leipzig Typography Days at the Museum of the Printing Arts, Leipzig.]

CONTRIBUTORS

Doris Überschlag is a librarian, member of the Council of Administration of VGS Verlagsgenossenschaft St. Gallen since 1999 and its president from 2004 to 2022.

Susanne Uhl has a doctorate in literature, with a focus on German literature of the Middle Ages. After many years with Zurich University, in 2017 she joined the board of the Zentralbibliothek Zurich; since March 2022 she has been head of the Kantonsbibliothek Vadiana St. Gallen.

Roland Früh studied the history of art in Zurich and worked for Lars Müller Publishers in Wettingen and Hyphen Press in London. Since 2009 he has been lecturer in the history of design at the école cantonal d'art de Lausanne (ECAL)and publishes texts on typography and design. In 2022 he took on the specialist department and co-leadership of the library of the Schweizerisches Institut für Kunstwissenschaft (SIK-ISEA) in Zurich.

Rupert Kalkofen studied German literature and history in Bonn and Konstanz, obtained a doctorate in Karlsruhe on a mediaeval popular novel, and teaches in Karlsruhe and Konstanz. He has lived in St. Gallen since 1991, supervises the *Geschichte der literarischen Kultur St. Gallens* (1999), and works at the university and the Pädagogischer Hochschule. He is member of the VGS board since 1999.

Robin Kinross worked as typographer, editor, specialist author and publisher in London. From 1980 to 2017, Hyphen Press, his publishing house, published some 50 books on design and related areas. He is the author of *Modern Typography* (1992, 2004) and *Unjustified texts* (2002).

John Morgan is the founder of the John Morgan studio and co-founder of the Abyme type foundry, both in London; he is professor for design, typography and book arts at the Kunstakademie Düsseldorf. His book Usylessly was published in October 2021 and addresses the non-literary aspects of James Joyce's Ulysses.

Roland Stieger, compositor with further education as typographical designer. Co-founder of the agency TGG Visuelle Kommunikation. Further education in type design at the ZHdK. Co-course director for Hf Visuelle Gestaltung at the GBS St. Gallen. Co-president of the VGS Verlagsgenossenschaft St. Gallen.

Charles Whitehouse is a typographer, printer, editor and translator. At The Iron Press, he prints texts related to typographical history, using 19th-century handpresses and founder's type.

COLOPHON

Concept and design Jost Hochuli (St Gallen CH). Composition in InDesign in NN Allegra Regular, Italic, Semibold, Semibold Italic, Bold and Black, and layout by Peter Renn (Teufen, CH) and Ursula Hochuli-Gamma (St Gallen, CH). Photograph by deValence (Montreuil, FR), DZA Druckerei zu Altenburg (Altenburg, DE) and Michael Rast (Romanshorn, CH). Printing and binding by DZA Druckerei zu Altenburg. Papers: 120 g/m^2 Munken Lynx by Inapa (Ronneberg, DE) for the inside; 120 g/m^2 Olin Colours, Storm Grey, matt, ungerippt by Antalis (Hamburg, DE) for the jacket; 120 g/m^2 F-Color smooth red-brown from Gebr. Schabert (Strullendorf, DE) for the endpapers; headband G & W 412 dark brown (Gütersloh, DE).

This book is published with the support of the cnap Centre national des arts plastiques (Paris, FR) and the Jan Michalski Foundation (Montricher, CH).

Fondation
Jan Michalski